삼국지 인생 공부

삼국지
인생 공부

천하를 움직인 심리 전략

나관중 원저

인문학자 김태현 지음

PASCAL

프롤로그

『삼국지』는 중국 역사와 문화의 정수이자, 지식인의 교양을 구성하는 핵심 고전 가운데 하나입니다. 중국 내에서 『삼국지』는 단순한 역사 기록 이상의 가치를 지닙니다. 이 작품은 위(魏), 촉(蜀), 오(吳) 세 나라가 천하를 다투는 혼란의 시대 속 군주, 책사, 장수들의 인간 군상과 권모술수, 의리와 배신, 전략과 지략의 다층적인 세계를 다룹니다. 특히 유비의 인의(仁義), 관우의 충의(忠義), 제갈량의 지략, 조조의 현실주의적 리더십 등은 각기 다른 인물형의 교본처럼 읽히고 있습니다.

'삼국지를 읽지 않은 사람과는 친구가 되지 말고, 삼국지를 세 번 이상 읽은 사람과는 싸우지 말라'라는 말이 있습니다. 이 말은 즉, 아시아 문화권에서는 『삼국지』가 거의 신화적인 지위를 가지고 있다는 것을 의미합니다. 조선시대 사대

부들은 『삼국지연의』를 읽고 정사를 토론하며, 충신과 간신의 윤리를 분별했고, 일본과 베트남 등지에서도 정치적 전략과 인간 심리에 대한 학습 도구로 활용되었습니다. 이렇듯 『삼국지』는 단지 한 나라의 문학이 아닌, 아시아 전체의 윤리·정치·지혜의 보편 교과서라 해도 과언이 아닙니다.

서양에서는 다소 늦게 알려졌지만, 20세기 이후 영어를 포함한 다수 언어로 번역되면서 고대 중국의 사상과 문화를 이해하는 데 중요한 고전으로 자리매김하고 있습니다. 특히 '중국판 일리아드' 혹은 '중국의 셰익스피어적 역사극'으로 불리며, 수많은 인물과 사건이 얽힌 서사 구조, 인간의 욕망과 운명이 교차하는 구성으로 높은 문학적 가치를 인정받고 있습니다.

『삼국지』는 중국 고전 가운데서도 역사와 문학, 사상과 전략이 가장 입체적으로 결합된 작품으로, 동양과 서양을 막론하고 전 세계적으로 시대를 초월한 가치와 통찰을 제공하고 있습니다. 따라서 『삼국지』는 단순한 영웅담이 아니라, 혼란과 분열의 시대를 살아가는 다양한 인간 군상의 복합적 갈등과 선택을 다룬 보편적 이야기이며, 고전을 넘어선 인간 이해의 보고로 평가받고 있습니다.

삼국지는 원래는 진(晉)나라의 역사학자 진수(陳壽)가 3세기 말에 편찬한 정사(正史) 『삼국지(三國志)』에서 비롯되었으며, 후대에 나관중(羅貫中)이 이를 바탕으로 소설 『삼국지연의(三國志演義)』를 집필함으로써 오늘날 우리가 알고 있는 서사적 형식의 삼국지가 완성되었습니다. 진수의 『삼국지』와 나관중의 『삼국지연의』는 같은 시대를 배경으로 하지만 성격과 목적, 서술 방식에서 본질적으로 다릅니다.

진수(陳壽)가 지은 『삼국지』는 3세기 후반 서진(西晉) 시기에 편찬된 정사로, 위·촉·오 삼국의 역사와 주요 인물들을 간결하고 사실 위주로 기록한 역사서입니다. 총 65권으로 구성되어 있으며, 기전체 형식을 따라 황제와 장수, 정치가들의 전기를 중심으로 서술하고 있습니다. 진수는 특히 위나라 중심의 서술 방식을 택했고, 자신이 촉한 출신임에도 유비의 정통성이나 도덕성에 대해 지나치게 이상화하지 않고 현실적 관점에서 평가했습니다. 그의 문체는 간결하고 객관적이며, 역사적 사실을 중시하여 신화적 요소나 민간 전설은 거의 포함하지 않았습니다.

그러나 진수의 서술은 때로는 설명이 부족하고, 역사적 공백이 존재한다는 한계가 있었습니다. 이 점을 보완하기 위해 5세기 남북조 시대의 학자 배송지(裴松之)가 주석을 달았고, 이 배송지의 주석은 단순한 해설을 넘어서 다양한 야사와 민간 기록, 사료들을 포함한 것으로 후대의 『삼국지연의』에 큰 영향을 주었습니다.

반면 나관중이 14세기 원말명초(元末明初)에 집필한 『삼국지연의』는 『정사 삼국지』와 배송지 주석을 바탕으로 한 역사 소설입니다. 이는 120회 분량의 장편소설로, 정사에서 간략히 다뤘던 사건을 극적으로 재구성하고 인물의 성격을 뚜렷하게 부각시켜 독자적인 서사 구조를 갖추었습니다. 『삼국지연의』는 '의(義)'를 중심으로 서사를 이끌며, 유비-관우-장비 세 의형제의 도원결의부터 시작해 제갈량의 북벌, 오나라의 멸망까지 약 100년간의 이야기를 방대한 규모로 담아냅니다.

이 책은 진수가 쓴 『삼국지』와 나관중이 집필한 『삼국지연의』를 바탕으로, 고대 전란의 시대를 관통하는 통찰과 전략, 그리고 인간 군상의 다양한 얼굴들을 재조명하는 데 목적이 있습니다. 특히 『삼국지』속 인물들이 절체절명의 위기 앞에서 했던 말이나 정치와 전쟁, 인간관계의 흐름 속에서 인간의 본성을 꿰뚫는 뛰어난 글 등 30개의 『삼국지』 대표 문장을 선정하여, 그 명문장에 담긴 의미를 깊이 있게 탐색합니다. 각 문장이 등장한 상황적 배경을 살펴보고, 당대 인물들의 심리와 결단을 추적하며, 이어지는 전개 속에서 그것이 어떻게 전략적 전환점이 되었는지를 설명합니다. 더불어 관도대전, 적벽대전, 이릉 전투 등 삼국지의 주요 전투를 통해 전략의 본질과 인물 간의 심리전이 어떻게 맞물려 작동했는지를 분석합니다. 각 전투에서 드러난 기만(欺瞞), 연합(聯合), 기회포착(機會捕捉) 등의 전술은 오늘날 리더십과 조직 전략에도 시사하는 바가 큽니다.

따라서 『삼국지』를 잘 아는 독자에게는 새로운 시각을 제공하며, 삼국지를 처음 접하는 독자는 이야기의 큰 흐름을 따라가다 보면 자연스럽게 전개 구조와 인물 관계를 이해할 수 있을 것입니다. 전쟁과 인간, 정치와 신념이 얽힌 이 서사는 '어떻게 살아야 할 것인가'라는 본질적인 물음을 던집니다.

『삼국지』는 단지 한 시대의 역사서가 아닙니다. 『삼국지』는 인간 본성의 총체적인 교과서이며, 권력과 충성, 신뢰와 배신, 이상과 현실 사이에서 끊임없이 고민하는 인간들의 처세술이자 생존기입니다. 한 명의 선택이 천하의 판도를 바꾸고, 사소한 실수가 제국의 몰락으로 이어지는 과정은 현대 사회에서도 여전히 유효한 교훈을 줍니다. 또한, 인간 심리에 대한 통찰을 담은 『삼국지』 속 문장들은 오늘날 조직 운영이나 인간관계 속에서도 중요한 지침으로 작용합니다.

『삼국지』가 수천 년이 지난 지금에도 여전히 사랑받는 이유는, 그 속에 담긴 인간의 본성과 삶의 원리가 결코 변하지 않았기 때문입니다. 시대는 변해도 사람의 마음은 크게 다르지 않으며, 권력을 둘러싼 욕망과 충돌, 신뢰와 배반, 희망과 절망의 감정은 오늘을 살아가는 우리에게도 익숙한 이야기입니다. 한 문장 속에 담긴 깊은 사유와 그 문장이 이끈 사건의 흐름을 따라가다 보면, 독자는 결국 삼국지를 통해 자기 자신을 읽게 될 것입니다. 이 책은 그 여정의 시작이자, 여러분이 스스로를 돌아보고, 더 나은 내일을 설계할 수 있도록 돕는 지혜의 지도를 제공하고자 합니다.

김태현

contents

프롤로그 • 4

들어가며 • 16
3세기 혼돈의 중원 속으로…

PART 1 흐름을 읽는 자가 기회를 얻는다
— 시대와 전략의 감각

01 흐름을 읽고 유연하게 대응하는 지혜 • 22
 - 세상을 읽는 통찰

02 균형 잡힌 리더십만이 성공을 가져온다 • 30
 - 장비의 극단

03 진정한 리더는 칼날의 냉혹함에 마음의 신중함을 더한다 • 39
 - 조조의 판단력

04 지혜로운 사람과 함께하고, 간사한 사람은 멀리하라 • 51
 - 조조의 용인술 1

05 최고의 승리는 싸우지 않고 이기는 지혜에 있다 • 59
 - 제갈공명의 공성계

06 민심은 작은 것에서 비롯된다 • 69
 - 유비의 민심전략

PART 2 리더는 결단과 원칙으로 움직인다
— 지도자의 조건

07 진정한 관계는 원칙에서 나온다 · **80**
   - 제갈공명의 원칙

08 큰 뜻을 품고 원대한 목표를 향해 나아가야 한다 · **89**
   - 제갈공명의 철학

09 리더는 감정을 억제해야 하고, 전쟁은 전략과 기만으로 이긴다 · **95**
   - 조조의 리더십

10 자신의 능력을 정확히 파악하는 것이 성공의 열쇠다 · **105**
   - 손권의 결심

11 의심되면 처음부터 다시 시작하라 · **112**
   - 조조의 용인술 2

12 재앙 속엔 기회가, 행복 속엔 위기가 숨어 있다 · **122**
   - 유장의 허를 찌른 유비

contents

 PART 3 인간은 관계로 완성된다
— 신뢰와 통찰의 미학

13 지혜는 남을 아는 데서 시작되고,
깨달음은 자신을 아는 데서 완성된다 · **136**
- 유비의 용인술과 실수

14 절호의 기회를 모색하라 · **147**
- 순욱의 판단과 결말

15 우정과 신뢰를 기반으로 한 관계는 강력한 힘을 가진다 · **158**
- 도원결의의 힘

16 사람은 자신을 알아주는 이를 위해 헌신하고,
사랑받는 마음에 움직인다 · **172**
- 미색 이간계

17 진정한 충성과 신뢰는 어려운 상황에서 드러난다 · **182**
- 조운과 장료의 의리

18 교만은 화를 부르고, 운명에 대한 저항은 파멸을 부른다 · **193**
- 관우의 오판

PART 4 뜻을 품은 자는 꺾이지 않는다
— 집념과 의지의 길

19 성공한 사람은 때에 따라 드러나기도 하고 숨기도 해야 한다 · **210**
    - 사마의의 처세술

20 완벽한 사람은 없으며, 지혜는 뜻밖의 곳에서 피어난다 · **225**
    - 제갈공명의 실수

21 말과 행동의 책임이 신뢰를 만든다 · **234**
    - 서황, 감녕, 여몽의 사례

22 신념이란 본질적 가치를 지키는 것이다 · **244**
    - 유비의 신념

23 상황에 관계없이 큰 뜻을 품는 것이 중요하다 · **253**
    - 노장 황충의 분투와 최후

24 계획은 인간의 몫이지만, 성패는 하늘에 달려 있다 · **263**
    - 조조의 깨달음

contents

진정한 승리는 사람의 마음을 읽는 데 있다
— 인간의 본질을 묻다

25 전쟁의 본질은 속임수다 · **276**
- 공성계, 허장성세, 연환계

26 위대한 존재는 더 큰 것을 수용한다 · **284**
- 영웅들의 포용성

27 명성과 업적은 균형을 이루어야 한다 · **293**
- 조조의 치세

28 사람의 마음은 알기 어려우니, 신뢰하되 경계하라 · **302**
- 사람을 보는 관심법

29 한 사람이 조직 전체의 운명을 바꿀 수 있다 · **313**
- 마초와 관우의 사례

30 리더는 전통적 지혜와 창의적 전략으로 대응해야 한다 · **321**
- 손자, 손빈병법의 사례

삼국지 등장인물 심리분석 • **336**
삼국지 중요 인물 성향을 MBTI로 분석하다

에필로그 • **348**
장강은 흐르고, 인생은 계속된다

참고 문헌 • **351**

들어가며

3세기 혼돈의 중원 속으로…

후한 말기, 중국 대륙의 혼란과 부패로 인해 나라가 크게 흔들리기 시작하는 시점에 삼국지는 시작됩니다. 특히 십상시의 전횡과 관리들의 부패는 백성들의 삶을 피폐하게 만들었고, 그 결과 장각이 이끄는 '황건적의 난'이 일어나며 전국이 전란에 휩싸이게 됩니다. 이 난을 진압하는 과정에서 이름을 알린 인물들 가운데 유비, 관우, 장비는 복숭아나무 아래에서 의형제가 되어 천하를 평정하겠다는 '도원결의'를 맺으며 그들의 여정을 시작합니다.

이 무렵 조정은 십상시의 손에 놀아나고 있었으며, 동탁이 어린 황제를 등에 업고 실권을 장악합니다. 그는 권력을 마음대로 휘두르며 폭정을 일삼았고, 이에 반발한 조조는 반동탁 연합군을 조직하여 그를 타도하려 하지만, 각지의 군웅들은 명분만 내세울 뿐이었기에 실질적인 협력에는 실패합니다. 이때 여포는 양아버지인 동탁을 죽이고, 다시 각지의 세력을 넘보다가 결국 조조에게 붙잡혀 처형됩니다.

한편 조조는 헌제를 옹립하여 정통성의 명분을 확보한 뒤, 세력을 넓히며 화북을 장악해갑니다. 유비는 초기에 여러 군웅에 몸을 의탁하며 떠도는 신세였지만 장비, 관우와 함께 의리를 지키며 점차 명성을 쌓습니다. 복잡한 정치·군사 관계 속에서 세 사람은 조조와 대립하게 됩니다.

조조는 북방의 원소와 관도대전에서 격돌하고, 이때 허유의 계략과 곽가의 보좌를 받아 대승을 거두며 중원의 패권을 굳힙니다. 유비는 형주를 유표에게 의탁한 후, 제갈량을 세 번이나 찾아가 삼고초려하여 모사로 삼고, 제갈량은 천하 삼분지계를 설명하며 형주와 익주를 거점으로 삼아 손권과 협력하여 조조에 맞설 전략을 제시합니다.

조조는 대군을 이끌고 남하하여 유비와 손권의 연합군과 적벽에서 전투를 벌이지만, 주유와 제갈량의 연환계, 화공, 동남풍의 타이밍이 맞아 조조는 참패를 당하고 퇴각합니다. 이 전투 이후로 조조는 더 이상 남진하지 못하게 되었고, 유비는 손권과 형주를 두고 갈등을 겪는 한편, 익주의 유장에게 의탁한 뒤 방통과 장송의 조언을 받아 익주를 평정합니다. 이로써 유비는 촉한의 기반을 마련합니다.

한편 관우는 형주를 지키며 위군과 오군을 견제하다 조조의 장수 방덕을 무찌르며 큰 전과를 세우지만, 여몽의 기습으로 형주를 잃고 결국 손권에게 생포되어 처형당합니다. 이 사건은 유비의 분노를 일으켜 오나라를 공격하는 이릉대전으로 이어지며, 육손의 화공으로 인해 유비는 대패하고 백제성으로 퇴각한 후 병사합니다.

유비가 죽자 제갈량은 어린 유선을 보좌하며 촉한을 다시 정비하고, 남중을 정벌하여 맹획을 일곱 번 사로잡고 일곱 번 놓아주는 '칠종칠금(七縱七擒)'의 포용정책으로 남만을 안정시킵니다. 이후 그는 한실 부흥을 위해 다섯 차례 북벌을 감행하지만, 병참 문제와 사마의의 방어전략에 가로막혀 성과를 거두지 못하고 오장원에서 병사합니다. 그의 죽음은 촉한의 쇠퇴를 알리는 신호탄이었습니다.

한편 위나라에서는 조조가 죽자 조비가 헌제로부터 선양을 받아 위나라를 건국하며 후한은 명실상부하게 멸망합니다. 이후 위나라에서는 사마의가 조씨 가문을 몰아내고 정권을 장악하고, 그의 아들 사마소, 손자 사마염으로 이어지는 사마씨 정권이 굳건해집니다. 마침내 사마염은 서기 265년 진나라를 건국함으로써 사마씨 가문은 삼국지 최후의 승리자가 됩니다.

오나라에서는 손권이 장수 감녕, 태사자, 육손 등을 통해 나라를 안정시키고, 장수 육손이 이릉대전에서 유비군을 막아내며 큰 공을 세웁니다. 그러나 손권이 죽자 오나라도 점차 혼란에 빠지고, 진나라로 이어지는 사마씨 정권에 점차 압박받게 됩니다.

마지막 촉한의 장수 강유는 제갈량의 유지를 이어 북벌을 계속 시도하지만, 실질적인 성과를 거두지 못하고, 결국 위나라 장수 등애와 종회가 이끄는 대규모 침공에 의해 촉한은 멸망하게 됩니다. 오나라 역시 진나라의 군사적 압박 속에 손호가 항복하면서 삼국은 진나라에 의해 완전히 통일됩니다.

이처럼 『삼국지』는 후한의 말기부터 위·촉·오 삼국의 흥망성쇠와 수많은 영웅들의 꿈, 의리, 배신, 충성, 지략이 얽힌 이야기이며, 단순한 전쟁의 기록이 아닌 인간 군상의 깊은 드라마를 담고 있는 작품입니다. 조조의 냉철한 판단과 야망, 유비의 인의 중심의 통치, 손권의 현실적 정치력, 제갈량의 전략과 충성, 관우와 장비의 의리와 무용, 수많은 지략가와 장수들의 활약이 어우러져 한 시대를 형성합니다.

PART 1

흐름을 읽는 자가
기회를 얻는다

시대와 전략의 감각

"능히 살아남는 자는 흐름을 따르되,
그 흐름을 지배한다."

01

흐름을 읽고 유연하게 대응하는 지혜

— 세상을 읽는 통찰

> "세상의 흐름은 오래 나뉘면 반드시 합쳐지고,
> 오래 합쳐지면 반드시 나뉜다."
>
> 天下大勢, 分久必合, 合久必分
> 천하대세, 분구필합, 합구필분
>
> — 삼국지연의 도입부 —

물은 모난 그릇에선 모나고, 둥근 그릇에선 둥급니다. 흐름을 거스르려는 자는 부서지고, 흐름을 읽는 자는 살아남습니다. 그 안에서 진짜 지혜로운 사람은 '멈추지 않는 변화'를 두려워하지 않고, 그 변화에 유연하게 반응하는 이들입니다. 『삼국지』는 바로 이러한 인물들의 이야기를 담은 책입니다.

위 명제는 『삼국지연의(三國志演義)』의 도입부에서 등장하는 유명한 구절로, 중국 역사를 꿰뚫는 중요한 철학적 통찰을 담고 있습니다. 이는 단순한 역사적 서술이 아니라, 세상의 본질적인 흐름을 예언하는 말이기도 합니다. 권력은 통합되었다가 다시 분열되고, 강대한 제국도 시간이 지나면 갈라지며, 흩어진 땅은 다시 하나로 합쳐집니다. 『삼국지』의 이야기는 바로 이러한 흐름 속에서 시작됩니다. 이 명제는 삼국지 시대의 혼란과 영웅들의 전투를 설명하는 중요한 철학적 배경을 제공합니다.

한나라 후한(後漢)이 점차 쇠락하던 시기, 중앙 권력은 약해졌고 지방의 군웅들은 점차 힘을 키우기 시작했습니다. 황실은 무능했고, 부패한 관리들이 나라를 좀먹고 있었습니다. 민심은 점점 흉흉해졌고, 결국 거대한 폭풍이 몰아쳤습니다. 그것이 바로 '황건적의 난(黃巾賊之亂)'입니다. 황건적의 난은 단순한 반란이 아니었습니다. 그것은 '한나라'라는 거대한 제국이 더 이상 백성들을 통제할 힘을 잃었음을 의미하는 사건이었습니다. 반란을 진압하기 위해 여러 장수들이 나섰지만, 오히려 이 과정에서 각지의 군벌들은 점차 힘을 키우고 독립적인 세력으로 자리 잡았습니다. 그때 조조(曹操), 유비(劉備), 손권(孫權)과 같은 인물들이 이 혼란 속에서 역사의 전면에 등장했습니다.

조조는 황건적의 난으로 인한 동탁의 몰락 이후 혼란한 북방을 신속히 평정했고, 이를 바탕으로 헌제를 보호한다는 명분 아래 실질적인 정권을 장악했습니다. 그는 관도대전에서 원소를 격파하고 북중국 대부분을 장악한 뒤, 법가적 통치와 문치·무치를 병행하며 인재 등용에 적극적으로 나섰습니다. 순유, 정욱, 곽가, 유엽 같은 뛰어난 책사와 군사를 기용하고, 효율적인 행정 체계를 정비하여 강력한 국가 기반을 구축했습니다. 그러나 그의 권력 확대는 여러 세력의 반발을 불러일으켰고, 마초·한수 등의 반란이나 유비의 성장, 손권과의 적벽대전 같은 위협에 직면하면서 조조는 끊임없는 내외의 공격에 맞서야 했습니다.

손권은 아버지 손견과 형 손책이 일궈놓은 강동 지역의 기반을 물려받아 장강을 중심으로 방어선을 구축하며 남방에서 세력을 공고히 했습니다. 젊은 나이에 정권을 이어받았지만, 그는 안정적인 통치를 위해 주유, 노숙, 여몽 같은 유능한 인재들을 중용하고, 지방 세력과의 유연한 관계를 유지하며 점차 강남의 중심 세력으로 자리 잡았습니다. 또한 조조의 남하에 대비해 적벽에서 유비와 손을 잡아 결정적인 승리를 거두며 위나라의 침공을 저지했고, 이후로도 유비와의 동맹과 갈등을 반복하며 국경을 유지했습니다. 하지만 북방의 위나라와 서쪽의 촉나라, 이 두 나라와 긴장 관계를 유지해야 했던 손권은 늘 전쟁과 외교의 압박 속에서 균형을 꾀해야 했으며, 내부적으로도 후계 구도와 반란의 위험에 직면하면서 강동의 통치를 계속해서 치밀하게 구축해야 했습니다.

유비는 자신이 한나라 황실의 후손임을 내세우며 '대의명분(大義名分)'을 강조하여 혼란한 시대 속에서 백성들의 지지를 얻고자 했습니다. 그는 관우, 장비와 의형제를 맺어 든든한 세력 기반을 마련했고, 후에 제갈량을 삼고초려로 영입하여 전략적 기반을 마련했습니다. 유비는 조조와 손권 사이에서 외교와 전투를 병행하며 세력을 확장했고, 마침내 익주(益州)를 차지하여 촉 지역에 새로운 왕조인 '촉한(蜀漢)'을 세웠습니다. 그러나 그 과정에서 강대한 위나라와 끊임없는 갈등을 겪었고, 손권과의 연합이 깨진 후 관우가 전사하자 성급하게 이릉대전을 일으켰다가 참패하여 큰 타격을 입습니다. 유비는 끝내 복수를 이루지 못한 채 백제성에서 병사했고, 그의 이상은 제갈량이 이어받았지만 촉한은 점차 쇠퇴의 길을 걷게 됩니다.

이처럼 각자의 방식으로 천하를 통합하려 했던 세 영웅들의 노력은 결국 충돌로 이어졌고, 『삼국지』의 주요 스토리는 그들이 세운 이 세 나라의 갈등과 연합, 그리고 결국 다시금 하나로 통합되는 역사적 흐름을 따라갑니다. 천하가 오래 분열되어 있으면, 반드시 누군가는 그것을 통합하려 합니다. 그러나 아이러니하게도, 천하가 하나로 통합된 이후에도 시간이 지나면 결국 다시 나뉘게 됩니다. 이 순환의 법칙은 마치 자연의 섭리처럼 반복됩니다.

앞서 말했듯 이후 중국의 역사도 마찬가지로 이 법칙을 충실히 따라갑니다. 위(魏)나라를 세운 조조의 후손들은 조조의 손자 조예(조비의 아들)를 어린 나이에 황제 자리에 앉히지만 결국 정국을 장악하지 못해 정권 유지에 실패했습니다. 이때 실질적인 권력은 점차 신하였던 사마의(司馬懿)와 그의 아들 사마사, 사마소에게 넘어가게 됩니다. 결국 사마씨(司馬氏) 가문은 조씨 일가를 제거하고 정권을 완전히 장악합니다. 사마염(司馬炎)은 265년에 조환(曹奐)으로부터 선양을 받아 위나라를 멸망시킨 뒤 그곳에 진(晉)나라를 세웠고, 280년에는 오나라를 정벌하여 천하를 통일했습니다. 그러나 진나라는 곧 내부 혼란으로 무너집니다. 그 이유는 황족 간의 왕위 계승 다툼과 부패, 그리고 이민족 유입과 반란 등으로 중앙 권력이 약화되었기 때문입니다. 혼란 속에 '팔왕의 난'이라 불리는 내란이 발생하면서 진나라는 결국 분열과 쇠퇴의 길을 걷게 됩니다.

이것이 바로 "천하대세, 분구필합, 합구필분(天下大勢, 分久必合, 合久必分)" 즉 "천하의 대세는 오래 나뉘면 반드시 합쳐지고, 오래 합쳐지면 반드시 나뉜다"라는 말이 의미하는 바입니다.

이 명제는 『삼국지』의 스토리를 예고하는 동시에, 단순한 중국 역사만이 아니라 인간 사회의 본질적인 흐름을 설명하는 말이기도 합니다. 한 시대가 끝나면 새로운 시대가 열리고, 권력이 집중되면 언젠가는 다시 분산됩니다. 역사는 이를 끊임없이 반복합니다. 삼국지의 영웅들은 그 거대한 흐름 속에서 자신만의 방식으로 살아남으려 했으나, 결국 그들 또한 이 문장을 거스르지 못하고 역사의 물결 속으로 사라졌습니다. 이 역사의 순환 사이클은 동양 사회에만 국한되는 것이 아닙니다.

로마 제국의 역사 또한 강력한 질서와 문화를 바탕으로 번영했지만, 네로 황제의 사치와 무질서가 제국의 권위를 약화시키고 내전을 불러일으켰습니다. 이후 샤를마뉴 대제가 등장하며 유럽의 통합이 다시 이뤄졌고, 카롤링거 르네상스를 통해 찬란한 문명이 재건되었지만, 그의 사후 권력 다툼으로 제국은 세 갈래로 찢기며 쇠퇴의 길을 걸었습니다. 신성 로마 제국도 초기에는 군사와 종교를 결합한 강력한 체제로 재건되었지만, 시간이 흐를수록 중앙 권력은 약화되고, 제후들의 독립과 교황과의 갈등으로 무너져 결국 해체되었습니다.

이처럼 제국의 흥망은 반복되는 역사적 패턴입니다. 통합과 질서 속에 번영을 누리던 국가는 시간이 지남에 따라 부패와 분열로 약화되고, 결국 붕괴를 맞는 순환이 일어납니다. 통일은 반드시 새로운 갈등을 낳고, 그 갈등은 다시 새로운 통일의 기회를 만들며 역사는 되풀이됩니다.

오늘날의 국제 질서 또한 이와 다르지 않습니다. 유럽연합(EU)의 통합은 브렉시트와 같은 사건으로 균열을 겪었고, 세계는 여전히 협력과 갈등이 반복되는 정세 속에 놓여 있습니다. 경제 위기, 지정학적 경쟁, 자국 우선주의는 통합된 세계 질서를 다시 분열로 이끌고 있으며, 이는 고대 제국들이 경험한 운명과 다르지 않습니다. 결국 국가는 시대와 형태를 달리해도, 흥망성쇠의 역사적 굴레를 벗어나기는 어렵다는 것으로 볼 수 있습니다.

국가 관계뿐만 아니라, 개인의 삶에서도 "분열과 통합"의 철학은 적용됩니다. 개인은 혼자 살 수 없으므로 반드시 가족이나 집단에 속하게 됩니다. 그러나 시간이 지나면 의견 차이와 갈등으로 분열이 일어나 흩어지기도 합니다. 하지만 다시 화해와 치유를 통해 기존의 소속 집단이 복원되거나, 혹은 새로운 사람들과의 만남 속에서 또 다른 통합이 이루어집니다. 이렇게 "분구필합, 합구필분(分久必合, 合久必分)"의 이치는 개인의 삶 속에서도 끊임없이 드러납니다.

이처럼 이번 명제는 모든 변화의 본질적인 순환을 이해하고, 이러한 변화에 유연하게 적응하며 살아가야 한다는 교훈을 줍니다. 과거의 역사는 단순한 기록이 아니고, 번영은 영원하지 않으며, 안정 속에서도 변화의 씨앗은 자라고 있습니다. 그리고 새로운 변화는 반드시 또 다른 도전과 기회를 가져올 것입니다. 그렇다면 우리는 과거의 패턴을 되풀이하지 않기 위해 무엇을 배워야 할까요? 이러한 질문을 통해 역사의 흐름을 이해하는 것이야말로, 미래를 대비하는 가장 강력한 도구일 것입니다. 그렇다면 우리는 지금 어떤 흐름 속에서 살고 있을까요? 지금은 통합의 시기인가요? 분열의 시기인가요? 그리고 우리는 이 시기 속에서는 어떤 선택을 해야 할까요?

역사는 반복되지만, 그 안에서 개인이 만들어가는 이야기는 언제나 다양합니다.

02

균형 잡힌 리더십만이
성공을 가져온다

— 장비의 극단

"대장부는 차라리 죽을지언정
굴복하지 않는다."

大丈夫宁死不屈
대장부 녕사불굴

— 장비 —

어떤 이는 강철 같은 의지를 리더십이라 믿습니다. 그러나 부러지지 않는 강철은 없습니다. 개인의 고집이 조직의 유연함을 막고, 불굴의 신념이 때로는 공멸을 부르기도 합니다. 위 명제는 이러한 사례가 가장 잘 드러나는 문장입니다.

장비(張飛)의 "대장부 녕사불굴(大丈夫宁死不屈, 대장부는 차라리 죽을지언정 굴복하지 않는다)"이라는 말은 그의 충직함과 불굴의 의지를 상징적으로 보여주는 대사입니다. 장비는 삼국지에서 용맹과 의리를 상징하는 대표적인 인물입니다. 그의 성격은 거칠고 직선적이지만, 형제애와 충성심만큼은 누구보다 강했습니다. 조조의 군대가 형주를 장악하고 유비가 패전하여 피신하던 때였습니다. 유비는 급하게 도망쳐야 했고, 조조의 기병대가 바짝 추격해오고 있었습니다. 이때 장비는 장판교에서 홀로 적에 맞서며 유비와 백성들이 도망칠 시간을 벌었습니다.

이때 유비는 패배를 거듭하며 힘겹게 도망치고 있었고, 조조는 그의 세력을 완전히 무너뜨리기 위해 대규모 병력을 보냈습니다. 유비가 도망치기 위해 강을 건너야 했을 때, 장비는 단 20명의 군사만을 거느리고 장판교를 지키고 있었습니다. 그는 강 건너편에서 피난하는 백성과 군대를 지켜보며 홀로 다리 위에 서 있었습니다. 조조의 대군이 몰려오자, 그는 칼을 치켜들고 외쳤습니다.

"나는 장익덕(張翼德, 장비)이다! 감히 나와 싸울 자가 누구냐!"

장비의 우렁찬 외침과 무시무시한 기세에 조조의 군대는 주춤했고, 심지어 장수 하후걸은 두려움에 말에서 떨어져 죽기까지 했습니다. 결국 조조는 '틀림없이 장비가 매복을 준비했을 것'이라고 생각해 진격을 멈추었고, 이 덕분에 유비 일행은 무사히 도망칠 수 있었습니다.

이 광경을 본 조조의 군사들은 크게 동요했고, 장비는 이

기회를 놓치지 않고 다리를 부수어 적이 건너오지 못하도록 막았습니다. 이렇게 장비는 적의 대군을 홀로 막아내며 유비와 백성들이 안전하게 피신할 시간을 벌어주었습니다. 장비의 행동은 단순한 용맹이 아니라, 그의 신념과 충성심에서 비롯된 것입니다. 그는 목숨을 걸고 형제와 백성을 지키겠다는 의지를 실천했으며, 자신의 신념을 위해 죽음조차 두려워하지 않았습니다.

장비는 용맹한 장수로서 힘과 전투력뿐만 아니라 뛰어난 전략적 감각까지 갖춘 인물이었습니다. 그의 강한 신념과 전략으로 큰 활약을 한 전투가 있었는데, 바로 강하 전투였습니다. 그 전투에서 그는 손권의 명장 감녕과 맞서 싸우게 됩니다. 당시 손권은 형주의 패권을 차지하기 위해 강하를 공격하기로 결정하고, 빠르고 기습적인 전투에 능한 감녕을 선봉장으로 삼았습니다. 감녕은 강하성을 빠르게 포위하며 야습을 감행하는 등 장비의 군을 압박했습니다. 하지만 장비는 불리한 상황임에도 전투를 포기하지 않았습니다. 그리고 오히려 감녕이 방심하도록 유도하는 계략을 세웠습니다. 그는 일부러 병사들을 성안으로 철수시키며 약한 모습을 연출했습니다. 감녕은 이를 기회로 보고 성으로 진격했고, 바로 그 순간 장비가 깔아둔 함정이 발동되었습니다. 성 주변에 숨어 있던 병사들이 감녕의 군대를 포위했습니다. 동시에 장비는 정예 병사 1,000명을 이끌고 직접 돌격하여 적진을 무너뜨렸습니다. 그의 기세에 감녕의 군대는 크게 흔들렸고, 사기가 떨어진 오나라군은 혼란에 빠졌습니다.

전세가 급격히 불리해지자 감녕은 군을 재정비하려 했지만, 이미 장비의 지속적인 공격에 전열이 흐트러진 상태였습니다. 결국 감녕은 퇴각할 수밖에 없었고, 장비는 강하성을 지켜내며 유비군의 전력을 안정적으로 유지하는 데 성공했습니다. 이 전투에서 장비는 적의 심리를 간파하고 유인 작전을 펼쳤으며, 절체절명의 순간에도 전투를 포기하지 않는 신념을 가지고 있었기에 승리를 거두었습니다. 장비는 흔히 혈기왕성한 장수로 알려져 있지만, 강하 전투는 그가 충직한 마음과 전술적 감각까지 갖춘 뛰어난 지휘관이었음을 입증한 전투였습니다.

이처럼 장비는 삼국지에서 유비, 관우와 함께 도원결의(桃園結義)를 맺고 평생을 함께한 촉한(蜀漢)의 명장입니다. 그는 호탕한 성격으로 삼국지에서 용맹함의 상징으로 그려집니다. 그의 호랑이 같은 기백은, 한 번 돌격하면 적군이 감히 맞설 수 없을 정도였습니다.

특히 장비는 단순한 무장이 아니라 강한 의리와 충성심을 지닌 인물이었습니다. 그는 유비를 끝까지 따라다니며 충성을 다했으며, 다른 장수들이 유비가 패배하면 등을 돌릴 때도 장비는 끝까지 그와 함께하며 재기의 기회를 도왔습니다. 특히 관우와의 형제애는 남달랐습니다. 관우가 죽었을 때 그는 슬픔을 참지 못하고 밤마다 울음을 삼키며 복수를 위해 모든 것을 걸었습니다.

여기까지만 보면 장비는 세계 전쟁사에 있어 가장 훌륭한 장군 중 한 명일 것입니다. 하지만 이러한 장비의 신념은 종종 문제가 되기도 했습니다.

한 예로, 장비는 부하들에게 잔혹하게 대하는 경우가 많았습니다. 그의 명령을 제대로 수행하지 못한 병사들을 가혹하게 처벌했고, 이는 결국 그의 비극적인 최후로 이어졌습니다. 그의 신념을 내세운 조급함이 자신을 위험에 빠뜨리게 된 것입니다. 형제들을 지켜야 한다는 신념과 부족한 부하도 감싸줄 수 있는 포용력 사이에서 균형을 잡지 못한 장비의 혼란은 부하들에 대한 학대로 이어졌고, 이는 결국 그의 운명을 결정짓습니다. 관우가 죽은 후, 그는 감정을 주체하지 못했고, 신속한 복수를 위해 군사를 추가 모집하며 부하들에게 강압적으로 행동했습니다. 특히, 부장(部將)인 범강(范彊)과 장달(張達)에게 빨리 훈련된 군사를 준비하라고 독촉하며, 그들이 실수하면 가혹한 처벌을 내리겠다고 위협했습니다. 결국 두 부하는 두려움을 느껴, 장비가 잠든 틈을 타 그를 암살하고 오나라로 도망쳤습니다.

그의 죽음은 삼국지에서 매우 중요한 의미를 가집니다. 유비는 이 소식을 듣고 깊은 슬픔에 빠졌으며, 이는 훗날 유비가 관우의 복수전쟁인 이릉전투에서 대패하는 주요 원인이 되었습니다. 즉, 장비의 죽음은 촉한의 내부 결속을 약화시키고, 이후 촉한이 점점 쇠퇴하는 중요한 원인 중 하나가 되었습니다. 장비는 삼국지에서 용맹한 장수이자, 의리를 중시한 인물로 묘사됩니다. 하지만 과도한 신념과 충성심으로 인해 결국 비극적인 최후를 맞이한 인물이기도 합니다. 그는 뛰어난 전투력을 지녔지만, 리더로서 신념을 지킬 것인지, 부하들을 지킬 것인지 고민하는 능력이 부족했습니다. 결국, 장비는 한 시대를 풍미한 영웅이었지만, 자신의 과도한 신념으로 인해 비극적인 결말을 맞이한 인물로 평가할 수 있습니다. 이는 리더는 단순히 신념만이 아니라, 포용력과 인내심 또한 갖추어야 한다는 교훈을 주고 있습니다.

장비와 같은 사례는 초한지 항우의 사례에서도 찾아볼 수 있습니다. 항우는 뛰어난 군사적 재능과 압도적인 카리스마를 지닌 영웅이었습니다. 그는 초한 전쟁에서 유방과 패권을 다투며 수많은 전투에서 승리를 거두었습니다. 그러나 그의 가장 큰 약점은 사람 간의 의리를 과도하게 신뢰한다는 점이었습니다. 특히, 그와 책사 범증의 관계에서 이러한 문제가 극명하게 드러났습니다.

범증은 항우가 가장 신뢰해야 할 책사였습니다. 그는 뛰어난 지략가로, 여러 차례 유방을 무너뜨릴 결정적인 전략을 제안했습니다. 특히 범증은 유방을 제거해야 한다고 강력히 주장했습니다. 하지만 항우는 지나치게 의협심이 강했고, 의리를 지키고자 하는 자신의 신념을 굽히지 못하여 유방을 죽이지 못했습니다. 이후에도 범증은 유방의 세력을 약화시킬 다양한 계책을 내놓았지만, 항우는 부하의 진언보다 자신의 신념을 중시하며 이를 심각하게 고려하지 않고 번번이 무시했습니다.

시간이 흐르면서 범증은 항우의 이런 태도에 점점 실망했습니다. 그는 항우가 군사적으로 강할지언정, 지도자로서의 안목과 결단력이 부족하다고 생각했습니다. 결국 범증은 항우의 곁을 떠나게 되었고, 이는 항우에게 치명적이었습니다. 범증 없이 전쟁을 이어가던 항우는 점점 유방에게 밀리기 시작했고, 결국 항우는 해하 전투에서 유방에게 포위당했습니다. 그는 더 이상 싸울 힘도, 도망칠 길도 없었습니다. 모든 것이 끝났음을 직감한 그는 스스로 목숨을 끊으며 생을 마감했습니다. 만약 항우가 범증을 신뢰하고 그의 조언을 따랐다면, 역사는 전혀 다른 방향으로 흘렀을지도 모릅니다. 이 사례 또한 리더가 자신의 신념과 그에 반하는 부하의 조언 사이에서 절충하지 못했을 때, 그 결과가 조직 전체의 몰락으로 이어질 수 있음을 극적으로 보여줍니다.

역사를 돌아보면, 뛰어난 능력을 갖추었음에도 불구하고 신념과 포용 사이의 균형을 잡는 데 실패하여 몰락한 리더들이 많습니다. 위에서 언급한 장비와 항우가 그 대표적인 사례입니다. 항우는 압도적인 군사적 재능을 가졌지만, 자신의 책사였던 범증을 신뢰하지 않고 의리를 지키는 것을 고집했습니다. 반면, 유방은 자신의 친구인 항우를 배신할지라도 장량, 한신, 소하 같은 인재들을 적절히 활용하며 승리를 거두었습니다. 리더는 신념도 중요하지만, 부하의 능력을 신뢰하고, 그들의 의견을 경청하며, 적절한 역할을 부여하는 것이 중요합니다. 조직이 성장하려면 리더 한 사람의 역량만이 아니라, 구성원 전체의 역량이 발휘될 수 있어야 합니다.

장비는 용맹하고 충성심 있는 무장이었지만, 부하들을 거칠게 다루는 습관이 있었습니다. 그의 폭력적인 태도로 인해 부하들은 등을 돌렸고, 결국 내부 배신으로 목숨을 잃었습니다. 현대 사회에서도 자신의 목표만 보고 감정을 절제하지 못하는 리더는 조직 내 불만과 반발을 초래할 수 있습니다. 리더는 냉철한 이성과 공정한 태도를 유지하며, 조직원들이 신뢰할 수 있는 분위기를 조성해야 합니다. 존경받는 리더는 강한 카리스마로 자신의 신념을 지킬 뿐만 아니라, 그에서 벗어난 사람도 품어줄 수 있는 따뜻한 인간미와 포용력을 균형적으로 갖추고 있어야 합니다.

리더십은 단순히 개인의 뛰어난 능력만으로 완성되지 않습니다. 인재를 적절히 활용하고, 감정을 절제하며, 현실적인 전략을 수립하고, 장기적인 비전을 제시하는 것이 중요합니다. 장비와 항우의 사례를 반면교사로 삼아, 신념과 포용을 바탕으로 한 균형 잡힌 리더십을 갖춘 리더가 되어야 한다고 이번 명제는 이야기합니다.

03

진정한 리더는 칼날의 냉혹함에 마음의 신중함을 더한다

— 조조의 판단력

> "차라리 내가 천하 사람을 저버릴지언정,
> 천하 사람들이 나를 저버리게 두지 않겠다."
>
> 寧敎我負天下人, 休敎天下人負我
> 녕교아부천하인, 휴교천하인부아
>
> — 조조 —

현대 사회는 빠른 결정과 냉철한 판단을 요구합니다. 하지만 그 결정이 느리고 신중하지 못할 때 리더는 결국 혼자 남게 됩니다. 리더는 빠른 결정과 냉철한 판단뿐만 아니라, 결정의 무게를 감당할 줄 알아야 합니다.

위 명언은 조조가 자신의 생존을 위해 극단적인 선택을 해야 했던 순간에 등장하는데, 그의 철저한 현실주의와 냉혹한 판단을 보여주는 대목이기도 합니다. 한나라 말기, 천하는 혼란에 빠져 있었습니다. 황건적의 난이 전국을 휩쓸었고, 권력 다툼이 끊이지 않았습니다. 조조는 이 혼란 속에서 살아남기 위해 끊임없이 싸워야 했으며, 그의 신념은 점점 더 냉혹하게 변해갔습니다. 그는 이러한 세상에서는 신뢰할 사람을 찾기 어려우므로, 자신을 스스로 지켜야 한다는 강한 의지를 가지고 있었습니다.

어느 날, 조조는 동탁 암살 실패 후 도망치는 길에 오랜 친구 여백사의 집을 지나게 되었습니다. 여백사는 그를 반갑게 맞이하며 따뜻한 음식을 대접하겠다고 했습니다. 조조는 몸도 피곤하니 그의 집에서 하룻밤을 묵기로 했습니다. 늦은 밤 조조가 침상에 누워 쉬고 있을 때 부엌 쪽에서 희미한 대화 소리가 들려왔습니다. 조조는 조용히 귀를 기울였습니다.

"칼을 갈아라."
"조용히 다가가야 한다."
"지금이 기회다."

조조의 심장이 순간 얼어붙었습니다. 그가 들은 단어들은 분명 자신을 죽이려는 계략처럼 들렸습니다. 그는 황급히 칼을 집어 들고 문을 열었습니다. 싸늘한 어둠 속, 조조의 눈은 날카롭게 빛났습니다.

"배신인가?"

그는 한 치의 망설임도 없이 칼을 휘둘렀습니다. 여백사의 집 안에 있던 가족들과 하인들은 조조의 무자비한 칼날에 쓰러졌습니다. 단숨에 모든 것을 끝낸 조조는 숨을 고르며 쓰러진 시체들을 바라보았습니다.

"이제야 안전해졌다."

숨을 몰아쉬며 조조가 안채 마당 한가운데에 서 있는데, 저편에서 등불을 들고 다가오는 여백사의 모습이 어둠 속에 드러났습니다. 그의 손에는 돼지고기와 술, 과일을 담은 쟁반이 들려 있었고, 얼굴엔 미소가 떠 있었습니다.

"자네가 좋아하는 돼지찜을 오랜만에 해 보았네. 놀라지 말게나. 이게 다…"

여백사의 말이 끝나기도 전에 조조는 모든 진실을 깨달았습니다. 자신이 들은 말은 모두 돼지를 잡아 손님을 대접하려던 평범한 저녁 준비였을 뿐이라는 사실을 말입니다.

조조의 몸이 굳어졌습니다. 여백사는 아무런 음모도 꾸미지 않았으며, 단순히 그를 대접하려 했던 것이었습니다. 조조는 눈을 감고 깊이 숨을 들이마셨습니다.

조조가 다시 눈을 떴을 때, 그의 얼굴에는 차가운 결의가 떠올랐습니다. 조조는 칼을 들어 여백사에게 다가갔습니다.

"미안하오, 여백사."

여백사는 조조의 손에 들린 피 묻은 칼을 보고 얼굴이 굳어졌습니다.

"조조, 혹시…?"

그의 말이 끝나기도 전에 조조는 번뜩이는 차가운 칼날을 여백사의 심장에 찔러 넣었습니다. 여백사는 충격에 가득 찬 눈으로 조조를 바라보며 무너졌습니다. 조조는 피 묻은 칼을 닦으며 조용히 중얼거렸습니다.

"차라리 내가 천하 사람을 저버릴지언정, 천하 사람들이 나를 저버리게 두지는 않겠다."

그것이 조조의 신념이었습니다. 그는 수군거리는 사람들의 이야기를 듣고 착각했습니다. 그러나 그는 결코 자신의 실수를 인정하지 않았습니다. 그는 오로지 생존을 위해, 그리고 권력을 잡기 위해 어떤 선택도 망설이지 않는 사람이었습니다. 그날 밤, 조조는 여백사의 집을 떠나며 더욱 냉혹한 사람이 되었습니다.* 그는 더 이상 감정에 휘둘리지 않았으며, 의심이 들면 먼저 제거하는 방식으로 살아가기로 결심했습니다. 그 선택이 잔혹하다고 해도, 자신이 살아남고자 한다면 반드시 필요한 일이었습니다.

이 사건을 계기로 만들어진 조조의 냉정함과 계산된 판단력은 실제 전장에서의 수많은 승리로 이어지며, 그의 리더십과 전략가로서의 역량을 입증합니다. 조조의 냉철한 판단력을 잘 보여주는 대표적인 전투는 바로 관도대전(官渡之戰)입니다. 이 전투는 조조가 그보다 수적으로 훨씬 우세한 원소(袁紹)를 꺾은 삼국지의 전환점 중 하나로 평가받습니다.

당시 조조는 중앙 정부를 장악하고 있었지만, 북쪽에는 강력한 군벌 원소가 대군을 이끌고 조조를 압박하고 있었습니다. 원소는 약 10만이 넘는 병력을 이끌고 있었으며, 조조는 그 절반에도 미치지 못하는 2~3만의 병력을 이끌고 있었습니다. 수적으로나 위치상으로도 조조는 불리한 상황이었지만, 그는 단 한 번도 흔들리지 않았습니다. 그는 전면전을 회피하고, 장기전을 유도하며 적의 지리적 약점을 집요하게 분석했습니다. 특히 원소 진영 내부에서 이탈한 허유(許攸)라는 참모가 조조에게 투항하며 전략적 정보를 제공했을 때,

---

* 여백사 사건은 진수의 『삼국지』에는 내용이 없고, 배송지의 삼국지 주석인 『영웅기』에 자세히 실려 있습니다.

조조는 그 제안을 곧바로 받아들여 원소의 군수물자가 저장된 오소(烏巢)를 야습하는 전략을 세웠습니다.

이때 많은 장수가 "적진 깊숙한 곳에 있는 오소를 공격하는 건 무모하다"라며 반대했지만, 조조는 단호했습니다. 그는 적이 병력은 많으나 지휘 체계가 분열되어 있고, 따라서 보급로가 끊기면 내부에서 무너질 것이라 판단했습니다. 결국 그는 극소수의 정예병만 이끌고 밤중에 오소를 습격했고, 원소 군의 군량 창고를 불태워버리는 데 성공합니다. 이 공격으로 원소군은 사기가 급락했고, 그 틈을 놓치지 않은 조조는 빠르게 역습을 감행해 대승을 거두었습니다. 이는 조조가 냉정하게 상황을 분석하고, 감정과 본능적 두려움을 이겨내며 전략적으로 판단한 결과였습니다.

이처럼 여백사 사건에서 감정보다 생존을 택한 조조는 결국 관도대전에서도 감정보다 "기회와 승산"을 택하며, 냉철한 판단의 힘을 가진 지도자로 거듭납니다. 감정이 앞섰다면 허유를 믿지 않았을 것이고, 무리하게 정면 돌파를 감행했을지도 모릅니다. 그러나 그는 냉정했습니다. 친구의 일가족을 살해하는 고통을 딛고 일어났던 그때처럼, 한 치의 감정도 섞지 않은 냉혹함으로 전쟁의 본질과 구조를 꿰뚫어 보는 장수였던 것입니다.

조조는 여백사 사건 이후 감정적 판단을 경계하며 살아남기 위해, 그리고 이기기 위해 사람과 상황을 도구처럼 바라보는 냉철한 승부사로 진화합니다. 그리고 그 변화는 단순한 서사적 장치가 아니라, 역사 속 수많은 전장에서 실제로 그를 이기게 만든 힘이었습니다.

위의 예시는 생존을 위해 냉혹한 결정을 내리는 조조의 리더십의 한 단면을 보여줍니다. 현대 사회에서 이 문장은 위기 상황에서 리더의 결단력과 생존 전략의 중요성을 시사합니다.

앞서 살펴본 사례와 비교되는 리더의 사례가 있습니다. 1945년 여름, 태평양 전쟁은 끝날 기미를 보이지 않았습니다. 유럽에서는 이미 독일이 항복했지만, 일본은 여전히 저항하며 본토 결전을 준비하고 있었습니다. 일본군은 끝까지 싸우겠다는 각오로 자살 공격을 감행하며 미군에게 막대한 피해를 입히고 있었습니다. 전쟁이 장기화될수록 양측의 희생자는 계속 늘어났고, 미국 지도부는 전쟁을 조기에 끝낼 방법을 모색하고 있었습니다. 이때 미국 대통령 해리 S. 트루먼은 역사상 가장 논쟁적인 결정을 내려야 했습니다. 원자폭탄 투하라는 극단적인 선택이 그것이었습니다.

미국은 이미 1945년 7월, 뉴멕시코에서 원자폭탄 실험에 성공했습니다. 새로운 대량살상무기가 실전에 투입될 경우 전쟁의 흐름을 바꿀 수 있었습니다. 하지만 이 무기의 사용은 단순한 군사적 결정이 아니라, 윤리적·정치적 논쟁을 동반한 중대한 선택이었습니다. 트루먼은 고민에 빠졌습니다. 일본을 굴복시키기 위해선 두 가지 방법이 있었습니다. 첫째는 일본 본토를 침공하여 직접 점령하는 것, 둘째는 원자폭탄을 사용하여 일본을 강제로 항복시키는 것이었습니다.

첫 번째 선택지는 막대한 희생을 동반하는 위험한 전략이었습니다. 미군은 이미 "올림픽 작전(Operation Olympic)"이라는 이름으로 일본 본토 상륙 작전을 준비하고 있었습니다. 그러나 일본의 강력한 저항이 예상되었고, 미군 사망자만 수십만 명에 이를 것이라는 분석이 나왔습니다. 더욱이, 일본 민간인들까지 대규모로 희생될 가능성이 높았습니다. 결국 트루먼은 "더 큰 희생을 막기 위해, 냉혹한 결단을 내려야 한다"라는 결론을 내렸습니다. 원자폭탄을 투하함으로써 일본이 즉각 항복하도록 만들어야 했습니다.

1945년 8월 6일, 미국의 B-29 폭격기 '에놀라 게이(Enola Gay)'가 일본 히로시마 상공에 도착했습니다. 오전 8시 15분, 원자폭탄 '리틀 보이(Little Boy)'를 투하했습니다. 순식간에 도시 전체가 불길에 휩싸였고, 약 14만 명이 사망하거나 부상을 입었습니다. 일본 정부는 충격에 휩싸였지만, 여전히 항복을 선언하지 않았습니다. 8월 9일, 두 번째 폭탄 '팻 맨(Fat Man)'을 나가사키에 투하했습니다. 이번에도 도시 전체가 파괴되었고, 약 7만 명이 목숨을 잃었습니다.

이 두 번의 공격 이후, 일본은 더 이상의 저항이 불가능하다는 사실을 깨달았습니다. 8월 15일, 일본의 히로히토 천황은 무조건 항복을 선언하며, 제2차 세계대전은 공식적으로 끝이 났습니다. 트루먼 대통령의 결정은 이후 오랫동안 논쟁의 대상이 되었습니다. 원자폭탄이 전쟁을 조기에 끝내고 수많은 인명을 구했다는 평가가 있는 반면, 민간인을 대량 학살한 비인도적 행위라는 비판도 존재합니다. 어떤 시각에서 보든, 트루먼의 선택은 20세기 역사에서 가장 냉혹한 지도자의 결단 중 하나였습니다. 그가 내린 결정은 단순한 전쟁 전략이 아니라, 한 시대의 흐름을 바꾼 선택이었습니다.

그의 결단은 전쟁을 조기에 종결시켰으며, 이후 핵무기의 시대를 열었습니다. 냉전으로 이어지는 국제 정세 속에서 핵 억지력의 개념이 등장했고, 이후 세계 지도자들은 핵무기 사용에 대한 깊은 고민을 하게 되었습니다. 전쟁 속에서 지도자의 결단은 단순한 명령이 아니라, 역사의 방향을 결정짓는 선택이 됩니다. 트루먼의 사례는 지도자가 냉혹한 결정을 내려야 할 순간에는 어떤 대가를 치르더라도 목표를 달성해야 한다는 현실을 극명하게 보여주고 있습니다.

이 두 사례를 비교해 보았을 때, 조조의 결단은 철저히 개인적인 생존과 권력 유지를 위한 것이었습니다. 그는 여백사가 자신을 해치려 한다고 의심했고, 이를 방지하기 위해 먼저 공격하는 선택을 했습니다. 그러나 이는 단순한 착각에서 비롯된 것이었습니다. 그러나 이 일을 통해 조조는 더욱 냉혹한 군주로 변모했으며, 이후 어떤 상황에서도 의심을 버리지 않는 신중한 리더십을 가지게 되었습니다.

반면, 트루먼의 결단은 국가적 차원의 전략적 선택이었습니다. 그는 미군과 연합군의 생명을 지키고 전쟁을 조기에 끝내기 위해 원자폭탄을 사용하기로 결정했습니다. 그의 판단은 감정적인 것이 아니라 철저한 군사적 분석과 전략적 판단을 바탕으로 이루어졌습니다. 만약 일본 본토 침공을 실행한다면, 막대한 사망자가 발생할 것이고 전쟁이 길어질수록 경제적·정치적 손실도 커질 것이라는 점을 고려한 것입니다. 결국 트루먼의 선택은 잔인한 결정이었지만, 전쟁을 조기에 종결시키는 데 성공했고, 이는 이후 전후 세계 질서에 큰 영향을 미치는 계기가 되었습니다.

조조는 혼란한 세상에서 신뢰만으로는 생존할 수 없음을 알고 있었습니다. 그는 "천하가 내 편일 수 없다"라는 사실을 명확히 인식하고 있었으며, 자신의 생존과 이익을 위해 상대방을 희생시키는 것도 불가피하다고 여겼습니다. 그러나 조조의 심리를 좀 더 자세히 살펴보면 조조의 생각은 단순히 냉혹한 판단을 넘어, 도덕적 딜레마 속에서 자신의 선택을 합리화하려는 자기 방어적인 심리도 내포되어 있음을 알 수 있습니다. 조조는 자신의 행동을 정당화하기 위해 "천하 사람을 저버리지 않으면 내가 죽는다"라는 식의 극단적인 논리를 내세웠습니다. 조조는 천하를 통일하려는 야망을 품고 있었지만, 그 과정에서 누구도 신뢰하지 못하는 고독한 리더의 면모를 보였습니다. 즉 생존과 도덕 사이의 딜레마에 갇힌 그는, 자신의 선택을 합리화하기 위한 방어기제로서 의심과 결단력을 키워 삼국의 혼란 속에서 확실한 입지를 다졌던 것입니다.

해리 S. 트루먼 대통령 또한 윤리와 생존이라는 딜레마 속에서 핵폭탄 투하라는 결단을 내렸습니다. 그는 한 매체에서 이 결정이 "역사상 가장 끔찍한 결심"이었다고 말했습니다. 그러나 그는 동시에 같은 상황이라면 "다시 그렇게 할 것", "망설이지 않을 것"이라고 말하며 강한 결단력을 드러냈습니다. 이처럼 트루먼은 군사적 긴박성과 미군 희생 최소화를 강조하며 이 결정을 정당화했지만, 동시에 자국민의 생존을 위한 어쩔 수 없는 결정이었다며 그 도덕적 부담을 감내해야만 했습니다.

이번 명언은 위기 상황에서의 철저한 현실주의와 냉혹한

판단의 중요성을 시사합니다. 그러나 동시에 신뢰를 기반으로 한 인간관계와 장기적 관점에서 윤리적 판단의 가치를 무시하지 말아야 한다는 경고로도 읽힙니다. 윤리와 현실 사이의 균형을 고민하며, 자신과 조직의 방향성을 신중히 결정하는 리더십이 절대적으로 필요한 시기에 우리는 살고 있습니다.

04

지혜로운 사람과 함께하고, 간사한 사람은 멀리하라

— 조조의 용인술 1

> **"현명한 신하를 가까이하고
> 소인을 멀리하라."**
>
> 親賢臣, 遠小人
> 친현신, 원소인
>
> — 삼국지 전체 맥락 중 —

　오늘날 인간관계에서 가장 어려운 일은 '누구와 함께할 것인가'를 결정하는 일입니다. 유능한 사람 곁에 머무르면 내가 성장하고, 시기와 아첨에 둘러싸이면 나도 모르게 무너집니다. 리더든 개인이든, 인간관계는 곧 운명입니다. 특히 『삼국지』에서는 이 인간관계에 의해 인물들의 운명이 결정되는 순간이 자주 나타납니다.

　위 명제는 『삼국지연의』에 자주 등장하는 주제로 유비, 조조, 손권과 같은 리더가 천하를 다툴 때 누구를 곁에 두고자 했는지를 보여줍니다. 특히 한실의 몰락과 새로운 질서의 탄생을 보여주는 상황에서, 지도자가 현명한 참모를 중용하고 기회주의적이고 아첨하는 자들을 멀리해야 함을 나타냅니다.

조조는 후한 말기의 혼란 속에서 자신의 권력을 확립하기 위해 냉철한 판단력을 토대로 정치를 펼쳤습니다. 그는 천하를 통일하기 위해 능력 있는 신하들을 곁에 두는 것을 최우선 과제로 삼았습니다. 그러나 당시 정치적 상황은 매우 불안정했고, 많은 사람이 권력에 아첨하며 자신의 이익을 추구했습니다. 어느 날, 조조는 자신의 참모였던 곽가와 함께 신하들의 행동을 유심히 지켜보았습니다.

"주공, 천하를 다스리는 데에 가장 중요한 것은 무엇이라 생각하십니까?"

곽가가 물었습니다. 조조는 눈을 가늘게 뜨고 답했습니다.

"그것은 사람이다. 하지만 단순히 사람이 아니라, 나에게 진실로 충언을 할 수 있는 자가 필요하다. 기회주의적인 자들을 곁에 두면 결국 내 목을 조일 것이다."

곽가는 조용히 미소를 지으며 고개를 끄덕였습니다.

"그렇습니다. 아첨하는 자들은 자신의 이익을 위해 주군의 약점을 이용하고, 위기가 닥쳤을 때 등을 돌릴 것입니다. 하지만 충직한 참모들은 주군의 부족함을 보완하고, 어려운 결정을 내릴 때 도움을 줄 것입니다."

조조는 이를 명심하며 순욱, 곽가, 정욱, 가후 같은 뛰어난 인재들을 가까이 두는 반면, 기회주의적이고 배신할 가능성이 높은 자들은 철저히 배제했습니다. 순욱은 조조의 정치적 설계자였습니다. 그는 조조에게 '한나라 황제를 받들고, 실권을 장악하라'는 전략을 제시하며 조조가 명분을 내세워 세력을 확장하도록 도왔습니다. 조조는 순욱에게 국가의 중대사를 맡겼으며, 순욱은 조조가 세력을 확장할 수 있도록 행정과 정책을 정비하는 역할을 했습니다.

곽가는 조조가 깊이 신뢰한 천재적인 군사 전략가였습니다. 그는 주요 전투에서 핵심적인 전략을 제시하며, 조조가 여러 차례 승리를 거두는 데 기여했습니다. 특히, 원소(袁紹)와의 관도대전에서 조조에게 "원소는 결단력이 부족하므로 신속하게 공격하면 반드시 승리할 것입니다"라고 조언하여 조조가 적은 병력으로 대군을 물리치는 데 결정적 도움을 주었습니다.

반면 여포는 삼국지에서 가장 뛰어난 무장 중 한 명이었지만, 끊임없이 주인을 배신한 인물이었습니다. 그는 처음엔 동탁을 배신하고, 이후 왕윤을 배신하며, 결국 조조를 상대로 반란을 일으켰습니다. 조조는 그의 무력을 높이 평가했지만, 배신의 전적이 많았던 그를 끝까지 신뢰하지 않았습니다. 결국 여포가 포로로 잡혔을 때, 조조의 부하들이 "그의 무예가 뛰어나니 부하로 삼으시는 것이 어떻겠습니까?"라고 건의했지만, 조조는 단호하게 말했습니다.

"배신을 밥 먹듯이 하는 자는 절대 내 곁에 둘 수 없다."

조조는 여포를 처형하며, 기회주의자에게는 결코 기회를 주지 않는다는 원칙을 지켰습니다.

조조는 유능한 신하들과 함께할 때 얼마나 큰 힘을 발휘할 수 있는지 잘 알고 있었습니다. 특히 그는 자신에게 직언을 서슴지 않는 신하들을 높이 평가했습니다. 한번은 순욱이 조조에게 이렇게 말했습니다.

"주공, 승리에 도취하지 마십시오. 전쟁에서 이기는 것보다 중요한 것은 이후의 정치입니다."

조조는 이 말을 새겨듣고, 전쟁에서 승리한 후에도 방심하지 않았습니다. 반면, 그의 곁에서 아첨을 일삼던 신하들은 조조가 자신들을 신뢰하지 않음을 깨닫고 점차 멀어졌습니다.

이러한 조조의 사례는 우리에게 큰 교훈을 줍니다. 조직 내에서 아첨하는 자들은 단기적인 이익을 추구할 뿐, 장기적으로 조직에 해를 끼칠 가능성이 높습니다. 반면, 직언을 서슴지 않는 충직한 인재들은 조직이 성장하는 데 필수입니다. 리더가 조직의 성공을 위해 어떤 결정을 내려야 할 때 예스맨(Yes-man)들만 곁에 둔다면 장기적인 실패를 초래할 가능성이 큽니다. 오히려 불편한 진실을 이야기하는 사람들이야말로 조직을 올바른 방향으로 이끄는 중요한 존재입니다.

그 드라마틱한 예로, 당 태종과 위징의 사례가 있습니다. 이는 진언의 거울을 세워 군주 자신을 비춘 이야기입니다.

이른 새벽 조회, 무겁게 울리는 북소리 사이로 위징이 앞으로 나와 단도직입으로 간언(임금에게 바른말로 고치는 말)을 올립니다.

"폐하, 전선이 길어졌습니다. 전쟁을 멈추어 백성의 호흡을 돌려주어야 합니다."

태종의 얼굴빛이 순간 굳어지지만, 그는 "알겠다"라고 끝맺습니다. 며칠 뒤에는 조세 경감과 사치 금지에 대한 상소가 올라옵니다.

"창고가 찼다고 성대한 공역을 벌이면 백성의 창고는 비게 됩니다."

태종은 또다시 고개를 끄덕입니다. 심지어 후계 문제에서도 위징은 "태자(太子)는 민심의 거울입니다. 작은 일이라도 방치하지 마십시오"라고 쓴소리를 서슴지 않았습니다. 임금의 체면을 세워주지 않는 재상, 듣는 이는 쓰라리지만 국정은 단단해졌습니다.

훗날 위징이 세상을 떠나자 태종은 "구리로 거울을 삼으면 의관을 단정히 하고, 역사를 거울로 삼으면 흥망을 알고, 사람을 거울로 삼으면 득실을 알 수 있다(以銅爲鏡, 可以正衣冠; 以古爲鏡, 可以知興替; 以人爲鏡, 可以明得失)"라고 말하며 통곡했습니다. 현신(賢臣)을 곁에 둔 대가는 불편함이었으나 그 보상은 정관의 치(貞觀之治, 태종 치세의 안정과 번영)라는 중국 역사상 최고의 평가였습니다.

반면, '친현신, 원소인(親賢臣, 远小人)'을 실전하지 않아 비참한 최후를 맞이한 진 이세 - 조고의 사례가 있습니다. 사구(沙丘)에서 진시황이 사망하자, 환관 조고는 승상 이사와 손을 맞잡고 유서를 조작해 장자 부소를 죽이고 어린 호해(진 이세)를 옹립했습니다. 출발부터 "진실" 대신 "조작"이 국가 운영의 기본 언어가 되었던 것입니다. 조정에선 보고가 걸러지고, 외부에선 부역과 형벌이 쌓여 갔습니다. 궁전 안의 진실은 더욱 말라붙었습니다. 어느 날 조고는 사슴을 끌고 와서 "폐하, 말입니다"라고 말합니다. 황제가 눈을 의심하자 신하들이 얼어붙습니다. 지록위마(指鹿爲馬, 사슴을 가리켜 말이라고 한다). 그 말은 단순한 농담이 아니라 충언을 처벌하고 아첨을 보상하려는 검열이었습니다.

이후 충직한 이사는 모함을 받아 오형(五刑)을 당했고, 궁정은 아첨의 경쟁장이 되었습니다. 세금과 노역은 줄지 않았고, 진 제국의 호흡은 더욱 거칠어졌습니다. 밖에서는 진승·오광의 봉기가 들불처럼 번졌고, 안에서는 듣고 싶은 말만 골라 듣던 습관이 군주의 눈과 귀를 마비시켰습니다. 소인을 가까이한 귀는 달콤했습니다. 그러나 그 대가는 잔혹했습니다. 사실이 아닌 감정이 국정을 지배하자, 진나라는 창건 15년 만에 몰락을 맞이했습니다.

두 사례를 함께 보면 결론은 분명합니다. 현신을 가까이한다는 것은 불편한 말을 꾸준히 감수하는 일입니다. 이 불편함을 견디면 체력이 생기고, 당장의 불편함을 참지 못해 달콤함에 기대면 면역이 무너집니다. 역사는 같은 문장을 두 번, 정반대의 결말로 읽게 해 주었습니다.

이처럼 인재는 조직의 성패를 결정짓는 중요한 요소입니다. 성공적인 인재 등용을 위해서는 지원자의 잠재력과 역량을 정확하게 평가하고, 그들이 최선을 다할 수 있는 환경을 조성하는 것이 필요합니다. 반면, 부적절한 인재 등용은 조직의 목표 달성에 장애물이 될 수 있으므로 신중한 접근이 요구됩니다.

조조는 '친현신, 원소인(親賢臣, 遠小人)'을 실천함으로써 자신의 권력을 안정시키고, 천하를 제패할 기반을 마련할 수 있었습니다. 조직의 성공은 리더가 어떤 사람들과 협력하는지에 달려 있습니다. 충직하고 전문적인 동료를 선택하는 것이 장기적 성공의 열쇠입니다. 신뢰와 협력을 중시하는 직원들은 조직의 안정성과 성과를 높이는 데 기여합니다. 반면, 기회주의적이고 부정직한 직원들은 종종 조직 문화를 해칩니다. 리더가 누구를 가까이 두고 신뢰할지를 결정하는 것이 성공의 중요한 요소라는 것을 『삼국지』는 다양한 사례를 통해 보여줍니다. 이는 개인, 조직, 국가 모두에 적용될 수 있는 보편적 교훈입니다.

05

최고의 승리는
싸우지 않고 이기는 지혜에 있다

— 제갈공명의 공성계

> "능히 싸워 이길 수 있는 자는,
> 싸우지 않고도 승리한다."
>
> 能战胜者, 不战而胜
> 능전승자, 불전이승
>
> — 제갈량 —

우리는 종종 반드시 이겨야 한다는 압박에 스스로를 내몰기도 합니다. 더 많이 말하고, 더 강하게 주장하고, 더 앞서 가야만 이긴다고 믿는 경우가 많습니다. 그러나 진정한 강자는 굳이 싸우지 않아도 이길 수 있는 길을 선택합니다. 『삼국지』에서 이기는 자는 항상 조용히 움직이며, 이미 이길 수밖에 없는 판을 만들어 놓는 사람이었습니다.

위 명언은 제갈량이 심리전과 전략의 중요성을 강조하며 전쟁에서 직접적인 충돌 없이도 적을 제압할 수 있음을 이야기하는 것입니다. 이 대사는 특히 제갈량의 대표적 심리전 중 하나인 공성계(空城計)에서 그 맥락이 드러납니다.

제갈량은 촉나라의 재상으로서 그의 숙원이었던 북벌을 감행하고 있었습니다. 하지만 오랜 전쟁으로 인해 병력과 물자는 한정되어 있었고, 그는 위나라의 강대한 군세를 상대하는 데 어려움을 겪고 있었습니다. 그러던 어느 날, 정찰병이 다급히 달려와 보고했습니다.

"사마의(司馬懿)의 대군이 이곳으로 진격하고 있습니다! 최소 수만 명의 병력입니다!"

제갈량은 조용히 고개를 끄덕였습니다. 그의 주력 부대는 식량을 조달하기 위해 멀리 나가 있었고, 성 안에는 극소수의 병사들만 남아 있었습니다. 이대로라면 순식간에 성이 함락되는 것은 자명한 일이었습니다. 그러나 그는 당황하지 않았습니다. 오히려 평소보다 더 차분한 표정으로 주변을 둘러보았습니다. 그 순간, 제갈량의 머릿속에 하나의 계책이 떠올랐습니다. 그는 신속히 병사들을 불러 모아 명령을 내렸습니다.

"모든 깃발을 내리고, 병사들은 철저히 숨도록 하라. 성문을 활짝 열어 두고, 경계를 풀어라."

병사들은 순간 당황했습니다. 대군이 몰려오는데 성문을 열어 두라니, 그것은 마치 적을 초대하는 것과 다름없었습니다. 그러나 제갈량은 태연했습니다. 그는 성벽 위로 올라가 한가롭게 거문고를 연주하기 시작했습니다. 맑고 은은한 거문고 소리가 성벽 위에서 퍼져 나갔습니다. 얼마 후 위나라의 사마의가 이끄는 대군이 도착했습니다. 성을 본 사마의는 눈살을 찌푸렸습니다.

"이상하다…."

성문은 활짝 열려 있었고, 깃발도 세워져 있지 않았습니다. 병사들의 모습도 보이지 않았습니다. 마치 텅 빈 유령 도시처럼, 그곳에는 오직 성벽 위에서 거문고를 연주하는 제갈량만 있었습니다. 제갈량은 사마의를 쳐다보지도 않고, 손끝으로 현을 퉁기며 조용히 미소를 지었습니다. 거문고 소리는 태연하고도 평온했습니다.

사마의의 얼굴이 굳어졌습니다.

"이건… 함정이다."

그는 제갈량을 너무나 잘 알고 있었습니다. 평소 치밀한 전략과 계책으로 적을 농락했던 그가 무방비한 상태에서 적을 맞이할 리 없었습니다. 사마의의 머릿속에서는 여러 생각이 오갔습니다. 분명 어딘가에 매복한 병사들이 성문이 닫히는 순간 일제히 튀어나올 수도 있었습니다.

"우리를 유인하는 것이다!"

사마의는 결정을 내렸습니다.

"전군, 후퇴하라!"

그의 명령에 위나라 대군은 발길을 돌렸고, 먼지와 함께 사라졌습니다. 성벽 위에서 거문고를 연주하던 제갈량은 사마의가 후퇴하는 모습을 보며 조용히 손을 멈추었습니다. 입가에 희미한 미소가 번졌습니다. 그는 거문고를 내려놓고 성 안으로 들어갔습니다. 병사들이 돌아오고, 제갈량에게는 다시 전략을 세울 수 있는 여유가 생겼습니다.

이 전투는 단 한 번의 칼부림도 없이 촉나라가 위나라 대군을 물리친 전설적인 전쟁 기록으로 남았습니다. 그리고 이 계책은 후대에 '공성계(空城計, 빈 성의 계략)'라고 불리며, '불전이승(不戰而勝)'의 대표적인 사례로 회자되고 있습니다.

공성계로 사마의를 무력화시키기 3년 전인 서기 225년(촉한 건흥 3년), 제갈량이 이끄는 촉한 군대는 험난한 산악 지형을 뚫고 남만(南蠻)으로 향하고 있었습니다. 이곳은 촉한의 국경과 맞닿아 있는 거친 땅으로, 토착 부족들이 모여 사는 지역이었습니다. 그중에서도 맹획(孟獲)은 강력한 세력을 구축하고 촉한을 지속적으로 위협하며 반란을 일으키고 있었습니다.

제갈량은 남만을 무력으로만 정복할 생각이 없었습니다. 그는 전쟁보다 백성의 마음을 얻는 것이 더 중요하다고 생각했으며, 맹획이 진정으로 촉한에 충성을 맹세하도록 만들고자 했습니다.

제갈량은 군대를 이끌고 남만의 중심지로 진격했고, 정예 병사들과 기발한 전략을 펼치며 마침내 맹획을 사로잡았습니다. 병사들은 즉시 맹획을 처형할 준비를 했지만, 제갈량은 손을 들어 이를 막았습니다.

"내가 이곳에 온 것은 남만을 진압하려는 것이 아니라, 이 땅의 백성들과 화합하기 위함이오."

맹획은 당황했지만 곧 비웃으며 말했습니다.

"나를 속박해 두어도 소용없소. 나를 풀어준다면 반드시 다시 싸워 당신을 이길 것이오."

제갈량은 웃으며 맹획을 풀어주었습니다. 그는 맹획이 자신의 힘을 완전히 신뢰하게 만든 후 항복을 받아낼 생각이었습니다.

맹획은 풀려난 후 곧바로 군대를 모아 다시 제갈량에게 도전했습니다. 그러나 제갈량은 이를 예상하고 있었고, 철저한 전략으로 다시 맹획을 사로잡았습니다. 그럼에도 불구하고 맹획은 굴복하지 않았습니다.

"이건 우연이오! 다시 싸우면 승리는 내 것이오."

제갈량은 이번에도 맹획을 풀어주었습니다. 병사들은 의아해하며 물었습니다.

"승리할 기회인데 어째서 적장을 계속 놓아주는 것입니까?"

제갈량은 조용히 말했습니다.

"힘으로만 상대를 누르면 마음을 얻을 수 없소. 진정한 승리는 적이 스스로 무릎을 꿇도록 하는 것이오."

맹획은 풀려날 때마다 다시 군대를 모아 도전했으나, 번

번이 제갈량에게 패배했습니다. 그의 자신감은 점점 무너져 갔고, 결국 여섯 번째로 붙잡혔을 때는 크게 낙담했습니다. 제갈량은 또 다시 맹획을 풀어주며 말했습니다.

"그대가 정말 촉한의 지배를 거부하고 싸우고 싶은 마음이 있다면, 나는 그대를 다시 풀어줄 것이오. 그대의 뜻을 따르시오."

이 말을 들은 맹획은 혼란스러웠습니다. 자신을 여섯 번이나 놓아준 제갈량이 단순한 계략을 쓰는 것이 아니라 진정으로 신뢰를 보이고 있다는 것을 깨달았습니다.

마지막으로 맹획이 군대를 모아 싸움을 걸었을 때, 그는 이미 흔들리고 있었습니다. 그의 병사들은 점점 싸울 의지를 잃었고, 제갈량의 군대는 최소한의 전투로 다시 그를 사로잡았습니다. 이번에는 맹획이 먼저 무릎을 꿇었습니다.

"나는 졌소. 그리고 이제 깨달았소. 당신 같은 인물이 나라를 다스리고자 한다면, 우리는 싸울 이유가 없소. 이제부터 남만은 촉한을 섬길 것이오."

그렇게 맹획은 자발적으로 촉한에 충성을 맹세했고, 남만 지역의 반란은 완전히 종식되었습니다. 제갈량은 단순히 전투로 남만을 평정하는 것이 아니라, 맹획 스스로가 마음을 바꾸게 하여 영구적인 평화를 이루었습니다. 이는 '칠종칠금(七縱七擒, 일곱 번 붙잡고 일곱 번 풀어준다)'이라 불리는 전략으로, 피 한 방울 묻히지 않고 적을 영원히 복종시켰던 전쟁 사례입니다.

고대 중국의 군사 전략서인 손자(孫子)의 『손자병법(孫子兵法)』에서도, "싸우지 않고 이기는 것이 최상의 승리"라는 원칙을 강조하고 있습니다. 『손자병법』의 '모공편(謀攻篇)'에는 다음과 같은 말이 있습니다.

"상책(上策)은 적의 계획을 꺾는 것이며, 그다음이 외교적으로 적을 고립시키는 것이고, 그다음이 전투에서 이기는 것이다. 최하책은 성을 공격하는 것이다(上兵伐謀, 其次伐交, 其次伐兵, 其下攻城)."

즉, 전쟁에서 최고의 전략은 적과 싸우기 전에 승리를 확정 짓는 것이며, 직접적인 전투는 최후의 수단이어야 한다는 뜻입니다. 이는 단순한 군사적 승리보다는 외교, 정보전, 심리전, 물자 압박 등을 활용하여 적이 싸울 의지를 잃도록 만드는 것이 더 큰 승리라는 것을 말해줍니다. 『손자병법』은 이를 위해서 다음과 같은 방법을 활용할 수 있음을 알려줍니다.

- 적국 내부에서 분열을 조장하여 스스로 무너지게 함
- 외교적 고립을 통해 전쟁을 하지 않고도 적을 약화시킴
- 심리전을 통해 적이 전투를 포기하도록 유도함
- 경제적 압박으로 적의 국력을 쇠퇴시킴

손자의 이 원칙은 중국 역사 속에서도 여러 차례 활용되었습니다. 대표적인 사례가 춘추전국 시대 합종연횡(合縱連衡) 전략입니다. 춘추전국 시대는 여러 국가들이 서로 견제하며 영토와 패권을 두고 치열한 경쟁을 벌이던 시기였습니다. 이 혼란한 시대 속에서 각 국가는 단순한 군사력에 의존하기보다는 외교와 연합을 통해 상대의 힘을 약화시키고 자신의 이익을 극대화하고자 했습니다. 특히 소진과 장의가 펼친 합종연횡 전략은 전쟁 없이도 국가의 운명을 좌우했던 지략의 결정체였습니다.

소진은 여러 약소국들을 하나로 묶어, 강대한 적을 상대로 단결의 힘을 발휘하게 했습니다. 그의 합종책은 전투 대신 말과 지략으로 승리를 이끌어내는 방법이었으며, 당시 여러 국가가 그의 말에 귀를 기울이며 하나의 연합체를 이루었습니다. 반면, 장의는 강대국을 중심으로 한 연횡책을 펼쳤습니다. 장의는 자신의 국가가 직접 전쟁에 뛰어들 필요 없이, 상대방이 내분에 빠지거나 외부의 압력에 굴복하도록 만드는 데 집중했습니다. 그의 연횡책은 스스로를 보호하는 동

시에 적국의 힘을 분산시키는 효과적인 전략이었습니다.

이 원칙은 현대 사회에서도 중요한 의미를 가집니다. 현대 국가들은 군사력보다 경제력, 외교력, 정보전을 통해 영향력을 행사합니다. 또한 기업 간의 경쟁에서도 "능전승자, 불전이승(能战胜者, 不战而胜)"의 원리는 적용됩니다. 경쟁사를 정면으로 공격하기보다는 차별화된 전략, 네트워크, 브랜드 신뢰성을 구축하여 물리적으로 싸우지 않고 시장에서 우위를 점하는 것입니다. 협상에서도 정면충돌을 피하고, 상대방이 자연스럽게 원하는 방향으로 움직이도록 유도하는 것이 더 효과적입니다.

"싸우지 않고 이기는 것"은 단순한 전술이 아니라, 상대방의 심리와 환경을 이해하며 장기적인 이익을 추구하는 전략입니다. 제갈량의 이 말을 통해 우리는 불필요한 충돌을 피하고, 창의적인 방법으로 문제를 해결하는 것이 더 효과적이라는 교훈을 얻을 수 있습니다.

06

민심은 작은 것에서 비롯된다

— 유비의 민심전략

"선이 작다고 해서 행하지 않고,
악이 작다고 해서 행해서는 안 된다."

勿以善小而不爲, 勿以惡小而爲之
물이선소이부위, 물이악소이위지

— 유비 —

오늘날 우리는 거창한 선행만이 의미 있는 것처럼 여길 때가 많습니다. 뉴스에 나올 만큼 큰 기부, 사회를 뒤흔드는 개혁 같은 일들만이 '선'이라 믿지요. 하지만 정작 우리의 삶을 따뜻하게 바꾸는 건 작은 친절, 사소한 배려 같은 행동들입니다. 지도자 또한 마찬가지입니다. 거창한 덕이 아닌 가장 작은 덕부터 실천하는 인물이 민심을 쟁취하는 모습을 우리는 『삼국지』에서 발견할 수 있습니다.

그 대표적인 인물이 바로 유비(劉備)입니다. 유비는 삼국지에서 도덕성과 의리를 중시하는 지도자로 묘사됩니다. 그는 자신의 세력을 확장하는 과정에서도 인간적인 면모와 도덕적 가치를 잃지 않으려 했으며, 항상 민심을 얻고 부하들에게 신뢰를 주는 리더십을 실천했습니다. 위 문장은 『삼국지연의』에서 유비가 익주(益州)를 차지한 후 자신의 통치 원칙을 백성들과 신하들에게 강조하며 했던 말입니다. 따라서 이 문장은 유비가 중요시하는 철학을 잘 보여줍니다.

당시 촉한(蜀漢)의 기틀을 잡아가던 유비는, 나라를 다스리는 데 있어 가장 중요한 것이 민심임을 깊이 깨닫고 있었습니다. 그는 백성들이 작은 선행을 행하면 그것이 점차 쌓여 나라 전체가 정의롭고 안정될 것이며, 반대로 작은 악행이라도 허용하면 결국 사회가 타락하고 혼란이 초래될 것이라고 보았습니다. 따라서 유비는 전투에서 승리하면 백성들과 대화를 나누며 그들의 의견을 경청하곤 했습니다.

그런 유비에게 어느 날, 한 농부가 조용히 다가와 말했습니다.

"주군, 이 전쟁에서 잃어버린 많은 것을 생각하면, 제 작은 선행이 무슨 소용이 있을까 싶습니다."

유비는 농부의 어깨를 다독이며 말했습니다.

"작은 선행이 세상을 바꿀 수도 있다네. 작은 씨앗이 커

다란 나무로 자라듯이, 작은 선도 모이면 큰 변화를 만들 수 있지. 반대로, 작은 악행은 점점 커져 우리를 삼킬 수도 있네. 선이 작다고 해서 하지 않거나, 악이 작다고 해서 가볍게 생각하지 말게."

이 말을 들은 농부는 유비의 충고에 감명받아, 이후로 마을의 작은 문제를 해결하며 주변 사람들에게 선한 영향을 끼쳤습니다. 또 농부의 변화를 지켜본 유비는 자신의 말과 행동이 백성들에게 영감을 줄 수 있다는 것을 깨닫고, 늘 진정성 있게 임했습니다.

촉(蜀)의 중심지 익주(益州)는 오래전부터 풍요로운 땅으로 유명했습니다. 그러나 그 땅의 주인이었던 유장(劉璋)은 결단력이 부족한 인물로, 외부의 침략을 효과적으로 막지 못하고 내부에서도 신하들의 불만을 사며 점점 그 입지가 흔들리고 있었습니다. 유비는 손권과 연합하여 형주를 다스리고 있었지만, 촉한을 세우기 위해서는 익주의 안정적인 기반이 필요하다는 사실을 잘 알고 있었습니다. 그렇게 유비는 익주를 정복하기 위한 대장정을 시작했습니다. 그는 이미 군사적인 힘을 활용하기보다 백성들의 신뢰를 얻고, 그 지역의 민심을 붙잡는 것이 더욱 중요하다는 것을 누구보다 잘 알고 있었습니다.

유장의 군대는 유비의 전술과 뛰어난 장수들 관우, 장비, 조운, 황충의 활약 앞에 점차 무너져습니다. 결국, 유장은 더 이상 버티지 못하고 성을 내어주며 항복했습니다.

"내 힘으로는 더 이상 익주를 지킬 수 없소. 부디 유공께서 이 땅을 올바르게 다스려 주시오."

유장은 패배를 인정하며 유비에게 익주의 통치를 넘겼습니다. 그 순간, 익주의 신하들과 백성들은 불안에 휩싸였습니다. 새로 들어온 유비가 그들을 어떻게 다룰 것인지, 전쟁에서 이겼으니 혹시라도 가혹한 통치를 하는 건 아닌지 걱정이 되었습니다.

그러나 유비는 전혀 다른 모습을 보였습니다. 그는 유장의 신하들과 백성들에게 명령을 내렸습니다.

"나는 무력으로 익주를 얻었지만, 이 땅을 다스리는 것은 강압이 아니라 신뢰입니다. 백성들에게 두려움을 주지 말고, 원래 이곳을 다스리던 이들과 협력하여 모두가 평안하게 살아갈 수 있도록 하십시오."

유비는 유장의 신하들을 모아 그들의 의견을 듣고 그대로 중용했습니다. 그들은 처음엔 의심했지만, 유비가 한 사람도 숙청하지 않고 오히려 신뢰를 보이며 적극적으로 받아들이는 것을 보고 점차 마음을 열기 시작했습니다.

유비는 익주의 통치 방식에 다음과 같은 세 가지 원칙을 내세웠습니다.

- 유장의 신하들을 최대한 존중하며 그들의 직위를 유지한다.
- 사소한 부정부패라도 용납하지 않고, 관리들이 백성들을 착취하지 못하도록 한다.
- 백성들에게 새로운 부담을 주지 않고, 작은 선행이라도 꾸준히 실천하여 촉한이 정의로운 나라임을 알린다.

유비는 신하들에게 말했습니다.

"이제부터 나는 이곳에 정복자가 아닌, 이 땅을 위해 헌신할 지도자로서 있을 것입니다. 작은 선이라도 꾸준히 행하면 백성들은 신뢰를 보낼 것이고, 작은 악행이라도 허용한다면 백성들은 등을 돌릴 것입니다. 나라가 오래 유지되려면 무엇보다 민심이 중요합니다."

이 말을 들은 익주의 신하들은 깊이 감명받았습니다. 그들은 유비가 단순히 군사력만으로 나라를 세우려는 자가 아니라, 진정으로 백성을 위하는 인물임을 깨달았습니다.

어느 날, 한 노인이 유비가 지나가는 길에 무릎을 꿇고 말했습니다.

"폐하, 우리는 오랫동안 이 땅을 다스리는 자들이 백성을 어떻게 대하는지 보아왔습니다. 어떤 이는 군사력으로 억누르려 하고, 어떤 이는 자신의 배만 채우려 했지요. 하지만 폐하는 달랐습니다. 전쟁으로 이 땅을 차지했음에도 백성들에게 안정을 주려 하셨습니다. 이제 저희는 폐하를 믿겠습니다."

유비는 노인의 손을 잡으며 미소 지었습니다.

"나는 그저 내 도리를 다할 뿐입니다. 나라를 다스리는 것은 나 혼자만의 일이 아니라, 백성들과 함께하는 것입니다."

익주의 백성들은 점점 유비를 신뢰하기 시작했고, 그의 통치를 받아들이게 되었습니다. 그렇게 유비는 익주를 단순한 점령지가 아니라 백성과의 신의를 바탕으로 한 기반으로 삼았고, 이 기반을 바탕으로 후일 촉한을 건국하게 됩니다. 만약 유비가 익주를 단순히 군사력으로 다스리려 했다면, 민심을 얻지 못하고 내부 반란이 끊이지 않았을 것입니다. 그러나 그는 백성들의 마음을 얻는 것이 최선의 전략임을 알고 있었고, 작은 선행을 실천하며 신뢰를 쌓아 슬기롭게 기반을 다질 수 있었습니다.

삼국지를 통틀어 유비는 민심을 얻는 데 가장 탁월한 능력을 보인 군주였습니다. 조조는 강력한 군사력과 행정 능력을 바탕으로 북방을 통일했습니다. 그는 능력주의를 강조하며 신하들에게 기회를 제공했고, 실용적인 정책을 펼쳤습니다. 그러나 조조는 '잔혹한 통치자'라는 이미지가 강했으며, 그의 정책은 백성들에게 강한 압박을 주는 경우가 많았습니다. 특히 그는 전쟁 과정에서 무수한 민간인들을 희생시키며 권력을 확립했고, 이에 반발하는 세력들도 많았습니다.

손권(孫權)은 강동(江東)의 강력한 지역 기반을 활용하여 오나라를 유지했습니다. 그의 가문은 오랫동안 강동에서 세력을 쌓아왔으며, 손권은 이를 바탕으로 안정적인 정치를 펼칠 수 있었습니다. 하지만 손권의 통치는 지역 중심적인 성격이 강하여, 외부 세력을 포용하는 데 한계가 있었습니다.

반면, 유비는 특정한 지역적 기반 없이 떠돌이 신세로 시작했음에도 도덕성과 신뢰를 바탕으로 자신의 세력을 확장하며 군주로 성장했습니다. 이러한 유비의 가장 강력한 무기는 '민심'이었습니다. 그의 세력은 명문 가문의 후광이나 강력한 무력을 기반으로 형성된 것이 아니라, 백성들의 신뢰와 충성심을 바탕으로 점점 확장되었습니다. 이는 다른 군주들과 차별화되는 중요한 요소였습니다.

그의 도덕적인 리더십은 백성들에게만 해당하는 것이 아니었습니다. 유비는 뛰어난 무장인 관우, 장비와 의형제를 맺으며 그들의 절대적인 신뢰를 얻었습니다. 또한, 제갈량 같은 걸출한 책사를 자신의 참모로 삼아, 전략적으로 세력을 확장했습니다. 그는 단순히 능력 있는 사람을 등용만 하는 것이 아니라, 그들이 자신의 곁을 떠나지 않도록 신뢰와 인간적인 유대감을 형성하는 데 집중했습니다. 유비는 점령지에서도 잔혹한 보복이나 숙청을 하지 않았습니다. 그는 기존의 신하들을 최대한 포용하며, 새로운 질서를 부드럽게 정착시키는 방식을 택했습니다. 그는 이렇듯 뛰어난 군사력이나 강력한 정치적 기반이 없는 상태에서도 백성들과 부하들의 신뢰를 얻어 세력을 확장했으며, 이를 통해 촉한을 건국할 수 있었습니다.

그의 리더십은 현대 사회에서도 중요한 교훈을 제공합니다. 현대 경영에서 유비와 같은 리더십을 발휘한 사례가 있습니다. '경영자들의 경영자'라고 불리며 전 세계 경영인과 직장인의 길잡이가 되었던 교세라(Kyocera)의 창립자 이나모

리 가즈오는 도산 직전의 일본항공(JAL)을 회생시키며 '작은 선을 반복하고, 인간성과 신뢰를 중심에 두는 경영'을 실현했습니다. 그는 직원들을 '이윤을 위한 수단'이 아닌 '같이 사는 가족'으로 대하며, 회사의 회복보다 사람의 마음을 다스리는 것을 우선시했습니다. 경영 원칙으로 '올바른 마음으로 옳은 일을 하라'를 강조하며, 직원들에게 도덕적 기준을 높게 요구하되, 스스로 먼저 실천함으로써 신뢰를 얻었습니다. 이러한 인간 중심 경영은 단기적인 성과보다 조직의 지속 가능성과 충성도를 높이는 데 중요한 열쇠가 되었습니다.

이처럼 현대의 리더들은 단기적인 성과에 급급하지 말고, 도덕성과 윤리를 지키며 조직을 운영해야 합니다. 부정한 방법을 사용하여 성공하는 것이 아니라, 정직한 방식으로 민심을 얻는 것이 장기적인 성공의 핵심임을 간과해서는 안 됩니다. 직원과 조직원들에게 신뢰를 주고, 약속을 지키며, 존중하는 태도를 보여야 장기적인 성장을 이끌어낼 수 있습니다.

PART 2

리더는
결단과 원칙으로 움직인다

지도자의 조건

"감정보다 원칙으로,
타협보다 결단으로 세상을 이끈다."

07

진정한 관계는 원칙에서 나온다

— 제갈공명의 원칙

"군자의 사귐은 물처럼 담백하고,
소인의 사귐은 단술처럼 달콤하다."

君子之交淡如水, 小人之交甘若醴
군자지교담여수, 소인지교감약례

— 제갈량 —

진짜 관계는 순간의 감정보다 긴 시간 동안 지켜온 신뢰와 원칙에서 비롯됩니다. 달콤한 말보다 조용한 헌신이, 잦은 연락보다 꾸준한 믿음이 더 오래가는 법입니다. 삼국지에서도 인물 간의 감정은 때로 흔들리지만, 원칙은 관계를 지탱하는 기둥이 되어 주는 것을 볼 수 있습니다.

제갈량(諸葛亮)은 삼국지에서 뛰어난 지략가이자 정치가로 활약한 인물입니다. 그는 단순한 전략가를 넘어, 인간관계와 삶의 본질에 대한 깊은 통찰을 가진 현자이기도 했습니다. 촉한의 재상이 된 후, 그는 신하들과 관리들에게 바람직한 인간관계를 강조했습니다. 그가 이 말을 강조한 대표적인 이유는 마속(馬謖)의 실책과 이엄(李嚴)의 배신과 관련이 있습니다. 즉, 위 문장은 제갈량이 인간관계에서 진정한 우정의 본질과 이익에 기반한 관계의 허망함을 강조하며 한 말입니다.

제갈량이 북벌을 감행한 지 몇 달이 지났을 때였습니다. 촉한의 군대는 마침내 위나라의 영토 깊숙이 진입했고, 그 중심에 가정(街亭)이라는 전략적 요충지가 자리하고 있었습니다. 이곳을 확보하는 자가 북벌의 승기를 잡을 것이 분명했습니다. 제갈량은 깊은 고민 끝에 이 중요한 임무를 누구에게 맡길지 고심했습니다. 그리고 결국 마속의 이름을 불렀습니다.

마속은 단순한 장수가 아니었습니다. 그는 젊고 총명하며, 뛰어난 식견과 지략을 갖춘 인재였습니다. 무엇보다도 제갈량과는 오랜 세월 함께하며 많은 것을 논의한 가까운 사이였습니다.

"마속, 그대에게 가정을 맡기겠소."

제갈량은 신중한 태도로 말했습니다. 마속은 기뻐하며 자리에서 일어나 단호히 대답했습니다.

"재상께서 저를 신뢰해 주시니, 반드시 이 전투에서 승리하여 촉한의 북벌을 성공으로 이끌겠습니다!"

그러나 제갈량은 마속이 아직 실전 경험이 부족하다는 것을 알고 있었습니다. 그는 마지막으로 당부했습니다.

"가정을 지키려면 반드시 산 아래에 진영을 구축하고, 보급로를 철저히 방어해야 하오. 절대 경거망동하지 마시오."

마속은 고개를 끄덕였으나, 속마음은 달랐습니다. 그는 스스로를 천재라 믿고 있었고, 단순한 방어전이 아닌 더 큰 전략을 구상하고 있었습니다. 가정에 도착한 마속은 제갈량의 명령을 무시하고, 전혀 다른 결정을 내렸습니다.

"산 아래에 진영을 구축하라 했지만, 나는 다르게 생각한다."

그는 부하들에게 산 정상에 진영을 세우라고 명령했습니다.

"적을 내려다보는 것이야말로 승리의 길이다. 우리가 높은 곳을 차지하면, 조위(曹魏)의 군대는 감히 공격하지 못할 것이다."

그러나 마속의 예상은 완전히 빗나갔습니다. 위나라의 명장 장합(張郃)은 마속이 산 정상에 진을 쳤다는 소식을 듣고 비웃었습니다.

"어리석은 자! 산 위에 진을 치면 물과 식량을 보급받기 어려워진다는 것을 모르는가?"

장합은 즉시 산을 포위하고 보급로를 차단했습니다. 점점 식량과 물이 떨어지자 마속의 군대는 혼란에 빠졌습니다. 그리고 얼마 지나지 않아 마속의 군대는 무너졌습니다. 그는 전장을 버리고 도망쳤고, 가정은 조위군의 손에 넘어갔습니다.

전령이 다급히 제갈량에게 달려와 패배의 소식을 전했습니다.

"가정이 함락되었습니다. 마속 장군이 명령을 어기고 산 위에 진을 쳤다가, 결국 보급로가 차단되어 패배했습니다."

제갈량은 아무 말 없이 깊은 한숨을 내쉬었습니다. 책상 위에 놓인 서류를 손으로 쓸어 넘기며, 그는 눈을 감고 조용히 생각에 잠겼습니다. 마속이 그토록 총명한 인재였음에도, 실전에서 가장 기본적인 원칙을 무시하고 오만함에 빠졌다는 것이 가슴 아팠습니다.

그러나 자신이 이제 어떤 결정을 내려야 하는지를 제갈량은 알고 있었습니다. 마속은 결국 붙잡혀 제갈량 앞으로 끌려왔습니다.

"재상… 한 번만 더 기회를 주십시오. 다음번에는 결코 같은 실수를 하지 않겠습니다!"

마속은 필사적으로 호소했습니다. 그의 눈에는 두려움과 후회가 가득 차 있었습니다. 제갈량은 아무 말 없이 그를 바라보았습니다. 그는 누구보다도 마속을 아꼈습니다. 그의 재능을 알고 있었고, 그와 함께 촉한의 미래를 논의했던 많은 밤들이 떠올랐습니다. 하지만 원칙은 원칙이었습니다.

제갈량은 천천히 입을 열었습니다.

"나는 그대를 아낍니다. 하지만 법을 어기고 명령을 무시한 자를 용서한다면, 앞으로 누가 명령을 따르겠습니까?"

마속은 고개를 떨구었습니다.

"나는 군대의 기강을 유지해야 합니다. 이 전쟁은 감정으로 움직이는 것이 아닙니다. 나는 법에 따라 그대를 처형하라고 명령할 수밖에 없습니다."

제갈량의 목소리는 흔들렸지만, 그의 결정은 단호했습니다. 마속은 무릎을 꿇었습니다. 그리고 한숨을 내쉬며 말했습니다.

"재상의 말이 옳습니다. 저는 저의 오만함이 불러온 결과를 받아들이겠습니다."

그날, 마속은 처형되었고, 제갈량은 아무 말 없이 그의 무덤 앞에 오래도록 서 있었습니다. 여기서 '눈물을 흘리며 마속을 베다'라는 의미의 고사성어 '읍참마속(泣斬馬謖, 원칙과 대의를 위해 사적인 정을 버리고 엄격한 결정을 내린다는 뜻)'이 유래되었습니다.

그를 따르는 신하들이 조심스럽게 물었습니다.

"재상께서는 마속 장군을 아끼셨습니다. 그런데도 그를 처형하셨으니, 마음이 아프지 않으십니까?"

제갈량은 조용히 답했습니다.

"군자지교담여수, 소인지교감약례(君子之交淡如水, 小人之交甘若醴, 군자의 사귐은 물처럼 담백하고, 소인의 사귐은 단술처럼 달콤하다)"

그는 말을 이었습니다.

"진정한 관계란, 감정으로 얽매이는 것이 아니라 서로를 존중하는 것입니다. 법과 원칙을 무너뜨린다면, 우리는 결국 더 큰 혼란을 초래하게 될 것입니다."

그날 이후 촉한의 장수들은 더욱 엄격히 훈련을 받았으며, 누구도 명령을 함부로 어기지 않았습니다. 그리고 그 중심에는 감정이 아니라 원칙을 지킨 제갈량의 리더십이 있었습니다.

또 다른 사례로는 이엄(李嚴)을 들 수 있습니다. 촉한의 조정에서 이엄은 오랫동안 제갈량과 협력하며 나라의 안정을 도모해 온 중요한 인재였습니다. 그는 강직하고 능력 있는 인물이었으며, 특히 행정 능력이 뛰어나 제갈량의 신임을 받아 여러 중요한 임무를 맡아 수행했습니다. 그러나 인간관계는 오직 시간이 지나야만 그 진정한 본질이 드러나는 법입니다.

기원후 231년, 제갈량은 다섯 번째 북벌을 준비하고 있었습니다. 이번 전쟁에서 가장 중요한 요소는 보급이었습니다.

촉한의 군사력은 위나라보다 열세였고, 이를 만회하려면 철저한 보급망이 필요했습니다. 제갈량은 이 중요한 임무를 이엄에게 맡겼습니다. 이엄은 군량 보급을 책임지는 중요한 임무를 처음에는 잘 수행했으나, 정치적 부담과 개인적인 입지에 대한 불안감으로 차츰 거짓 보고를 했습니다. 그는 군량이 부족하다는 사실을 감추고 일부를 빼돌렸으며, 결국 촉한군은 심각한 보급 부족으로 북벌에 실패했습니다. 제갈량은 이를 조사한 후, 이엄이 보고를 조작했다는 사실을 밝혀내고 그를 불러 추궁했습니다. 처음에는 변명하던 이엄도 결국 거짓이 드러나자 더 이상 아무 말도 할 수 없었습니다. 결국, 제갈량은 이엄을 탄핵하고 모든 권력을 박탈한 후 유배를 보냈습니다. 이 또한 리더가 사적인 감정보다 원칙을 지키는 것이 중요함을 보여주는 사례입니다.

제갈량이 남긴 말은 단순한 인간관계의 조언이 아니라, 리더십과 조직 운영에서 가장 중요한 원칙을 제시하는 깊은 통찰을 담고 있습니다. 군자의 관계는 담백하고 오래 지속되지만, 소인의 관계는 처음엔 달콤해 보여도 결국 무너질 수 있습니다. 마속과 이엄의 사례는 이러한 철학이 단순한 격언으로 끝나는 것이 아니라 실제 정치와 조직 운영에서 필수로 적용되어야 한다는 것을 보여줍니다.

마속의 사례를 통해 리더는 감정보다 원칙을 우선해야

하며, 아무리 신뢰하는 사람이라도 실수를 반복하면 조직 전체에 피해를 줄 수 있음을 기억해야 합니다. 또한 진정한 관계는 감정에 좌우되지 않고, 원칙과 책임감 속에서 유지되는 것임을 깊이 새겨야 합니다. 이엄의 사례를 통해 화려하고 달콤한 관계를 경계해야 하며, 처음엔 충성스러워 보이지만 자신의 이익을 위해 언제든 등을 돌리는 사람이 많다는 것을 기억해야 합니다. 진정한 관계는 신뢰와 원칙 위에 있어야 하며, 감언이설에 흔들려서는 안 됩니다.

결론적으로 이번 명제의 의미는, 오래 함께할 수 있는 관계는 처음엔 담백하고 밋밋해 보이지만, 결국 서로 신뢰 속에서 굳건히 유지된다는 것입니다. 따라서 리더는 사람을 평가할 때 행동과 원칙을 기준으로 삼아야 하며, 말이 아닌 실천을 중요하게 보아야 합니다. 또한 리더는 감정적으로 사람을 대하기보다는 조직 전체의 안정을 위해 냉정한 결정을 내려야 합니다. 한 사람에게 치우친 감정적인 리더십은 조직의 질서를 무너뜨리고, 장기적으로 큰 혼란을 초래할 수 있습니다. 진정한 리더는 사람을 살필 줄 알되, 원칙을 저버리지 않는 결단력을 가져야 합니다.

08

큰 뜻을 품고 원대한 목표를 향해 나아가야 한다

— 제갈공명의 철학

"뜻은 마땅히 높고 멀리 두어야 한다."

志當存高遠
지당존고원

— 제갈량 —

대부분의 사람들은 눈앞의 결과에 급급해지기 마련입니다. 빠르게 돌아가는 세상, 당장의 성과를 요구하는 사회 속에서 '지금'만을 좇다 보면, 오히려 방향을 잃고 방황하게 됩니다. 하지만 현재의 작은 실패에 흔들리지 않고 높은 뜻을 품는다면 결국 더 큰 성과를 이룰 수 있습니다. 이를 실천한 대표적 인물이 바로 제갈량입니다.

위 명언은 단순한 조언이 아니라, 촉한을 이끌던 제갈량의 철학과 리더십을 그대로 반영한 깊은 가르침입니다. 유비가 세상을 떠난 후, 촉한의 후계자인 유선(劉禪)에게 제갈량은 한 가지 교훈을 남겼습니다. 유비의 죽음으로 촉한은 점점 약화되고 있었습니다. 유선은 젊고 정치적 능력이 부족했으며, 강대국인 위(魏)와 오(吳) 사이에서 국가를 안정적으로 이끌어나갈 준비가 되어 있지 않았습니다. 그러나 제갈량은 이러한 상황에서도 촉한이 단순히 생존하는 것에 만족해서는 안 되며, 더 크고 원대한 뜻을 품고 나아가야 한다고 강조했습니다.

그는 유선에게 군주로서 가져야 할 비전을 가르치며, 단순히 눈앞의 이익이 아니라 장기적인 국가 재건의 목표를 설정해야 한다고 말했습니다. 제갈량이 생각한 촉한의 궁극적인 목표는 한(漢)나라의 부흥이었습니다. 그는 한나라의 정통성을 계승한 촉한이 반드시 중원을 회복해야 한다는 신념을 가지고 있었으며, 그 과정에서 무엇보다도 국가 지도자가 원대한 목표를 설정하고 장기적인 계획을 세워야 한다고 강조했습니다.

제갈량은 유선이 강한 지도자로 성장하기를 바라며, 순간적인 선택에 흔들리지 않아야 한다고 가르쳤습니다. 그는 촉한이 비록 지금은 약소국처럼 보일지라도, 원대한 비전을 품고 차근차근 힘을 길러야 한다고 생각했고, 이를 위해 유선에게 위와 같은 교훈을 남긴 것입니다.

이러한 장기적 안목이 중요한 역사적 변곡점이 된 사례

는 종종 등장합니다. 손권(孫權)은 삼국지에서 강동(江東)의 패권을 장기간 유지하며 촉한과 위나라를 상대할 수 있는 강력한 세력을 구축한 인물입니다. 그의 성공의 핵심은 단기적인 승리를 좇기보다는 장기적인 전략을 중요하게 생각했다는 점에 있습니다. 젊은 나이에 아버지 손견(孫堅)과 형 손책(孫策)의 유산을 물려받아 강동을 통치하게 된 손권은 당시 상대적으로 약한 세력이었습니다. 북쪽에는 강력한 위나라가 있었고, 서쪽에는 유비가 촉한을 세우며 세력을 키워나가고 있었습니다. 손권은 강한 세력 사이에서 균형을 유지해야 했고, 위나라와의 직접적인 충돌을 피하면서도 촉한과 적절한 동맹 관계를 유지하는 것이 필요하다고 판단했습니다.

그는 우선 적벽대전(赤壁大戰)에서 조조의 대군을 격퇴하며 강동 지역을 지켜내는 데 성공했고, 이후 유비와 연합하여 형주(荊州)를 촉한에 내주었습니다. 하지만 손권은 단순히 유비와의 동맹에 만족하지 않았습니다. 형주는 전략적으로 강동의 생존에 위협이 될 수 있는 지역이었으며, 만약 유비가 그곳을 영구적으로 차지하게 된다면 강동의 방어선이 흔들릴 수밖에 없었습니다. 이에 손권은 장기적인 시야를 가지고 형주를 되찾기 위한 기회를 엿보았고, 결국 관우가 실각한 틈을 타 형주를 다시 손에 넣으며 강동의 안보를 확보했습니다.

손권은 즉각적인 충돌을 피하고, 강동의 독립성과 생존을 위해 내실을 다지는 데 집중했습니다. 그는 단기적인 이익을 위해 불필요한 전쟁을 벌이지 않았으며, 오히려 군사력을 보존하면서 경제력과 정치력을 키우는 데 집중했습니다. 또한 손권은 오나라가 장기적으로 살아남기 위해서는 강동 지역을 공고히 다지는 것이 무엇보다 중요하다는 판단을 내렸습니다. 만약 그가 당장의 전투에서 승리를 거두는 것에만 집중했다면, 강동은 위나라나 촉한에 의해 쉽게 무너졌을 것입니다. 하지만 손권은 현실을 직시하고, 냉정한 분석을 통해 장기적인 생존 전략을 세웠습니다. 그 결과, 손권은 강동을 지켜낸 것은 물론이고 50년 이상 안정적으로 다스릴 수 있었고, 삼국 시대에서 유일하게 자립적인 국가로서 오(吳)나라를 유지할 수 있었습니다.

장기적 안목이 승패를 좌우한 전국시대의 사례도 있습니다. 전국시대는 수많은 나라가 힘을 겨루며 언제 전쟁이 터질지 알 수 없는 혼란의 시기였습니다. 진나라는 서쪽에 치우쳐 있어 본래는 중원에서 멀리 떨어진 변방 국가로 취급받았지만, 점차 국력을 키우며 통일의 가능성을 모색하고 있었습니다. 이때 범저(范雎)가 진나라의 외교를 맡으면서 중요한 전환점이 찾아왔습니다. 그는 진나라가 아직 모든 면에서 압도적인 국력이 되지 못했음을 냉정히 인식하고, 눈앞의 승부에 매달리기보다는 먼 미래를 내다보는 전략이 필요하다고 보았습니다.

이때 범저가 제안한 것이 바로 원교근공(遠交近攻) 전략입니다. 가까운 나라와는 끊임없이 충돌할 수밖에 없으므로 반드시 먼저 제압해야 하고, 먼 나라와는 일시적인 우호를 맺어 시간을 벌자는 발상이었습니다. 예를 들어, 진나라와 국경을 맞댄 한(韓)과 위(魏)는 진나라의 팽창을 막는 세력이었으므로 최우선으로 공격할 대상이었습니다. 반대로 멀리 떨어진 제(齊)와 초(楚)는 당장은 진나라를 위협하지 못했기 때문에 동맹을 맺어 방심하게 만들 수 있었습니다.

실제로 진나라는 이 전략을 실행에 옮겨 한과 위를 번갈아 압박했습니다. 그렇게 기원전 230년 한나라가 멸망하면서 진나라의 통로가 열렸고, 이어 기원전 225년 위나라까지 함락되자 중원의 한 축이 무너졌습니다. 당시 제와 초는 진나라와의 외교적 우호에 의존해 안일한 태도를 보였고, 내부적으로도 분열이 심했습니다. 결국 진나라는 가까운 나라를 하나씩 무너뜨린 뒤, 나중에야 제와 초를 공격함으로써 전국 통일을 완성할 수 있었습니다.

이 사례는 한순간 전투의 승리가 아니라, 오랜 시간에 걸쳐 큰 판을 바꾸는 전략이 얼마나 중요한지를 잘 보여줍니다. 범저의 안목은 단순히 전쟁 기술이 아니라 시대를 꿰뚫어 보는 지혜였습니다. 눈앞의 이익에 흔들리지 않고 장기적인 구도를 설계했기에, 진나라는 마침내 중국 최초의 통일 제국을 세울 수 있었습니다. 이 전술은, 제갈량의 "뜻은 마땅히 높고 멀리 두어야 한다(志當存高遠)"라는 가르침의 교본이었습니다.

제갈량의 이 교훈은 현대의 리더들에게도 깊은 의미를 전달합니다. 눈앞의 이익에 집착하지 않고 미래를 내다볼 줄 아는 리더만이 손권이나 유방처럼 조직과 국가를 발전시킬 수 있습니다. 따라서 우리는 장기적인 비전을 가지고 조직을 운영해야 합니다. 기업 경영에서 단기적인 이익만을 추구하는 리더는 위기를 맞이할 수밖에 없습니다. 시장의 흐름을 읽고 장기적인 투자와 혁신을 통해 미래를 준비하는 기업만이 살아남을 수 있습니다.

제갈량이 강조한 이번 명제는 단순한 이상이 아니라, 현실 속에서 반드시 적용해야 하는 리더십 원칙입니다. 손권처럼 안정적인 기반을 다지며 균형을 유지하는 전략, 유방처럼 단기적인 패배에도 흔들리지 않고 장기적인 성공을 준비하는 인내심이 오늘날의 리더들에게 꼭 필요한 덕목입니다.

09

리더는 감정을 억제해야 하고, 전쟁은 전략과 기만으로 이긴다

— 조조의 리더십

> "장수는 분노에 사로잡히지 말아야 하고,
> 전쟁에서는 속임수를 싫어하지 말아야 한다."
>
> 將不勝其怒, 兵不厭詐
> 장불승기노, 병불염사
>
> — 조조 —

요즘 우리는 순간적인 통쾌함을 '정의'로 착각하고, '사이다 발언' 하나에 환호하며 집단의 감정을 소비합니다. 그러나 진짜 승부는 그 감정이 가라앉은 뒤, 차가운 머리로 어떤 결정을 내렸는지에서 갈립니다. 감정에 휩쓸리는 순간, 리더는 이미 전장을 벗어난 것이라는 뜻입니다. 이 교훈은 단순히 전쟁에서만의 이야기가 아닌, 삶 전반의 통찰을 담은 조조(曹操)의 조언입니다.

조조의 이 말은 그가 전쟁을 수행하는 과정에서 중요한 전략적 가르침으로 남긴 말입니다. 조조는 뛰어난 전략가이자 정치가로, 전쟁에서 감정적으로 행동하는 것이 얼마나 위험한지를 누구보다도 잘 알고 있었습니다. 그는 감정에 휘둘리는 순간 패배할 가능성이 높아지며, 다양한 전술을 활용하는 것이 승리로 가는 길임을 강조했습니다. 이 명제에서 가장 잘 드러난 사례 중 하나는 조조가 원소(袁紹)와 맞섰던 관도대전(官渡之戰)에서 찾아볼 수 있습니다.

당시 조조는 병력과 보급에서 원소보다 훨씬 불리한 상황이었습니다. 원소는 북중국을 장악한 강대한 군주였고, 조조보다 훨씬 많은 병력과 자원을 보유하고 있었습니다. 조조는 단순한 정면 승부로는 승산이 없다고 판단하고, 속임수를 적극적으로 활용하는 전략을 구상하고 있었습니다.

서기 200년 관도(官渡)의 전장에는 전운이 짙게 깔려 있었습니다. 원소는 북중국을 평정할 기세로 10만 대군을 끌고 남하했는데, 조조의 군대는 기껏해야 2만으로, 수적으로 크게 밀리는 상황이었습니다. 전투가 시작되기 전부터 승패는 명확해 보였습니다. 그러나 조조는 단순한 전면전을 벌일 생각이 없었습니다. 그는 속임수와 전략을 활용하여 이 거대한 전쟁을 자신의 방식대로 이끌어가기로 결심했습니다.

조조는 먼저 원소의 내부를 흔들기로 했습니다. 원소의 참모 중 일부는 조조와 친분이 있거나, 그에게 호감을 가진 자들이었습니다. 조조는 비밀리에 밀서를 보내 그들의 충성을 시험하며 이간질을 시도했습니다. "이 전쟁이 끝난 후, 원소가 진정 그대를 중용할 것이라 생각하는가?"라고 적힌 밀서가 원소의 장수들에게 흘러들어갔습니다. 이 작은 불씨는 원소군 내부에 불신을 심었고, 장수들은 서로를 의심하기 시작했습니다. 원소는 자신의 부하들을 철저히 믿지 못하는 성격이었고, 조조의 계략은 그대로 먹혀들었습니다.

조조는 또한 자신의 군량이 부족하다는 점을 일부러 드러냈습니다. 그는 군량을 일부러 줄여 병사들에게 고통을 감내하게 했고, 이 소식이 원소의 군에 퍼지도록 유도했습니다. 원소의 참모들은 조조가 곧 굶주림에 지쳐 항복할 것이라 믿었고, 긴장을 늦추기 시작했습니다. 조조는 적군이 방심하길 기다리고 있었습니다. 결정적인 순간이 찾아왔습니다. 원소는 조조를 압박하려고 했지만, 그의 군대는 길어진 전쟁과 내부 분열로 인해 점점 피로해지고 있었습니다. 조조는 이때를 놓치지 않았습니다. 그는 날쌘 기병대를 조직하여 원소군의 보급로를 급습했습니다. 원소군의 군량과 무기 보급이 차단되었고, 이 소식이 퍼지자 병사들은 패닉에 빠졌습니다. 원소는 조조의 움직임을 예측하지 못했고, 감정적으로 반응하며 성급히 군을 움직였으나 이미 늦었습니다.*

---

* 관도대전 승리 후 조조가 원소군 포로 수만 명을 참살했다고 진수의 『삼국지』 및 배송지 주석에는 기록되어 있으나, 나관중의 『삼국지연의』에는 일절 언급이 없습니다. 역사학자들은 이 부분을 두고 나관중이 조조에 대한 천사의 편집을 했다고도 말합니다.

조조는 감정을 절제하며 전장을 분석했고, 원소는 분노와 초조함에 휩싸여 실수를 거듭했습니다. 조조는 한 발짝도 물러서지 않고 치밀하게 공격을 감행했고, 원소의 군대는 혼란에 빠져 무너져 내렸습니다. 마침내 원소군이 붕괴하자, 조조는 단숨에 전장을 장악했습니다. 압도적인 수적 열세에도 불구하고, 그는 원소를 패배시키며 북방 통일의 초석을 다졌습니다. 이 전투는 단순한 힘의 싸움이 아니라, 지략과 냉철한 판단력이 승패를 가르는 철저한 심리전이었습니다.

이러한 조조의 용인술이 돋보인 또 하나의 사례는 관도대전 직전에 나타납니다. 조조는 대군을 이끌고 적을 추격하던 중, 사막 같은 황량한 지대를 지나게 됩니다. 물이 부족하고 뙤약볕이 내리쬐는 와중에 병사들은 지쳐 쓰러지고, 사기는 점점 떨어졌습니다. 이대로라면 진군이 불가능할 수도 있는 위기 상황이었습니다.

이때 조조는 말 위에서 병사들을 향해 외쳤습니다.

"이 앞에 푸른 매실 숲이 있으니, 시큼한 열매를 따서 갈증을 달래면 되리라!"

그 말을 들은 병사들은 입안에 침이 고이기 시작했고, 매실의 신맛을 상상하며 마음을 다잡고 다시 걷기 시작했습니다. 이처럼 조조는 병사들에게 실제 물이나 해결책을 제시하지 않았지만, 심리적 유도를 통해 갈증과 피로를 일시적으로 극복하게 한 것입니다. 여기서 유명한 고사성어 망매지갈(望梅止渴, 매실을 생각하며 갈증을 달랜다)이 등장합니다. 현실적으로 곤란한 상황에 직접적인 해결책이 없을 때, 사람들의 심리를 이용해 동기부여하거나 임시로 위기를 넘긴다는 뜻입니다. 이는 심리전(心理戰)의 고전적 예로, 조조의 통솔력과 임기응변 능력을 보여주는 대표적 장면입니다.

리더의 지략이 승패를 가른 다른 중국 역사 사례로, 백기(白起) 장군의 장평대전(長平之战)이 있습니다. 기원전 260년 새벽, 진(秦)나라와 조(趙)나라의 운명을 건 장평대전이 시작되었습니다. 조나라의 명장 염파(廉頗)는 신중한 전략가였습니다. 그는 진나라의 위협을 간파하고 방어전을 펼치며 적이 지칠 때까지 버티는 전술을 사용했습니다. 이에 진나라 왕은 조나라 군을 격파할 새로운 지휘관이 필요하다고 판단했고, 가장 무자비하고도 영리한 장수, 백기를 전장으로 불러들였습니다.

백기는 전장에 도착하자마자 상대의 전략을 간파하고, 정면 대결로는 승리를 장담할 수 없다고 판단했습니다. 그는 직접 조나라를 공격하는 대신, 조나라의 왕과 신하들이 전쟁을 어떻게 바라보고 있는지를 연구하기 시작했습니다. 그 결과, 조나라 내부에서는 염파의 방어 전략을 두고 불만이 커지고 있음을 알게 되었습니다. 일부 조정 대신들은 염파가 너무 신중하다며 더 적극적인 공격을 감행해야 한다고 주장하고 있었고, 이 소문은 곧 백기의 귀에 들어갔습니다.

백기는 이를 역이용하기로 결정했습니다. 그는 일부러 진나라 군이 약한 모습을 보이도록 명령을 내렸습니다. 일부 병사들에게 겁에 질린 척 후퇴하게 했고, 때때로 일부 지역을 스스로 포기하는 듯한 모습을 연출했습니다. 조나라 왕은 이 보고를 받고 확신했습니다. "진나라 군은 더 이상 싸울 힘이 없구나! 우리가 공격하면 승리할 수 있다!" 결국 그는 염파를 해임하고, 보다 공격적인 성향을 가진 젊은 장수 조괄(趙括)을 새로운 지휘관으로 임명했습니다. 조괄은 패기 넘치는 장수였지만, 경험이 부족했습니다. 그는 적이 후퇴하는 것을 보자, 그것이 백기의 계략인지도 모른 채 대규모 공격을 감행했습니다. 조괄은 전군을 이끌고 장평에서 진나라 군을 추격했고, 마침내 백기가 원했던 대로 진나라 군의 심장부까지 깊숙이 들어오게 되었습니다.

그 순간, 백기는 대대적인 포위 작전을 개시했습니다. 그는 측면과 후방을 동시에 차단하며 조나라 군이 도망칠 길을 완전히 막아버렸습니다. 조괄의 군대는 진나라 병사들에게 둘러싸였고, 보급로마저 끊기면서 점점 사기가 떨어졌습니다. 물과 식량이 바닥나고, 탈출할 방법도 없었습니다. 조괄은 필사적으로 돌파하려 했지만, 경험 부족과 감정적인 대응은 결국 조나라 군의 붕괴를 초래했습니다.

며칠 후 조괄은 진나라 군의 화살에 맞아 전사했고, 조나라 군대는 절망 속에서 항복을 결심했습니다. 하지만 백기는 적을 용서할 생각이 없었습니다. 그는 이전에도 수차례 적군을 완전히 소탕하는 전략을 사용해왔으며, 이번에도 예외는 아니었습니다. 항복한 조나라 병사 약 40만 명은 모두 잔혹하게 처형되었고, 장평대전은 조나라 역사상 가장 참혹한 패배로 기록되었습니다.

이 전투에서 백기는 단순히 병력의 힘으로 승리한 것이 아니라, 철저한 심리전과 전략적인 기만을 활용하여 적을 무너뜨렸습니다. 그는 조나라 내부의 불안을 이용하여 염파를 해임하게 만들었고, 의도적으로 약한 모습을 보이며 조괄이 무모한 결정을 내리도록 유도했습니다. 감정적인 대응을 보인 조괄과 달리, 백기는 냉철하게 전황을 분석하여 치밀하게 움직였으며, 결국 압도적인 승리를 거두었습니다. 장평대전은 전쟁에서 감정이 아닌 전략과 속임수가 얼마나 중요한지를 보여주는 대표적인 사례로 남았습니다. 진정한 승자는 그저 힘이 쎈 사람이 아니라, 상대의 심리를 조종하고 냉정한 판단을 유지할 수 있는 사람이었던 것입니다.

이번 명제 "장불승기노, 병불염사(將不勝其怒, 兵不厭詐)"는 단순한 군사 전략을 넘어 현대 사회에서도 중요한 교훈을 제공합니다. 감정을 다스리지 못하면 냉철한 판단을 내릴 수 없으며, 경쟁의 세계에서는 정직함만으로는 살아남기 어렵다는 현실을 직시해야 합니다. 이 원칙은 리더십, 비즈니스, 인간관계 등 다양한 분야에 적용할 수 있습니다.

특히 리더는 중요한 결정을 내리는 자리에서 감정적으로 행동해서는 안 됩니다. 순간의 분노와 감정에 휩싸이면 냉정한 판단력을 상실하게 되고, 결국 조직 전체에 악영향을 미칠 수 있습니다. 예를 들어 기업에서 CEO가 직원의 작은 실수에 과도하게 분노하여 감정적으로 해고하거나 질책하면, 조직 내 사기가 저하되고 신뢰가 깨질 수 있습니다. 반면, 뛰어난 리더는 냉정한 분석과 전략적 사고를 바탕으로 조직을 운영하며, 감정을 배제하고 최선의 결정을 내리는 능력을 갖추어야 합니다.

현대의 비즈니스 세계는 본질적으로 전쟁과 비슷합니다. 단순히 정직하고 성실한 태도만으로는 성공할 수 없습니다. 고객을 만족시키고, 경쟁사를 앞서 나가며, 시장에서 살아남기 위해서는 전략과 기민한 대처가 필수입니다. 글로벌 기업들은 자사의 기술을 보호하기 위해 특허 전략을 세우고, 경쟁사의 움직임을 분석하여, 철저한 시장 조사를 바탕으로 제품을 출시합니다. 단순히 좋은 제품을 만들고 고객이 알아서 찾아오길 바라는 것이 아니라, 철저한 기획과 전략적인 사고를 바탕으로 시장을 선점하는 것이 중요합니다. 조조가 전쟁에서 속임수를 적극 활용했던 것처럼, 유리한 포지션을 확보하기 위한 기만 전략을 구사할 줄 알아야 합니다.

사회생활에서도 마찬가지입니다. 감정적인 대응은 오히려 관계를 악화시키고, 신뢰를 잃게 만들 수 있습니다. 누군가의 도발에 쉽게 화를 내거나, 감정적으로 반응하면 상대방은 이를 이용해 이득을 취할 수도 있습니다. 직장 내에서 동료나 상사가 의도적으로 감정을 자극하는 말을 했을 때, 이에 즉각적으로 반응하여 분노를 표출하면 오히려 자신의 입지를 스스로 좁히게 됩니다. 또한, 인간관계에서도 정직함만이 최선의 방법이 아닐 수 있습니다. 정직하고 솔직한 것이 중요한 덕목이지만, 상황에 따라 적절한 전략이 필요합니다. 예를 들어 중요한 협상 자리에서 자신의 패를 모두 공개하는 것은 어리석은 행동이며, 상대방의 의도를 파악하고 이에 맞춰 대응하는 것이 더 효과적입니다.

조조는 사람을 등용할 때도 전략적인 태도를 보였습니다. 그는 상대의 강점과 약점을 철저히 분석하고, 필요한 인재는 적이라도 과감히 받아들였습니다. 현대 사회에서도 인간관계를 맺을 때는 감정적인 대응보다는 냉철한 분석과 전략적인 판단이 필요하며, 상황에 따라 유연한 태도를 유지하는 것이 중요합니다. 결국, 승자는 감정을 통제하고 상황을 냉철하게 분석하며, 전술적으로 움직이는 자의 것입니다. 냉정한 이성과 전략적인 사고만이 혼란한 경쟁 속에서 살아남을 수 있는 필수 요소임을 잊지 말아야 합니다.

10

자신의 능력을 정확히 파악하는 것이 성공의 열쇠다

— 손권의 결심

> "나는 덕과 힘을 가늠하지 못하고
> 조공(조조)과 겨루려 했다."
>
> 孤不度德量力, 而欲与曹公争鋒
> 고부탁덕량력, 이욕여조공쟁봉
>
> — 손권 —

지금 우리는 무한 경쟁의 시대에 살고 있습니다. 그러나 모든 경쟁이 가치 있는 것은 아닙니다. 자신이 가진 능력을 냉정하게 판단하지 못한 채, 크고 화려해 보이는 상대에게 무작정 맞서려 한다면 결과는 참담할 수밖에 없습니다. 따라서 우리는 『삼국지』 속에서 무모하게 맞서는 인물이 실패하고 자신에 대해 잘 알고 대비하는 인물이 성공하는 것을 흔히 볼 수 있기도 합니다.

위 명언은 손권(孫權)이 자신의 초기 전략적 실수를 반성하며 한 유명한 발언으로, 위나라의 조조와의 충돌을 두고 자신의 역량을 냉철히 판단하지 못한 과거를 되돌아보며 한 말입니다. 손권은 후에 이런 실수를 교훈 삼아 동맹과 협력을 통해 조조와 경쟁하면서 삼국의 한 축을 세웠습니다.

서기 208년, 삼국의 판도를 결정짓는 중요한 전쟁, 적벽대전이 벌어지기 직전의 일이었습니다. 북방을 통일한 조조는 장강(長江)을 넘어 남쪽을 장악하기 위해 80만 대군(실제보다 과장된 숫자였을 가능성이 큼)을 이끌고 강남으로 진격하고 있었습니다. 그의 목표는 단 하나, 장강을 넘어 오(吳)나라를 무너뜨리고 천하를 평정하는 것이었습니다.

그러나 남쪽에는 강력한 호랑이가 기다리고 있었습니다. 바로 오나라의 젊은 군주, 손권이었습니다. 하지만 그의 앞에는 거대한 선택의 기로가 놓여 있었습니다. 조조에게 항복할 것인가, 아니면 맞서 싸울 것인가? 오나라 조정에서는 의견이 갈렸고, 장수들 중 일부는 현실적인 판단을 내리려 했습니다. 조조는 이미 하북을 평정했고, 원소와 유비를 연이어 무너뜨리며 천하를 집어삼킬 기세였습니다.

"저 거대한 물결을 우리가 감당할 수 있겠습니까? 지금 항복하는 것이 현명한 길입니다!"

일부 신하들은 목소리를 높였습니다. 손권은 깊은 고민에 빠졌습니다. 그때 그의 곁에 서 있던 두 명의 책사, 주유

(周瑜)와 노숙(魯肅)이 나섰습니다. 주유는 손권을 향해 단호히 말했습니다.

"조조의 군대는 강력합니다. 그러나 그는 수전에 익숙하지 않고, 북방 출신 병사들은 강남의 습한 기후를 견디기 힘들 것입니다. 또한, 장강을 따라 내려오면서 보급로가 길어질수록 그의 군대는 점점 약해질 것입니다. 우리가 장강을 이용한 전술을 펼친다면, 충분히 승산이 있습니다."

노숙도 덧붙였습니다.

"지금 조조에게 항복하면 우리는 영원히 독립을 유지할 수 없습니다. 그러나 우리가 유비와 손을 잡고 조조의 약점을 찌른다면, 우리는 조조와 대등한 세력으로 성장할 수 있습니다."

손권은 말없이 칼자루를 쥔 손에 힘을 주었습니다. 그의 선택에 따라 오나라의 운명이 결정될 것입니다. 그는 밤새 생각에 생각을 거듭하며 홀로 서 있었습니다. 자신의 군대와 조조의 군대를 비교했을 때, 병력 차이는 압도적이었습니다. 그러나 전쟁은 단순한 숫자의 싸움이 아니었습니다. 전장은 전략과 용기의 무대였고, 무엇보다도 자신이 처한 상황을 냉철히 판단하는 자가 승리를 쟁취하는 곳이었습니다.

그는 스스로를 돌아보며 조용히 중얼거렸습니다.

"고부택덕량력, 이욕여조공쟁봉(孤不度德量力, 而欲与曹公争锋, 나는 나의 덕과 힘을 가늠하지 못하고, 조공(조조)과 겨루려 했다)"

이제 그는 답을 얻었습니다. 자신이 조조와 정면으로 맞설 만큼의 힘이 없다는 사실을 인정하는 것은 약함이 아니라, 현명한 선택이었습니다. 그러나 그는 조조에게 항복할 생각도 없었습니다. 그 대신, 가장 현실적인 방법을 선택해야 했습니다. 그는 주유와 노숙의 조언을 받아들이며 결단을 내렸습니다.

"조조와 싸운다! 유비와 연합하여 적벽에서 그를 막아내겠다!"

결정이 내려지자, 손권의 군대는 즉시 움직이기 시작했습니다. 오나라의 전선은 빠르게 정비되었고, 유비와의 협력이 본격적으로 시작되었습니다. 주유는 직접 지휘를 맡아 조조의 함대를 상대로 화공(火攻) 전술을 준비했습니다. 불길이 장강을 타고 퍼질 것이고, 조조의 대군을 태워버릴 것입니다. 그리고 운명의 날, 적벽대전이 시작되었습니다.

손권과 유비는 조조에게 익숙하지 않은 장강이라는 거대

한 자연을 무기로 삼고, 화공이라는 전술을 준비하였습니다. 조조의 군대는 북방 출신들이 많아 수전에 약했기에, 연합군은 조조에게 '강한 바람과 거센 물살을 피하려면 배를 쇠사슬로 연결하여 하나의 거대한 평지를 만드는 것이 좋다'라고 거짓 정보를 흘렸습니다.

이윽고 깊은 밤, 잔잔하던 공기가 동남풍으로 바뀌기 시작했습니다. 손권과 유비의 연합군은 준비해둔 화공선을 조조의 함대에 밀어 넣었고, 불꽃을 싣고 있던 배들은 조조의 함선들을 하나둘 불태웠습니다. 쇠사슬에 묶여 있던 조조의 함선들은 하나의 배에 불이 붙으면 곧장 옆의 배로 옮겨 가 거대한 불꽃이 되었습니다. 북방에서 온 병사들은 뜨거운 불길과 타오르는 배 위에서 공포에 질려 도망쳤지만, 바다처럼 넓은 장강 위에서는 갈 곳이 없었습니다.

겁에 질려 강으로 뛰어드는 병사들을 보고 조조는 결국 철수를 명했습니다. 그러나 강을 빠져나가려던 조조의 잔여 병력은 육지에서도 공격을 받았고, 간신히 살아남은 병사들과 함께 조조는 겨우 허창(許昌)으로 도망칠 수 있었습니다. 적벽대전이 끝난 후, 손권과 유비의 연합군은 승리를 만끽하며 환호했습니다. 이 전투로 인해 조조의 천하통일 야망은 꺾였으며, 오(吳)와 촉(蜀)은 독립된 세력으로 자리 잡을 수 있었습니다.

만약 손권이 자신의 힘을 냉정하게 가늠하지 않고 조조와 무모하게 맞섰다면, 그는 패배했을 것입니다. 만약 그가 항복을 선택했다면, 오나라는 영원히 조조의 손아귀에서 벗어날 수 없었을 것입니다. 그러나 그는 현실을 직시하고, 전략적으로 움직이며 전쟁을 승리로 이끌었습니다.

그의 이 한마디, "고부택덕량력, 이욕여조공쟁봉(孤不度德量力, 而欲与曹公争锋)"은 단순한 후회의 말이 아니라, 자신의 위치를 정확히 파악하고 그에 따라 전략을 세울 줄 아는 현명한 리더의 철학을 담고 있는 말이었습니다. 그날 이후, 손권은 조조와 대등한 세력으로 자리 잡았으며, 오나라는 삼국의 한 축으로 강동을 지키며 독립적인 세력으로 성장했습니다. 그는 전쟁에서 가장 중요한 것은 자신을 알고 적을 아는 냉철한 판단과 현실적인 전략을 세우는 지혜라는 것을 명확하게 깨달았습니다.

이번 명제는 단순하지만 매우 중요합니다. 즉 자신의 능력을 냉정하게 평가하는 것이 성공의 핵심이라는 것입니다. 손권은 조조라는 거대한 적을 앞에 두고도 순간의 감정이나 자존심에 휘둘리지 않았습니다. 그는 자신의 세력이 조조보다 상대적으로 약하다는 사실을 받아들이고, 정면으로 맞서는 대신 신중하게 자신의 위치를 분석했습니다. 현실적인 전략을 기반으로 최적의 선택을 내리는 것이야말로 진정한 승리를 가져오는 방법임을 보여준 것입니다.

이는 현대 사회에서도 중요한 교훈을 제공합니다. 리더, 기업, 개인 누구나 자신의 역량을 객관적으로 평가하는 것이 필수이며, 경쟁에서 무리한 도전을 피하고 궁극적인 성공을 위한 전략을 수립해야 합니다. 특히 기업은 자신이 속한 시장에서의 위치와 경쟁자의 강점을 철저히 분석한 후, 무리한 확장을 시도하는 것이 아니라 점진적으로 성장할 수 있는 현실적인 전략을 수립하는 것이 중요합니다. 손권이 자신의 한계를 인정하면서도 포기하지 않고, 유비와 동맹을 맺고 조조를 상대하는 전략을 택함으로써 오나라를 삼국의 한 축으로 만들었던 것처럼 말입니다.

이 교훈은 개인의 삶에서도 적용될 수 있습니다. 직장인들의 커리어에서는 무리한 도전보다는 자신의 실력을 키운 후 적절한 타이밍에 기회를 잡는 것이 중요합니다. 창업과 비즈니스에서는 감정적으로 움직이는 것은 위험합니다. 시장 분석과 현실적인 전략을 충분히 세우고 검토한 뒤에 움직여야 합니다. 자신을 과대평가하거나 무모한 도전을 하는 것이 아니라, 손권처럼 현실적인 전략을 세우고 한 걸음씩 성장하는 태도를 가져야 합니다. 이렇게 조금씩 나아가다 보면 언제든지 현명한 선택을 하고, 장기적인 성공을 이루어낼 수 있을 것입니다.

11

의심되면 처음부터 다시 시작하라
— 조조의 용인술 2

"사람을 쓸 때는 의심하지 말고,
의심한다면 쓰지 말라."

用人不疑, 疑人不用
용인불의, 의인불용

— 조조 —

조직에서 가장 큰 비효율은 '믿지 못할 사람을 곁에 두는 것'입니다. 능력이 아무리 뛰어난 사람이라도 계속 의심하다 보면, 결국 신뢰는 무너지고 성과도 흔들리게 됩니다. 이 단호한 원칙은 사람을 보는 리더의 통찰이며, 신뢰를 바탕으로 하는 조직 운영의 기본입니다. 이러한 원칙을 가장 잘 실천한 인물이 바로 조조입니다.

조조는 인재 등용에 있어서 철저한 원칙을 가지고 있었습니다. 그는 뛰어난 인재를 적극적으로 기용하되, 한 번 신뢰한 인물이라면 불필요한 의심을 하지 않았고, 반대로 신뢰할 수 없는 인물이라면 애초에 기용하지 않았습니다. 이 원칙이 바로 "용인불의, 의인불용(用人不疑, 疑人不用)"입니다. 이 원칙이 잘 드러난 대표적인 사례가 바로 조조와 순욱입니다.

조조가 아직 무명의 장수였을 때, 그에게 한 문인이 다가왔습니다. 이름은 순욱(荀彧)입니다. 그는 명문가의 후예로, 총명하다는 평판이 이미 조정에 퍼져 있던 인물이었습니다. 그러나 순욱은 그 안정된 명문 대신, 난세의 조조를 선택했습니다. 사람들은 고개를 갸웃했지만, 순욱은 조용히 말했습니다.

"이 사람에게는 난세를 바로잡을 기백이 있습니다."

조조는 순욱에게 크게 감동하여 이렇게 말했습니다.

"당신은 나의 장성(長城)과 같습니다. 함께하지 않는다면, 나는 천하의 뜻을 이룰 수 없습니다."

그들은 그렇게 인연을 맺었습니다. 순욱은 조조에게 천자의 이름으로 '명분'을 세우라고 조언하였고, 조조는 헌제를 보호하면서 제후 중 누구보다도 단단한 입지를 굳혀 나갔습니다. 그 기반 위에서 조조는 세력을 키우고, 정치를 바로잡으며 나라를 다스리기 시작했습니다. 이 모든 전략의 중심에는 순욱이 있었습니다. 조조는 종종 사람들에게 말했습니다.

"내가 가진 책략의 반은 순욱의 것이다."

그러나 권력은 사람의 속마음을 비추는 거울이 됩니다. 시간이 흐르자 조조는 점점 황제의 권위를 넘어 실질적인 통치자가 되어갔고, 주위에서도 "차라리 조공(曹公)이 직접 제위에 오르시오"라는 말이 조심스레 오가기 시작합니다. 그 순간, 조조는 인생에서 가장 예리한 눈을 가진 한 사람을 의식하게 됩니다.

바로 순욱이었습니다.

조조는 속으로 생각했습니다.

"그는 황제를 받들어 세운 나의 공을 알 것이다. 하지만… 그는 황제를 넘보는 나를 용납하지 않겠지."

그리고 그 예상은 틀리지 않았습니다. 조조가 스스로 '위공(魏公)'이 되려 한다는 소식이 들리자, 순욱은 단호하게 반대의 상소를 올립니다.

"천자의 위를 위협하는 자는 충신이라 할 수 없다"라는, 날선 한 마디가 조조의 가슴을 관통합니다.

조조는 겉으로는 아무 말도 하지 않았지만, 그의 마음속에서는 신뢰의 줄이 끊어졌습니다. 그 순간부터 조조는 '용인불의(用人不疑)'의 반대편, 즉 '의인불용(疑人不用)'의 길을 걷기 시작합니다.

순욱에게 주어지던 보고는 끊기고, 중대사는 그를 거치지 않게 되었으며, 회의에도 부르지 않았습니다. 순욱은 조용히 자신의 방에 틀어박혀 세월을 보냈고, 매일 아침 붓을 들어 조조에게 충언을 적어 보냈지만 답장은 오지 않았습니다.

마지막 편지에서 순욱은 이렇게 적었습니다.

"신은 조공께서 하늘의 뜻을 거스르지 않기를 바랐사옵니다. 천명을 따르는 자는 오래가고, 천명을 거스르는 자는 외로워지나이다."

이 편지를 본 조조는 한참 동안 침묵했습니다. 그리고 속으로 중얼거렸습니다.

"내가 저 사람을 더 이상 믿을 수 없다면… 함께 갈 수도 없겠구나."

얼마 지나지 않아, 순욱은 병이 악화되었다는 명분 아래 조정에서 물러납니다. 그러나 역사서에는 명확히 적혀 있지 않지만, 많은 이들이 그가 스스로 생을 마감했다고 말합니다. 조조는 그의 장례식에 참여하지 않았고, 다만 이렇게 말했습니다.

"순문약(荀文若, 순욱)은 충신이었다. 다만, 시대가 달랐을 뿐이다."

그들의 인연은 그렇게 끝이 났습니다. 조조는 승승장구했고, 순욱은 조용히 사라졌습니다. 조조는 냉철했으나 일관성을 지켰고, 순욱은 충성스럽지만 시대를 넘지 못했습니다. 신뢰와 의심의 경계에서, 그들의 운명은 이렇게 극적으로 갈라졌습니다.

이러한 조조의 가치관은 조조의 경호를 담당하던 장수 허저(許褚)의 사례에서도 나타납니다. 허저는 조조가 전장에 나설 때마다 그림자처럼 따라다니며 목숨을 걸고 그를 보호했습니다. 조조는 한 번 신뢰한 장수에게 군사적 권한을 맡기는 것을 두려워하지 않았습니다. 그 결과 허저는 조조가 생명의 위협을 받는 수많은 순간마다 그를 지켜냈고, 이는 조조가 살아남아 천하를 도모할 수 있는 중요한 요소가 되었습니다.

조조의 진영은 늘 적들의 표적이 되었습니다. 그는 천하의 패권을 쥐기 위해 끊임없는 전쟁을 치르며 살아남아야 했고, 수많은 음모와 암살의 위협 속에서도 결코 물러서지 않았습니다. 조조가 그럴 수 있었던 이유는, 바로 그의 곁을 지키던 장수 허저(許褚)가 있었기 때문입니다.

허저는 강한 체격과 엄청난 완력을 자랑하는 무장이었습니다. 그는 단순히 힘만 센 장수가 아니라, 살아있는 방패였습니다. 조조가 전장에 나설 때면 허저는 언제나 가장 가까운 곳에서 그를 호위하며 단 한 번도 경계를 늦추지 않았습니다. 칼날이 번쩍이며 조조를 향해 날아들 때도, 매복한 적군이 기습을 감행할 때도, 허저는 거대한 성벽처럼 앞을 가로막고 조조를 보호했습니다.

어느 날, 조조가 서량(西涼)의 마초(馬超)와 전투를 벌이던 중이었습니다. 마초는 서량의 강인한 기병들을 이끌고 조조군을 맹렬하게 몰아붙였습니다. 조조는 적의 맹공에 잠시 후퇴하며 지형을 활용해 방어 태세를 갖추었지만, 마초는 빈틈을 놓치지 않고 조조의 진영을 돌파하려 했습니다. 그 순간, 조조를 노리고 돌진해오는 마초의 정예 기병들이 나타났습니다.

"주공(主公), 물러서십시오!"

허저는 이미 전투태세를 갖춘 상태였습니다. 그의 눈은 매섭게 번뜩였고, 손에는 묵직한 철퇴가 쥐어져 있었습니다. 수십 명의 적병이 조조를 향해 달려들었지만, 허저는 전혀 두려운 기색 없이 그들에게 돌격했습니다. 마치 성난 호랑이가 떼를 지어 덤벼드는 늑대 무리를 짓밟듯이, 그는 혼자서 수십 명을 상대하며 조조를 향한 모든 위협을 막아섰습니다. 철퇴를 휘두를 때마다 갑옷이 부서지고, 적들의 비명이 터져 나왔습니다. 조조는 그 광경을 지켜보며 다시 한번 허저에 대한 신뢰를 굳혔습니다. 이 전투에서 허저는 조조의 곁을 한순간도 떠나지 않았고, 조조는 무사히 퇴각하며 전열을 가다듬을 수 있었습니다.

전쟁이 끝난 후, 조조는 허저를 불러 말했습니다.

"그대는 나의 장수가 아니라, 나의 목숨과 같다. 그대가 없었더라면, 오늘의 나는 존재하지 않았을 것이오."

허저는 무릎을 꿇으며 대답했습니다.

"주공께서 믿어주신다면, 허저는 언제나 주공을 위해 목숨을 바칠 것입니다."

이처럼 조조는 한 번 신뢰한 인재에게는 절대적인 믿음

을 주었으며, 불필요한 의심을 하지 않았습니다. 허저는 그러한 조조의 신뢰 철학이 만들어낸 대표적인 인물인 것입니다. 그는 마지막 순간까지 조조의 곁을 지켰고, 조조가 천하의 패권을 쥘 수 있었던 것은, 허저와 같은 충성스러운 무장이 있었기 때문입니다.

또한 조조는 관우를 포섭하려 했던 적이 있습니다. 그는 관우의 충성심을 인정하면서도 그를 완전히 믿지는 못했습니다. 하지만 관우가 유비를 찾겠다는 뜻을 굽히지 않자, 조조는 결국 그를 보내주었습니다. 조조는 자신이 끝까지 믿을 수 없는 인물이라면, 억지로 잡아두어도 소용이 없다는 사실을 알고 있었습니다. 만약 조조가 끝까지 관우를 억지로 자신의 부하로 두려 했다면, 결국 배신당했을 가능성이 큽니다. 그는 "의심이 드는 사람은 쓰지 않는다"라는 원칙을 지키며 관우를 보내는 결정을 내렸습니다. 이는 조조의 인재 등용 방식이 단순한 감정이 아니라, 철저한 신뢰와 전략적 사고에 기반했음을 보여줍니다.

조조는 이처럼 한 번 선택한 인재는 끝까지 믿고 맡겼으며, 반대로 신뢰할 수 없는 사람이라면 미련 없이 보내주었습니다. 이는 오늘날의 조직 운영에서도 마찬가지입니다. 리더는 불필요한 의심을 거두고 팀원들에게 신뢰를 주어야 하며, 신뢰가 가지 않는 사람이라면 처음부터 함께하지 않는 것이 최선의 선택입니다. 다음은 조조의 원칙을 바탕으로 세운 리더의 3원칙입니다.

첫째, 리더는 한 번 신뢰한 팀원을 끝까지 믿어야 한다.
기업이나 조직에서도 리더가 직원을 채용할 때, 처음부터 신뢰할 수 있는 사람을 선발하는 것이 중요합니다. 그리고 일단 선택한 사람이라면, 그들의 능력을 믿고 기회를 주어야 합니다.

둘째, 불신과 의심이 많은 조직은 내부 갈등을 초래한다.
리더가 계속해서 팀원을 의심하면, 조직 내 불신이 생기고 사기가 저하됩니다. 조조가 순유를 전적으로 믿고 작전을 수행했던 것처럼, 리더는 신뢰를 기반으로 조직을 운영해야 합니다.

셋째, 신뢰할 수 없는 사람이라면 처음부터 함께하지 않는 것이 낫다.
반대로, 신뢰할 수 없는 사람을 억지로 조직에 남겨두면 내부에서 문제를 일으킬 가능성이 큽니다. 원소가 장합을 의심하다가 결국 조조에게 투항하게 된 것처럼, 신뢰가 없는 관계는 오래 유지될 수 없습니다.

조조가 신뢰를 기반으로 삼국지에서 가장 강력한 세력을

구축한 것처럼, 현대의 리더도 신뢰를 바탕으로 조직을 이끌어야 진정한 성공을 거둘 수 있습니다.

12

재앙 속엔 기회가, 행복 속엔 위기가 숨어 있다

— 유장의 허를 찌른 유비

"화는 복이 의지하는 곳이고,
복은 화가 숨어 있는 곳이다."

禍兮福之所倚, 福兮禍之所伏
화혜복지소의, 복혜화지소복

— 제갈량 —

평온한 일상 속에 위기는 슬그머니 다가오고, 고통의 순간에도 새로운 기회는 자라고 있습니다. 사업의 실패가 인생의 전환점이 되기도 하고, 뜻하지 않은 불행이 오히려 나를 찾는 출발점이 되기도 합니다.

제갈량의 위 명언은 삼국지에서 그의 전략적 사고와 인생철학을 반영하는 깊은 의미를 담고 있습니다. 이 문장은 단순히 운명론적인 해석을 넘어서, 어떤 상황에서도 변화를 대비하고, 방심하지 말아야 하며, 위기를 기회로 바꾸는 지혜가 필요함을 강조합니다. 삼국지 속에서 이 문장이 잘 적용된 사례는 유비(劉備)의 익주정벌(益州征伐)과 조나라와 진나라의 정평대전에서 찾아볼 수 있습니다.

촉 땅의 하늘은 평온했지만, 그 아래에서는 거대한 변혁의 씨앗이 자라고 있었습니다. 익주의 태수 유장(劉璋)은 자신의 영토를 지키기 위해 멀리 형주(荊州)에 있는 유비에게 손을 내밀었습니다.

"장로(張魯)의 위협이 커지고 있다. 유비 장군이라면 강력한 군대를 거느리고 있으니, 우리 익주를 지켜줄 수 있을 것이다."

유장은 유비가 한실(漢室, 한나라 황실)의 후손이며, 비교적 신의가 있는 인물이라고 믿었습니다. 적어도 조조나 손권보다는 믿을 만한 존재라고 생각했습니다. 그러나 유장은 한 가지 간과한 것이 있었습니다. 바로, 사람은 위기를 만날 때 본성을 드러내며, 그 기회를 잡으려 한다는 것이었습니다.

유장의 요청을 받은 유비는 깊은 고민에 빠졌습니다.

"그를 도와야 하는가, 아니면 이 기회를 내 것으로 삼아야 하는가?"

이에 그의 책사 법정(法正)은 유비에게 직언을 남겼습니다.

"주공, 형주만으로는 장기적인 생존이 어렵습니다. 익주는 곡창지대이며, 산악 지형이 있어 방어가 용이합니다. 익주를 얻는다면 촉한의 꿈을 이룰 기반이 마련됩니다."

유비는 도의적으로 유장을 배신하는 것이 옳지 않다고 생각했지만, 현실은 냉정했습니다. 유비는 지금까지 강대한 조조의 위협 아래 떠돌며 근거지 하나 없이 명맥을 유지해 왔습니다. 형주는 손권과의 협력 관계 속에서 언제든 빼앗길 위험이 있는 불안정한 땅이었습니다. 반면, 익주는 비옥한 땅과 독립적인 생존이 가능한 지역이었기에, 유비가 삼국의 한 축을 이루기 위해 반드시 차지해야 할 곳이었습니다.

결국, 유비는 익주로 진군했습니다. 처음에는 유장의 군대를 돕는 명분으로 군사를 이끌었지만, 점차 익주 내부의 정치적 분열과 유장의 무능함을 이용하며 차근차근 자신의 기반을 다져나갔습니다. 유비가 익주로 들어오자, 익주의 신하들은 크게 두 부류로 나뉘었습니다. 이들은 유비가 한나라의 정통성을 계승한 자이므로, 촉 땅을 안정적으로 다스릴 것이라 믿었습니다. 특히 방희(龐羲) 같은 인물들은 유비가 익주를 다스리는 것이 더 나을 것이라고 보았습니다. 반면, 장송(張松)과 같은 일부 신하는 유장이 유비를 초청한 것이 오히려 화근이 될 것이라 우려했습니다.

"유비가 지금은 돕는 척하지만, 결국 익주를 빼앗으려 할 것입니다."

그러나 유장은 이런 경고를 무시했습니다. 그는 여전히 유비를 신뢰하며 그를 강력한 동맹자로 생각했습니다. 하지만 유비의 군대가 익주의 각지를 돌며 점점 군사적 영향력을 확대해 나가자, 유장의 신하들도 서서히 유비를 불신하기 시작했습니다.

결국, 유비와 유장의 관계는 돌이킬 수 없이 멀어져 갔습니다. 유장의 측근들이 "유비가 언젠가 당신을 몰아낼 것입니다"라고 경고했지만, 때는 이미 너무 늦었습니다. 유비는 익주 각지에서 지지 세력을 얻었으며, 점점 자신의 병력을 늘려나갔습니다. 마침내, 그는 유장에게 공식적으로 "익주는 나의 것이 될 것이다"라고 선언하며 본격적인 공격을 감행했습니다.

유장의 군대는 유비의 정예군을 막아내지 못했습니다. 이미 익주의 주요 요새들은 유비의 수중에 들어갔고, 결국 유장은 자신의 성을 열고 항복할 수밖에 없었습니다. 이렇게 유비는 익주를 차지하며, 비로소 촉한을 세울 기반을 마련했습니다.

유장의 입장에서 보면, 그는 유비를 초청함으로써 장로의 위협을 막고 싶었습니다. 이것이 복(福)이었습니다. 하지만 유비는 처음에는 우호적인 태도를 보였으나 결국 익주를 차지하며 유장을 몰아냈습니다. 이것이 화(禍)입니다. 반면, 유비의 입장에서는 형주에서 떠돌며 근거지가 없던 상황이 화(禍)였습니다. 하지만 유장의 요청을 기회로 삼아 익주를 차지하고 촉한을 건국할 발판을 마련한 것이 복(福)이 되었습니다.

이 사례는 "재앙 속에 기회가 숨어 있고, 행복 속에도 위기가 도사리고 있다"라는 제갈량의 철학을 완벽히 반영하는 사건입니다. 유장은 유비를 초청하는 것이 득이 될 것이라 믿었지만, 결국 자신의 몰락을 가져왔고, 유비는 위기 속에서 새로운 가능성을 찾아낸 것입니다.

제갈량이 위기 속에서 역으로 기회를 찾은 다른 일화는 적벽대전 직전, 제갈량이 손권 진영에서 조조에 맞서 싸울 계책을 함께 논의하던 중 주유(周瑜)와의 지략대결에서 찾아볼 수 있습니다. 주유는 제갈량에게 "10일 안에 화살 10만 개를 준비하라"라는 시험을 내립니다. 이는 그를 곤경에 빠뜨리려는 일종의 책략이었습니다. 주유는 제갈량이 이를 해내지 못하고 체면을 구기거나, 심지어 처벌받을 것을 기대한 것입니다.

그러나 제갈량은 태연하게 웃으며 이렇게 말합니다.

"세 날이면 충분합니다."

그는 오나라 장수 노숙(魯肅)과 함께 볏짚으로 덮은 작은 배 여러 척을 준비하고, 흙으로 만든 허수아비를 배 위에 가득 세운 다음, 짙은 안개가 자욱한 새벽 시간에 조조의 수군이 있는 곳으로 배를 띄워 보냅니다.

조조는 안개 때문에 적의 수가 얼마인지 정확히 알 수 없었고, 혹시라도 기습이 아닐까 염려한 나머지 직접 공격하지 않고 멀리서 화살로만 공격하라고 명령합니다.

결국 제갈량은 조조의 배에서 날아온 수만 발의 화살을 볏짚과 허수아비에 받아내어 돌아옵니다. 그리고는 이를 주유에게 바치며 "조조에게 화살 10만 발을 이렇게 빌려 왔습니다"라고 말합니다. 바로 이 장면이 초선차전(草船借箭) 즉 '볏짚으로 덮은 배로 화살을 빌린다'라는 고사성어의 유래입니다. 이 일화는 직접적인 충돌 없이 적의 자원을 이용해 아군의 약점을 보충하는 전술의 상징이 되었습니다. 전쟁에서뿐만 아니라, 현대 비즈니스 전략, 외교, 리더십에서도 널리 인용되며, 자원이 부족한 위기에서 지혜로 복을 찾아내는 대표적인 사례로 손꼽힙니다.

'화는 복이 의지하는 곳이고, 복은 화가 숨어 있는 곳이다'라는 고사성어가 극명하게 드러나는 또 다른 사건은 기원전 260년, 중국 전국시대에 진나라와 조나라가 천하 패권을 두고 치열하게 대립하고 있을 때 시작됩니다. 진나라의 명장 백기는 조나라 군대를 상대로 기만전술을 펼쳐 유인 작전을 감행했고, 결국 조군을 포위하여 몰살시켰습니다. 조나라의 군사적 역량을 완전히 꺾어버린 이 전투는 전국시대의 흐름을 바꾼 중요한 사건이었습니다.

결국 조나라는 진나라의 지속적인 위협을 막기 위해 45만 대군을 동원하여 장평에 방어선을 구축했습니다. 당시 조나라의 총사령관은 노련한 장수 염파였습니다. 그는 신중한 전략을 펼치며 철저한 방어 태세를 유지했고, 장기전으로 진나라의 군사력을 소모시키려 했습니다. 그러나 장평대전을 자세히 다룬 앞에서 설명했듯이, 진나라의 이간계에 넘어가 염파를 해임하고 조괄을 총사령관으로 임명했습니다. 백기는 이를 놓치지 않고 일부러 후퇴하는 척하며 조나라 군을 유인했고, 조괄은 이를 기회라 생각하고 방어선을 무너뜨리며 진군했습니다. 하지만 그 순간 진나라 군이 구축한 포위망에 들어오게 되었고, 조나라 군은 완전히 갇힌 채 보급로까지 차단당했습니다. 결국 조괄이 전사한 후, 조군의 지휘 체계는 완전히 붕괴되었으며, 남은 병사들은 더 이상 싸울 의지를 잃어버렸습니다. 그들을 죽이지 않고 진나라 군에 편

입시키면 유용한 병력이 될 수도 있었습니다. 하지만 백기는 단호한 결정을 내렸습니다.

"이들을 풀어주면 조나라가 다시 힘을 키울 것이고, 우리는 또다시 전쟁을 치러야 할 것이다. 반드시 이 자리에서 조군의 숨통을 끊어야 한다."

장수들은 잠시 침묵했습니다. 40만이라는 숫자는 너무도 컸습니다. 이는 단순한 전투가 아닌 대량 학살이 될 것이었습니다. 그러나 누구도 백기의 명령을 거스를 수 없었습니다.

그날 밤, 진나라 군은 조나라 병사들에게 말했습니다.

"너희를 고향으로 돌려보내겠다."

지친 병사들은 그 말을 믿었고, 대부분은 이 끔찍한 전쟁에서 살아남았다는 안도감을 느꼈습니다. 조국으로 돌아갈 수 있다는 희망이 그들의 가슴을 다시 뛰게 만들었습니다. 서로를 부축하며 긴 행렬을 이루었고, 피폐한 몸을 이끌고 조심스럽게 움직이기 시작했습니다.

하지만 그 희망은 오래가지 않았습니다. 진나라 군은 조나라 병사들을 산으로 인도했고, 깊은 계곡과 골짜기가 펼쳐진 곳에서 갑자기 진군의 대열이 멈추었습니다. 병사들은 주위를 둘러보았으나, 진나라 군의 움직임이 심상치 않았습니다. 그제야 몇몇은 이상한 기운을 감지하기 시작했습니다. 진나라 군은 조용히 검을 뽑고 있었습니다.

그리고 다음 순간, "주살 하라!"라는 백기의 명령이 떨어졌습니다.

순식간에 아비규환이 벌어졌습니다. 조나라 병사들은 필사적으로 도망치려 했지만, 이미 사방은 진나라 군에 의해 완전히 포위된 상태였습니다. 피로에 지친 병사들은 무기조차 제대로 들 힘이 없었고, 무장 해제된 상태에서 속수무책으로 진나라 군의 검 아래 쓰러져갔습니다.

절규와 비명이 밤하늘을 찢었으나, 진나라 군의 검은 멈추지 않았습니다. 피는 강처럼 흘러 계곡을 적셨고, 산속의 나무와 돌들은 붉게 물들었습니다. 일부 병사들은 필사적으로 달아났지만, 도망칠 곳은 없었습니다. 도망치던 자들은 활을 든 진나라 군의 사수들에게 가차 없이 저격당했고, 산길을 뛰어가던 자들은 벼랑 끝으로 떨어졌습니다.

살아남기 위해 시체들 사이에 몸을 숨긴 병사들도 있었

습니다. 그러나 진나라 군은 그들을 철저히 찾아냈고, 살아 있는 자들이 모두 숨을 거둘 때까지 학살을 멈추지 않았습니다. 몇 시간 뒤, 장평의 들판과 골짜기는 조나라 군의 시신으로 가득 찼습니다. 피비린내가 하늘을 덮었고, 울음소리조차 사라졌습니다. 진나라 군은 마지막까지 살아남은 병사들을 묶어 한곳에 몰아넣었습니다. 그리고 거대한 구덩이를 파기 시작했습니다. 아직 숨이 붙어 있는 이들을 구덩이 속으로 밀어 넣고, 차가운 흙을 덮어 생매장했습니다.

그날 이후 조나라의 군사력은 완전히 붕괴되었고, 조나라 백성들은 충격과 공포에 휩싸였습니다. 또한 진나라의 군사력이 전국에 과시되었으며, 조나라는 결정적인 타격을 입어 국가적 위기에 빠졌습니다.

그러나 이 승리는 결국 화로 변했습니다. 백기의 잔혹한 학살로 인해 전국의 다른 국가들이 반 진(反秦) 연합을 결성하며 진나라를 견제하기 시작했습니다. 초나라, 연나라 등은 진나라를 더욱 경계하며 서로 동맹을 맺었고, 조나라 역시 패배를 교훈 삼아 군사 개혁을 단행하며 재건에 나섰습니다. 조나라는 절망 속에서도 희망을 찾기 위해 노력했으며, 이후에도 강력한 군사력을 유지할 수 있었습니다.

결국 장평대전의 압승은 진나라가 전국을 통일하는 과정

을 더욱 어렵게 만들었으며, 조나라에게는 새로운 개혁의 기회를 제공했습니다. 이 전투는 "화가 복이 되고, 복이 화가 된다"라는 교훈을 그대로 보여주는 사례입니다. 진나라는 승리에 취해 전국을 빠르게 통일할 것이라 믿었으나, 오히려 더 많은 저항과 연합군의 견제를 받게 되었습니다. 반면 조나라는 처참한 패배를 당했지만, 이를 계기로 개혁을 이루고 다시 전열을 가다듬을 수 있었습니다. 장평대전은 단순한 승패의 문제가 아니라, 역사의 흐름 속에서 "승리가 몰락을 부르고, 패배가 새로운 기회를 가져올 수 있다"라는 진리를 남긴 전쟁이었습니다.

제갈량이 말한 "화혜복지소의, 복혜화지소복(禍兮福之所倚, 福兮禍之所伏)"이라는 문장은 단순한 운명의 원리를 설명하는 것이 아닙니다. 그것은 인생과 전략에서 변화를 읽고 대비하는 지혜를 강조하는 교훈입니다. 한 기업이 시장에서 선두를 달리더라도, 기술 변화에 대비하지 않으면 혁신적인 경쟁자에게 밀려날 수 있습니다. 오늘의 성공(복)이 내일의 위기(화)가 될 수 있는 것입니다. 반면, 위기를 겪은 기업이 신기술을 개발하거나 새로운 시장을 개척하는 데 성공하면, 오늘의 위기(화)가 내일의 기회(복)가 될 수도 있습니다.

현대 기업의 예로는 장난감 기업 레고가 있습니다. 전 세계 어린이들의 사랑을 받던 레고는 닌텐도 같은 디지털 게임이 보편화되면서 아이들의 관심에서 멀어져 가, 2004년 하루에 100만 달러씩 손해를 보며 기업의 파산 위기에 서 있었습니다. 레고는 빅데이터를 이용해 소비자 흐름을 분석하기 시작했지만 답을 찾을 수 없었고, 결국 새로운 돌파구를 마련합니다. 바로 인류학자들을 고용한 것입니다. 인류학자들은 아이들과 함께 놀고, 생활하며 그들에게서 답을 얻어냈습니다. 진짜 놀이는 아이들에게 도전, 몰입, 성취감, 사회적 인정을 동반해야 한다는 것이었습니다. 이를 바탕으로 레고는 더 복잡하고, 더 크고, 더 고난이도인 조립 세트를 출시합니다. 결국 레고는 부활에 성공하고, 어른들을 위한 시리즈까지 성공시키며 부동의 아날로그 장난감 기업으로 남아 있습니다. 레고는 모든 것이 디지털화 되어 가는 시대에서도 섣부르게 디지털화로 전환하지 않고, 끝까지 신중하게 탐색하며 정면 돌파를 선택한 결과 어른, 아이, 남녀노소 불문하고 모든 이에게 사랑받는 기업으로 남았습니다.

결국, 어떤 상황에서도 변화와 대비를 게을리하지 말아야 하며, 위기를 기회로, 기회를 위기로 만들지 않도록 신중한 전략을 세워야 합니다. 이 원칙은 삼국지 시대뿐만 아니라, 오늘날에도 통용되는 중요한 인생 전략입니다.

PART 3

인간은 관계로
완성된다

신뢰와 통찰의 미학

"사람을 알면 세상을 얻고,
사람을 잃으면 삶의 길을 잃는다."

13

지혜는 남을 아는 데서 시작되고, 깨달음은 자신을 아는 데서 완성된다

— 유비의 용인술과 실수

> "남을 아는 자는 지혜롭고,
> 자신을 아는 자는 밝다."
>
> 知人者智, 自知者明
> 지인자지, 자지자명
>
> — 유비 —

요즘 우리는 타인의 말과 행동을 빠르게 판단하고, 몇 초 만에 평가합니다. 그러나 정작 자신에 대해서는 얼마나 알고 있을까요? 타인의 속을 꿰뚫는 데는 민첩하면서, 자기 내면의 동기와 한계는 끝내 외면한 채 살아가는 이들이 많습니다. 관계는 자주 어긋나고, 선택은 반복해서 후회로 남습니다. 『삼국지』의 인물들 또한 수많은 판단과 오판 속에서 역사의 물줄기를 바꾸었습니다.

그중에서도 유비는 삼국지에서 끊임없이 도망치고 패배를 거듭하면서도 결국 촉한을 세운 인물입니다. 그의 성공 비결 중 가장 중요한 요소는 바로 사람을 알아보는 능력과 스스로를 아는 능력이었습니다. 유비는 천하의 패권을 쥐고자 하는 자신의 한계를 명확히 알고 있었고, 이를 보완해 줄 뛰어난 인재들을 찾아내는 능력을 가지고 있었습니다.

유비의 일생에서 가장 중요한 순간 중 하나는 제갈량을 찾아간 일화입니다. 유비는 이미 조조와 손권에 비해 훨씬 불리한 입장이었고, 자신의 군사적 역량과 정치적 기반이 약하다는 것을 누구보다 잘 알고 있었습니다. 그는 스스로가 전투와 전략에 있어 조조만큼 뛰어나지 않음을 인정했으며, 강력한 참모가 필요하다는 것을 깨달았습니다.

유비는 용맹한 장수 관우와 장비를 거느리고 있었지만, 뛰어난 전략을 구사하는 책사가 부족했습니다. 그는 여러 군벌 사이를 떠돌며 기회를 엿보았지만, 번번이 좌절해야 했습니다. 그때, 그의 귀에 한 인물의 이름이 들려왔습니다. 제갈량, 자는 공명(孔明). 세상은 그를 와룡(臥龍, 누워 있는 용)이라 불렀습니다.

그의 지혜가 하늘을 찌를 만큼 높다는 소문을 들은 유비는 깊은 고민에 빠졌습니다. '과연 그가 나와 함께 천하를 도모해 줄 것인가?' 하지만 유비는 인재를 얻지 못하면 도태될 수밖에 없다는 것을 알았고, 직접 찾아가기로 결심했습니다. 관우, 장비와 함께 눈 덮인 험한 산길을 따라 제갈량이 머무는 초가집으로 향했습니다.

드디어 목적지에 도착했지만, 제갈량은 부재중이었습니다. 유비는 실망하지 않고 그를 기다리려고 했지만, 제갈량의 하인들이 "공명께서는 아직 돌아오실 기약이 없습니다"라고 말했습니다. 관우와 장비는 불쾌한 표정을 지으며 말했습니다.

"형님, 우리가 누구인데! 한낱 책사를 만나기 위해 이렇게까지 해야 합니까?"

하지만 유비는 고개를 저으며 말했습니다.

"인재를 얻기 위해서는 공손하고 정성을 다해야 한다. 다시 찾아오자."

며칠 후 유비는 다시 초가집을 찾았지만, 이번에도 제갈량은 없었습니다. 장비는 화를 참지 못하고 칼자루를 잡으며 소리쳤습니다.

"형님, 우리를 이렇게 무시하는 자를 왜 자꾸 찾아와야 한단 말입니까!"

하지만 유비는 장비의 어깨를 토닥이며 말했습니다.

"그가 세상에 나오지 않는 것은, 아직 그를 받아줄 만한 군주를 만나지 못했기 때문일 것이다. 우리는 진심을 다해야 한다."

며칠 뒤 유비는 거센 눈보라를 헤치고 다시 제갈량의 초가집을 방문했습니다. 문을 두드리자, 안에서 조용한 발소리가 들려왔습니다. 이번에는 제갈량이 안에 있었습니다. 그는 방 안에서 조용히 책을 읽고 있었고, 유비 일행이 도착했다는 소식을 듣고 천천히 걸어 나왔습니다. 유비는 예의를 갖추어 허리를 숙이며 말했습니다.

"공명이시여, 저는 세 번이나 이곳을 찾아왔습니다. 천하가 혼란에 빠진 지금, 저에게는 공명과 같은 인재가 반드시 필요합니다."

제갈량은 한동안 유비를 바라보았습니다. 그는 유비가 단순한 야심가가 아니라, 직접 눈보라를 헤치고 자신의 초가집을 찾아와 거듭 진심으로 호소하는 정성과 인품을 갖춘 진정한 군주임을 깨달았습니다. 특히 유비가 자신을 얻기 위해 세 번이나 찾아왔다는 사실이 그의 마음을 움직였습니다. 마침내 제갈량은 길게 한숨을 쉬며 자리에서 일어나 말했습니다.

"이제야 천하를 도울 때가 온 것 같습니다."

그 순간, 유비의 눈빛에는 희망의 빛이 떠올랐습니다. 제갈량은 유비가 자신의 능력만으로 천하를 얻을 수 없음을 깨닫고 인재를 알아보는 지혜를 가졌다고 판단하여 그를 섬기기로 결심했습니다. 마침내 제갈량을 얻기 위한 그의 삼고초려(三顧草廬)가 성공하여 와룡을 자신의 곁에 두게 된 것이었습니다. 이후 제갈량은 촉한을 건국하는 데 핵심적인 역할을 했고, 유비가 가장 신뢰하는 책사가 되었습니다. 유비는 단순한 무력만으로는 천하를 얻을 수 없음을 알고, 자신에게 부족한 점을 메우기 위해 최고의 인재를 찾아 나선 것입니다. 이 사건은 단순한 책사의 등용이 아니라, 진정한 리더가 어떻게 사람을 얻고 대업을 이루는지를 보여주는 대표적인 사례로 남았습니다.

유비는 단순히 인재를 알아보는 것에서 그치지 않았습니다. 그는 자신이 부족한 부분을 보완하기 위해 관우와 장비 같은 무장을 신뢰하며 전투를 맡겼고, 제갈량과 쌍벽을 이룬 지략가 방통(龐統)과 같은 책사들의 조언을 경청하며 정치적 결정을 내렸습니다. 조조가 개인적인 능력과 군사적 전략으로 천하를 장악하려 했던 것과 달리, 유비는 자신의 강점과 약점을 정확히 분석하고, 이를 보완하기 위해 뛰어난 인재들을 적극적으로 등용했습니다.

그러나 유비가 항상 자신의 한계를 명확히 알고 있었던 것은 아닙니다. 그는 복수를 위해 무리하게 출전한 이릉대전(夷陵之战)에서 대패하기도 했습니다.

관우가 형주를 잃고 전사했다는 소식이 전해졌을 때, 유비는 마치 하늘이 무너지는 듯한 충격을 받았습니다. 관우는 단순한 장수가 아니라, 유비가 평생을 함께하며 동생처럼 아꼈던 사람이었습니다. 오랜 시절부터 함께 싸워온 그가 손권에게 배신당하고 무참히 살해당했다는 사실은 유비의 가슴을 찢어놓았습니다. 그는 깊은 슬픔에 잠겼고, 그 슬픔은 곧 분노로 변했습니다.

"손권, 네놈을 절대 용서하지 않겠다!"

유비는 이를 악물며 결심했습니다. 형제의 원수를 갚기 위해서라면, 그 어떤 대가라도 치를 각오가 되어 있었습니다. 유비의 주변에서는 신중해야 한다는 의견이 나왔습니다. 제갈량과 신하들은 손권과의 전쟁이 촉한의 존립을 위태롭게 할 것이라고 경고하며 그를 말렸습니다.

"폐하, 지금은 위나라와 싸울 때이지, 오나라와 전쟁을 벌일 때가 아닙니다!"

그러나 유비는 듣지 않았습니다. 그에게 이 전쟁은 단순한 국가 간의 다툼이 아니라, 형제의 원수를 갚는 일이었습니다. 그는 손권을 절대 용서할 수 없었고, 형주의 수치를 반드시 씻어야 한다고 생각했습니다.

그리하여 유비는 직접 대군을 이끌고 출정했습니다. 그는 오랜만에 전장에 나섰고, 대군이 출정하는 모습을 보며 스스로도 자신감을 얻었습니다. 촉한의 군대는 여전히 강력했고, 유비의 존재 자체가 병사들에게 큰 힘이 되었습니다.

"우리는 관우의 원수를 갚는다!"

유비의 군사들은 사기충천했으며, 마침내 오나라를 향해 진격을 시작했습니다. 그러나 손권은 이미 유비의 복수를 예상하고 있었습니다. 그는 노련한 장수 육손(陸遜)을 총사령관으로 임명하여 대비책을 마련했습니다. 육손은 유비의 대군을 정면으로 맞서 싸우기보다는, 오나라의 지형을 활용한 유인 작전을 펼쳤습니다. 촉군이 오나라 영토 깊숙이 들어오도록 유도한 뒤, 적절한 순간을 노려 공격을 감행하기로 한 것이었습니다.

유비의 군대는 오랜 행군 끝에 오나라의 깊은 계곡과 숲 속에 진영을 구축했습니다. 그러나 무더운 날씨와 오랜 행군으로 인해 병사들은 점점 지쳐갔습니다. 유비는 여전히 자신이 승리할 것이라 확신하고 있었고, 육손의 군대가 움직이지 않자 오히려 조급해졌습니다. "도대체 왜 나오지 않는 거지? 설마 두려워서 도망간 것이냐?" 그는 스스로 승리를 예감하며 안일하게 방어 태세를 갖추지 않았습니다.

그러던 어느 날 밤, 육손의 군대가 기습을 감행했습니다. 오나라 군사들은 촉군의 진영 곳곳에 불을 질렀고, 강한 바람을 타고 불길이 순식간에 번져나갔습니다. 유비의 군대는 혼란에 빠졌고, 병사들은 대열을 유지하지 못한 채 도망치기 시작했습니다. 촉군의 진영은 불길에 휩싸였고, 사방에서 화살이 쏟아졌습니다. 유비는 패배를 직감했지만, 이미 돌이킬 수 없는 상황이었습니다.

그는 가까스로 탈출했지만, 이 전쟁에서 촉한은 심각한 타격을 입었습니다. 유비는 형제의 복수를 위해 출정했지만, 오히려 더 큰 손실을 입고 말았던 것입니다. 전쟁이 끝난 후, 유비는 백제성(白帝城)으로 후퇴했고, 그곳에서 깊은 후회에 빠졌습니다. 그의 몸과 마음은 모두 지쳐 있었고, 결국 병에 걸려 생을 마감하게 되었습니다. 죽기 직전, 그는 제갈량의 손을 잡고 말했습니다.

"내가 경들의 말을 들었어야 했소…"

그러나 이미 모든 것이 늦은 후였습니다.

이 이릉대전은 유비의 생애에서 가장 큰 실수였으며, 결국 촉한이 쇠퇴하는 계기가 되었습니다. 그는 형제의 원수를 갚겠다는 감정적인 판단을 내렸고, 그것이 그의 패망을 초래한 것입니다. 만약 유비가 냉정하게 상황을 판단하고 손권과 협력했다면, 촉한은 더욱 강한 세력을 유지할 수 있었을 것입니다. 그러나 그는 자신의 감정을 다스리지 못했고, 결국 복수심에 눈이 멀어 자신의 상황을 객관적으로 파악하지 못한 결과, 처참한 패배를 맞닥뜨리게 되었습니다.

"지인자지, 자지자명(知人者智, 自知者明)"은 단순한 지혜의 격언이 아니라, 삶에서 성공과 실패를 가르는 중요한 원칙을 담고 있습니다. 유비의 생애에서 삼고초려의 성공과 이릉대전의 패배는 이 원칙이 현실에서 어떻게 적용되는지를 극명하게 보여줍니다.

삼고초려에서 유비는 자신의 한계를 정확히 알고 있었습니다. 그는 군사적 능력이 부족하다는 것을 깨닫고, 이를 보완할 인재가 필요하다는 것을 인식했습니다. 그는 조조처럼 강력한 정치적 기반도 없고, 손권처럼 강대한 지역 세력도 없었기에 오로지 인재를 등용하여 세력을 키워야 했습니다. 그래서 그는 제갈량이라는 뛰어난 전략가를 얻기 위해 그를 세 번이나 찾아가며 자신의 진심을 보였고, 결국 그의 책략과 조언을 통해 촉한의 기틀을 다질 수 있었습니다. 유비가 남을 알고 자신을 알았기에 가능했던 선택이었으며, 이는 그를 삼국지에서 가장 존경받는 군주로 만든 계기가 되었습니다.

그러나 이릉대전에서는 정반대의 모습이 드러났습니다. 유비는 형주를 잃고 관우가 전사하자 분노에 휩싸여 냉철한 판단을 하지 못했습니다. 그는 손권을 반드시 응징해야 한다는 복수심에 사로잡혔고, 감정적으로 움직이며 신하들의 조언을 무시했습니다. 그는 과거의 성공을 맹신하고 자신의 한계를 보지 못했으며, 손권과의 싸움이 장기적으로 촉한에 불리할 것이라는 점을 간과했습니다. 결과적으로 그는 무리한 출정을 감행했고, 육손의 전략에 말려들어 참패를 당했습니다. 이릉대전의 패배는 단순한 전쟁의 패배가 아니라, 유비가 자신의 감정을 제어하지 못하고 현실을 직시하지 못한 결과였습니다. 결국 그는 백제성에서 후회하며 생을 마감해야 했으며, 이는 촉한의 몰락을 앞당기는 원인이 되었습니다.

이 두 사건을 통해 현대인들은 중요한 교훈을 얻을 수 있습니다. 우리는 살아가면서 스스로의 강점과 약점을 정확히 파악해야 하며, 이를 보완할 수 있는 방법을 찾아야 합니다. 직장이나 비즈니스에서 자신의 능력을 과대평가하거나, 감정적인 결정을 내리는 것은 큰 위험을 초래할 수 있습니다.

반면, 자신이 무엇을 잘하고 무엇이 부족한지를 명확히 알고, 적절한 조언을 받아들이며 계획적으로 움직이는 사람은 장기적인 성공을 거둘 수 있습니다. 그러므로 우리는 늘 "지인자지, 자지자명(知人者智, 自知者明)", 즉 남을 아는 지혜뿐만 아니라, 스스로를 아는 지혜가 필요함을 명심해야 합니다.

14

절호의 기회를 모색하라

— 순욱의 판단과 결말

"때를 아는 자가 진정한 영웅이다."

識時務者爲俊杰
식시무자위준걸

— 삼국지 전체 맥락 중 —

변화는 언제나 예고 없이 찾아옵니다. 특히 오늘날은 어제의 성공 법칙이 내일의 실패로 이어질 수 있는 시대입니다. 이런 세상에서 진정한 능력자는 실력만이 아니라 '때'를 읽는 사람입니다. 때를 아는 자가 승리하는 것은 과거에서부터 현대까지 수많은 인물들의 운명을 결정지은 중요한 원칙입니다.

위 명제는 특히 순욱, 유비 그리고 초한 전쟁의 한신(韓信)과 같은 인물들의 선택에서 극명하게 드러납니다.

순욱은 원래 한나라 조정에서 중요한 책사로 활동하고

있었습니다. 그는 명문가 출신으로 학문과 정치에 능했으며, 당대 최고의 전략가 중 한 명으로 평가받고 있었습니다. 그러나 한나라 조정은 이미 무너지고 있었고, 황제는 허수아비에 불과했습니다. 세상은 이제 군웅들의 시대였고, 그는 어느 세력에 몸을 맡길 것인지 신중하게 선택해야 했습니다.

당시 천하에는 조조와 원소, 두 인물이 가장 강력한 군벌로 떠오르고 있었습니다. 원소는 넓은 영토와 막대한 군사력을 갖추고 있었고, 그의 가문은 오랫동안 귀족으로서 명성을 쌓아왔습니다. 반면 조조는 비교적 약소한 세력이었고, 그의 출신 역시 원소처럼 명문가의 위상을 가진 것은 아니었습니다. 많은 이들은 원소가 조조를 압도할 것이라 예측했고, 조조를 따르는 것은 위험한 선택처럼 보였습니다.

그러나 순욱은 다르게 보았습니다. 그는 원소의 성격을 분석하며 "이 사람은 대세를 쥘 만한 인물이 아니다"라고 결론 지었습니다. 원소는 신중한 듯 보였지만, 결정적인 순간에 결단력이 부족한 인물이었습니다. 또한 그는 귀족적 배경을 가지고 있었지만, 부하들의 의견을 하나로 통일하지 못하고 늘 우유부단한 모습을 보였습니다. 반면 조조는 강한 카리스마와 신속한 결단력을 지닌 인물이었고, 자신이 옳다고 판단하면 과감하게 행동할 줄 아는 지도자였습니다.

어느 날, 원소의 사신이 순욱을 찾아왔습니다.

"순욱 선생, 주공(主公)께서 당신에게 주공 곁에서 보좌하라는 명을 내리셨소. 원소 대인은 천하를 통일할 기세로 북방을 장악하고 있으니, 당신도 우리와 함께하시지요."

순욱은 미소를 지으며 술잔을 들었지만, 마음속에서는 깊은 고민이 스쳐갔습니다. 원소의 세력은 확실히 강대했지만, 과연 그가 끝까지 천하를 장악할 수 있을까? 원소는 앞서 말했듯 부하들의 의견을 조율하는 데 어려움을 겪고 있었고, 늘 신하들의 논쟁 속에서 결정을 미루는 습관이 있었습니다. 그런 지도자 밑에서는 자신의 재능을 펼치려 해도 결국 아무것도 이루지 못한 채 끝날 가능성이 컸습니다.

그때 문득 조조의 말이 떠올랐습니다. 과거 그와 술잔을 기울이며 조조는 이렇게 말한 적이 있었습니다.

"순욱, 지금 천하는 혼란에 빠졌소. 강한 자가 살아남는 시대요. 나는 이 혼란 속에서 반드시 길을 찾고야 말 것이오. 내게 오시오. 함께 천하를 도모합시다."

순욱은 조조가 단순한 야심가가 아니라, 천하를 꿰뚫어 볼 줄 아는 자라는 것을 직감했습니다. 원소는 강하지만 무르고, 조조는 약하지만 단단했습니다. 천하는 그저 강하기만 한 자의 것이 아니라, 시대를 읽고 기회를 잡을 줄 아는 자의 것이었습니다.

그날 밤, 순욱은 결단을 내렸습니다. 그는 원소의 사신을 조용히 돌려보낸 뒤, 비밀리에 조조의 진영으로 향했습니다. 조조는 그를 반갑게 맞이하며 말했습니다.

"나와 함께 하기로 결정을 내렸소?"

순욱은 조용히 고개를 끄덕이며 답했습니다.

"천하는 주공의 것입니다. 저는 그 길을 열겠습니다."

그날 이후, 순욱은 조조의 가장 중요한 책사로 활약하며, 그의 세력을 다지는 데 결정적인 역할을 했습니다. 그는 원소의 강한 세력보다 조조의 결단력을 택했고, 결국 그의 선택은 옳았다는 것이 증명되었습니다. 원소는 관도대전에서 조조에게 패배하며 몰락했고, 조조는 삼국 시대의 패자로 군림하게 되었습니다.

순욱의 선택은 단순한 운이 아니라, 시대의 흐름을 냉철하게 분석한 결과였습니다. "때를 아는 자가 진정한 영웅이다(識時務者爲俊杰)." 그 누구보다 대세를 읽을 줄 알았던 순욱은, 결국 가장 현명한 길을 선택하여 시대의 영웅이 되었습니다. 그렇지만 이전 장에서 설명했듯이 조조와의 관계가 끝까지 해피엔딩은 아니었습니다.

유비 또한 마찬가지로 삼국지에서 대의를 내세우며 천하를 도모한 인물이었지만, 초반 그의 세력은 너무도 미약했습니다. 강력한 군벌들이 각지에서 패권을 다투는 가운데, 유비는 끊임없이 떠돌며 자신을 받아줄 세력을 찾아야만 했습니다. 그러던 중 그는 한때 조조의 진영에 몸을 맡기는 선택을 하게 됩니다. 조조는 뛰어난 전략가였고, 당시 한나라 조정을 장악한 실질적인 권력자였습니다. 조조는 유비를 한나라 황실의 후손으로 존중하는 듯 보였지만, 사실 그는 유비를 경계하고 있었습니다. 그리고 유비 역시 이를 간파하고 있었습니다. 그는 조조가 자신의 존재를 언젠가는 위협으로 여길 것이라 판단하고, 결코 방심하지 않았습니다. 조조의 세력 안에 머물면서도 그는 늘 주변을 살피며 기회를 엿보았습니다.

조조는 유비를 신뢰하는 척하면서도 그를 철저히 감시했습니다. 유비는 겉으로는 충성을 다하는 듯 행동하며 조조의 의심을 피하려 했습니다. 그가 가장 두려워했던 순간이 찾아온 것은 조조가 원소와의 전쟁을 준비하면서부터였습니다.

조조는 원소와의 전쟁을 앞두고 유비에게 군사적 임무를 맡겼으나, 이는 단순한 신뢰 때문이 아니었습니다. 조조는 유비를 직접 숙청하기보다는, 그가 전쟁 중에 자연스럽게 제거되기를 기대하고 있었습니다. 유비는 이를 간파했고, 더 이상 조조의 진영에 머물러 있어서는 안 된다고 생각했습니다.

유비는 탈출할 기회를 기다렸고, 마침내 조조가 원소와 치열한 전투를 벌이며 전선이 혼란스러워진 순간, 그는 허창(許昌)에서 몰래 빠져나오는 데 성공했고, 이후 독립적인 세력을 구축할 수 있었습니다. 이후 그는 형주로 향해 자신만의 거점을 만들기 시작했고, 결국 촉한의 건국으로 이어지는 기반을 다질 수 있었습니다. 유비는 감정적으로 움직이지 않았습니다. 자신의 자존심만을 앞세워 조조와 대립하는 것이 아니라, 일단 그의 휘하에 들어가 몸을 맡기면서도 기회를 기다리는 지혜를 발휘했습니다. 그리고 결정적인 순간이 오자 그는 즉각적으로 행동하여 조조의 손아귀에서 벗어나 독립적인 군웅으로 성장할 수 있었습니다.

따라서 이 사건은 유비가 "때를 아는 자가 진정한 영웅이다(識時務者爲俊杰)"라는 원칙을 철저히 실천한 사례였습니다. 그는 필요할 때는 적의 그늘 아래에서도 머물 줄 알았고, 살아남기 위해 참고 기다릴 줄 알았으며, 마침내 천하를 향한 도약의 기회를 잡아냈습니다.

한신은 초한전쟁(楚汉战争)에서 가장 뛰어난 전략가였지만, 초반에는 아무도 그의 가치를 알아주지 않았습니다. 그는 비범한 군사적 재능을 가지고 있었음에도 불구하고, 젊은 시절 극도로 가난하여 하루 끼니를 걱정해야 하는 처지였습니다. 하지만 그는 자신의 능력을 믿고 있었고, 천하의 흐름이 변할 때 반드시 자신의 가치를 증명할 기회가 올 것이라 생각하며 인내했습니다.

한신은 처음엔 항우의 진영에 몸을 의탁했습니다. 항우는 무력으로 천하를 호령하는 장수였고, 수많은 전투에서 압도적인 승리를 거두며 사람들의 추앙을 받았습니다. 그러나 항우는 자신의 힘을 과신했으며, 신하들을 거칠게 다루고 인재를 등용하는 능력이 부족했습니다. 특히 그는 부하들을 의심하는 성향이 강했고, 자신의 무력과 용맹만을 믿으며 전쟁을 운영했습니다. 한신은 처음에는 항우 밑에서 군사적 재능을 펼칠 기회를 얻을 수 있을 것이라 기대했으나, 항우는 그를 단순한 병졸로 취급했고, 중요한 군사적 역할을 맡기려 하지 않았습니다.

한신은 더 이상 항우 밑에서는 자신의 능력을 펼칠 기회가 없다고 판단하고, 결국 그를 떠나 유방의 진영으로 넘어갔습니다. 그러나 유방 역시 처음에는 한신을 크게 신뢰하지 않았습니다. 유방은 항우와 달리 인재를 중용하려는 의지는 있었지만, 현실적으로 한신이 이미 다른 군웅에게 인정받지 못한 인물이라는 점에서 그를 대장으로 임명할 결정을 쉽게 내릴 수 없었습니다. 한신은 유방의 군대에서 낮은 직책을 맡으며 묵묵히 기다렸습니다. 그는 조급하게 자신의 능력을 증명하려 하지 않았으며, 때를 기다리며 서서히 자신의 실력을 드러낼 기회를 엿보았습니다.

한신의 진가를 알아본 것은 유방이 아니라 그의 모신(謀臣) 소하(蕭何)였습니다. 소하는 유방의 곁에서 전반적인 행정을 담당하던 인물이었고, 인재를 보는 안목이 뛰어났습니다. 그는 한신이 보통 사람이 아니라는 것을 직감하고, 유방에게 한신을 대장군으로 임명해야 한다고 끊임없이 설득했습니다. 처음에는 유방도 반신반의했지만, 소하가 한신을 얻지 못하면 패권을 쥘 수 없다고 강하게 주장하자 결국 한신을 대장군으로 삼았습니다.

그 순간부터 한신은 그동안 갈고닦은 자신의 군사적 재능을 마음껏 펼치기 시작했습니다. 그는 기발한 전략과 전술을 구사하며 연전연승을 거두었고, 유방의 세력을 급격히 확장시켰습니다. 특히 배수진(背水陣)과 같은 전술을 활용하여 불리한 전투에서도 승리를 거두었으며, 마침내 유방이 항우를 몰아내고 천하를 차지하는 데 결정적인 역할을 했습니다. 한신이 없었다면, 유방은 결코 항우를 이길 수 없었을 것입니다. 이러한 한신의 성공은 단순한 운이 아니었습니다. 그는 시대의 흐름을 읽고, 어디에서 자신의 능력을 가장 잘 펼칠 수 있을지를 신중하게 고민했습니다. 만약 그가 마지막까지 항우 밑에 머물렀다면, 그의 재능은 끝내 빛을 보지 못했을 것이고, 항우의 독선적인 성격 때문에 전쟁에서 패배하는 운명을 맞이했을지도 모릅니다. 그러나 한신은 안일하게 움직이지 않았고, 당장의 대우보다 장기적인 가능성을 보고 유방을 선택했습니다. 조급하게 행동하지 않고, 묵묵히 때를 기다리니 마침내 천하의 대장군이 된 것입니다.

한신의 생애는 "때를 아는 자가 진정한 영웅이다(識時務者爲俊杰)"라는 교훈을 그대로 보여줍니다. 그는 스스로 자신의 운명을 개척했으며, 시대의 흐름을 정확히 읽어 가장 성공할 가능성이 높은 지도자를 선택했습니다. 그리고 그 선택은 결국 역사 속에서 가장 위대한 장군 중 한 명으로 남게 되는 결과를 가져왔습니다.

이들과 반대로 때를 파악하지 못해 실패를 경험한 인물도 있습니다. 장로(張魯)는 후한 말기의 혼란 속에서 일찍이 한중(漢中) 지역을 장악하고 독자적인 정권을 세운 지도자였습니다. 그는 '오두미도(五斗米道)'라는 도교 교단의 교주로서 민심을 얻고 지역을 안정시키는 데 성공했고, 오랜 기간 독립적인 세력으로 생존해왔습니다. 그러나 조조의 남진이 본격화되자, 한중은 전략적 요충지로 떠올랐고, 장로는 결정의 기로에 서게 되었습니다. 조조의 군대는 강력했고, 이미 병력과 전술, 명분에서 우위를 점하고 있었습니다. 이때 장로가 취할 수 있었던 가장 현명한 선택은 조조에게 조기에 항복하고 그 지위를 보전받는 것이었습니다. 하지만 그는 여전히 자신이 다스리는 땅에서의 종교적 권위와 백성들의 지지를 과신하며, 항복을 망설였습니다. 이러한 그의 미온적인 태도는 결국 마지막 기회를 놓치게 만들었습니다. 조조는 단호하게 군을 진격시켰고, 결국 장로는 전투 한 번 제대로 하지 못한 채 도망쳤습니다. 그는 나중에서야 조조에게 항복했지만, 이미 자신의 기반을 잃은 후였습니다. 그는 때를 읽지 못했고, 현실을 직시하지 못했기에 허망하게 무너지고 말았습니다.

기회를 읽고, 시대의 흐름을 파악하며, 적절한 순간에 올바른 선택을 하는 것이야말로 진정한 영웅의 자질입니다. 이는 단순한 처세술이 아니라, 생존과 성공을 결정짓는 중요한 원칙입니다. 역사 속에서 순욱, 유비, 그리고 한신과 같은 인물들은 모두 시대의 흐름을 정확히 읽고, 가장 현실적인 선택을 내림으로써 자신과 나라의 운명을 바꾸었습니다. 순욱은 혼란스러운 삼국 시대 속에서 조조를 선택하며 정치적 안목을 증명했고, 유비는 조조에게 몸을 맡겼다가 때를 보고 탈출하여 독립적인 세력을 구축했습니다. 또한 한신은 항우가 아닌 유방을 택하여 초한 전쟁에서 결정적인 역할을 하며 천하의 대장군이 되었습니다. 이들은 모두 장기적인 안목을 가지고 어디에서 자신의 능력을 가장 잘 발휘할 수 있을지를 고민한 인물들이었습니다.

이러한 교훈은 현대를 살아가는 우리에게도 강력한 메시지를 전달합니다. 직장 생활을 하면서 단순히 현재의 편안함에 안주하는 것이 아니라, 자신이 성장할 수 있는 환경을 선택하고 변화하는 흐름 속에서 자신에게 가장 유리한 길을 찾아야 합니다. 잘못된 선택을 하면 아무리 뛰어난 능력이 있더라도 빛을 보지 못할 수 있습니다.

이처럼 현명한 사람이란 단순히 용맹하거나 능력이 뛰어난 사람이 아니라, 시대의 흐름을 읽고 기회를 잡는 사람입니다. 오늘날 우리가 살아가는 사회에서도 변화는 끊임없이 일어나고 있으며, 그 안에서 가장 적절한 순간에 올바른 결정을 내릴 수 있는 사람이 결국 성공을 거두게 됩니다. 과거의 영웅들이 보여준 "때를 아는 자가 진정한 영웅이다"라는 교훈을 가슴에 새기고, 현실을 직시하며 자신에게 이로운 길을 찾는 것이야말로 현대를 살아가는 우리 모두가 가져야 할 지혜입니다.

15

우정과 신뢰를 기반으로 한 관계는 강력한 힘을 가진다

— 도원결의의 힘

> "유비·관우·장비는 비록 성이 다르나
> 이미 형제로 맺었으니,
> 한마음으로 위기에 빠진 자들을 도와야 한다."
>
> 念劉備, 關羽, 張飛, 雖然異姓, 旣結爲兄弟, 則同心協力, 救困扶危
> 념유비, 관우, 장비, 수연이성, 기결위형제, 즉동심협력, 구곤부위
>
> — 도원결의 중에서 —

우리는 '관계의 피로' 시대에 살고 있습니다. 가벼운 인맥은 넘쳐나지만, 진심으로 믿고 함께할 수 있는 동료는 점점 드뭅니다. 진짜 어려움이 닥쳤을 때, 곁을 지켜주는 이는 결국 '신뢰'로 맺어진 사람입니다. 마치 유비·관우·장비가 보여준 의형제의 우정처럼, 혈연보다 깊은 신뢰는 위기를 돌파하는 강한 동력이 됩니다.

위 명제는 삼국지에서 유비가 어려운 상황에서도 의리를 지켜야 함을 강조하는 순간에 등장합니다. 유비, 관우, 장비는 원래 혈연관계가 아니었으나, 젊은 시절 황건적의 난이 일어나자 도원에서 의형제를 맺으며 "우리는 하늘 아래 같은

뜻을 품고 살아가는 형제가 되어 백성을 구하겠다"라고 맹세했습니다. 그 이후 세 사람은 실제로도 형제처럼 서로를 아끼며 돕고, 나라와 백성을 위한 의로운 길을 걷기 위해 노력했습니다.

관우는 본래 의협심이 강한 사람이었으나, 고향에서 억울한 누명을 쓰고 도망치는 신세가 되었습니다. 그는 유랑하며 숨어 지냈고, 세상을 떠돌며 정의를 실현하고자 했습니다. 사람들은 그를 붉은 얼굴과 길고 휘날리는 수염으로 기억했으며, 그의 강직한 성품과 뛰어난 무예 실력에 감탄하곤 했습니다. 관우는 자신만의 신념을 가지고 살아갔고, 세상이 혼란스럽고 악한 자들이 판을 치는 현실을 보며 언젠가 천하를 바로잡을 날이 올 것이라 생각했습니다.

장비는 원래 돼지와 소를 도살하는 푸줏간을 운영하는 장사꾼이었습니다. 그는 힘이 장사였고, 성격이 불같았으며, 싸움을 좋아했습니다. 거대한 체구에 우렁찬 목소리를 가졌으며, 싸움이 나면 누구도 그를 이길 수 없었습니다. 하지만 단순한 싸움꾼이 아니라, 강한 자에게 맞서고 약한 자를 돕는 의로운 성격을 지니고 있었습니다. 그는 시장에서 장사를 하며 돈을 벌었지만, 언제나 마음속에는 답답함이 있었습니다. 하루하루 먹고사는 것도 중요했지만, 세상이 이렇게 어지러운데 이렇게 장사만 하고 살아도 되는 것인가 하는 의문이 들곤 했습니다.

그러던 어느 날, 황건적의 난이 일어나 온 나라가 혼란에 빠졌습니다. 곳곳에서 의병을 모집한다는 소식이 들려왔고, 장비는 더 이상 가만히 있을 수 없었습니다. 그는 "나라가 이렇게 혼란스러운데 나 같은 장사꾼이 칼을 들지 않는다면 부끄러운 일이다!"라고 외치며 의병을 모집하기 위해 길을 나섰습니다. 그러다 한 시장에서 키가 크고 풍채가 당당한 한 남자를 만나게 되었습니다. 그가 바로 유비였습니다.

유비는 한나라 황실의 후손이었으나, 집안이 몰락하여 짚신을 삼아 생계를 유지하고 있었습니다. 하지만 그의 말과 태도에서는 결코 평범한 사람이 아닌 기개와 포부가 느껴졌습니다. 유비는 조용히 차를 마시고 있었으나, 장비는 그의 품격과 당당한 기운을 알아볼 수 있었습니다.

"당신은 보통 사람이 아닌 것 같소. 무슨 분명한 뜻을 품고 있는 것이 틀림없습니다."

장비가 말을 건넸고, 유비는 깊은 한숨을 쉬며 말했습니다.

"나는 본래 한나라 황실의 후손이지만, 지금은 아무것도 아닌 보잘것없는 사람이오. 하지만 내 일생의 소원은 세상을 안정시키고 백성들이 편안하게 살 수 있도록 만드는 것이오."

장비는 유비의 말에 크게 감탄하며, "나도 그 뜻에 동의합니다! 힘을 합쳐 천하를 바로잡아 봅시다!"라고 외쳤습니다. 이때, 한쪽에서 그들의 이야기를 듣고 있던 사람이 한 걸음 다가왔습니다. 붉은 얼굴에 길고 아름다운 수염을 가진 그 남자는 바로 관우였습니다.

"내가 방금 들은 이야기는 참으로 감동적이군요. 나도 평생 의로운 삶을 살고자 했으나, 세상이 너무나 어지럽소. 만약 두 분이 정말 뜻을 같이하여 세상을 바로잡으려 한다면, 나도 함께하고 싶소!"

세 사람은 서로를 바라보았고, 그들의 마음속에는 같은 불꽃이 타오르고 있었습니다. 세상은 혼란스럽고 악한 자들이 백성을 괴롭히고 있었지만, 그들은 이대로 둘 수 없었습니다. 마침내 세 사람은 뜻을 모아 의형제를 맺기로 결심했습니다.

그날 밤, 그들은 복숭아나무가 우거진 도원(桃園)으로 갔습니다. 달빛이 환하게 비추는 그곳에서, 그들은 하늘에 제사를 지내고 형제가 될 것을 맹세했습니다.

유비가 먼저 말했습니다.

"하늘을 우러러 맹세하노니, 비록 우리는 성이 다르지만, 형제가 되어 마음을 같이 하고 힘을 합쳐 천하를 바로잡겠습니다. 형은 형답고 아우는 아우답게 행동하며, 배신하지 않을 것이며, 끝까지 함께할 것입니다. 만약 이 맹세를 저버리는 자가 있다면, 하늘이 그를 벌할 것입니다!"

관우는 단호한 목소리로 이어 말했습니다.

"우리는 함께 죽고 함께 살 것입니다. 서로를 배신하지 않으며, 형제를 위해서라면 목숨을 아끼지 않겠습니다. 오늘의 맹세는 단순한 형제가 아니라, 의(義)를 위해 함께하는 것입니다!"

장비는 큰 소리로 외쳤습니다.

"좋습니다! 우리는 같은 운명을 나눌 것입니다! 우리 셋이 함께라면 이 세상을 바로잡을 수 있습니다! 누구든지 형제를 배신한다면 하늘의 벌을 받을 것입니다!"

그들은 각자의 피를 뽑아 술잔에 섞고, 그 술을 함께 마시며 맹세했습니다.

"저희 세 형제 유비, 관우, 장비는 비록 성은 다르나, 의를 맺어 형제가 되었으니 마음을 합하여 힘을 모아 어려운 시국을 구하고, 위로는 국가에 보답하고 아래로는 백성을 편안하게 할 것이옵니다. 같은 해, 같은 달, 같은 날에 태어나기를 바라지는 않사오나 같은 해, 같은 달, 같은 날에 함께 죽기를 맹세하나이다. 천지에 계신 신령께서는 저희의 이 마음을 굽어 살펴 주시옵소서! 만약 이 맹세를 저버리고 의리를 배반하는 자가 있다면, 하늘과 사람이 함께 주벌(誅罰)할 것입니다!"

도원에는 밤새도록 달빛이 빛났고, 세 사람의 우정은 그곳에서 시작되었습니다. 그날 이후, 유비, 관우, 장비는 의형제가 되었고, 형제처럼 서로를 지켜주며, 같은 뜻을 품고 천하를 위해 싸우기로 했습니다. 이들은 황건적의 난을 평정하기 위해 함께 싸웠으며, 이후 수많은 전쟁을 겪으며 더욱 단단한 결속을 이루었습니다. 그들의 도원결의는 단순한 우정을 뛰어넘은, 진정한 의리와 신뢰의 상징이 되었습니다.

그 이후에도 세 사람의 결의는 죽는 날까지 변치 않았고 그 중심에 유비가 있었습니다. 조조는 유비를 처음 만났을 때부터 그가 평범한 인물이 아님을 단번에 알아보았습니다. 뛰어난 인재를 중시하는 조조는 유비의 능력을 높이 평가하고, 그를 자신의 휘하에 두려고 했습니다. 유비 역시 겉으로는 조조를 따르는 듯 보였지만, 속으로는 깊은 경계를 늦추지 않았습니다. 조조는 능력 있는 자라면 누구든지 포용했지만, 동시에 자신의 뜻에 따르지 않는 자는 가차 없이 제거하는 성격이었습니다. 유비는 이를 잘 알고 있었기에 조조의 환대 속에서도 늘 긴장을 놓지 않았습니다.

당시 유비는 원소와 싸우던 조조의 휘하에서 작은 군대를 이끌고 있었습니다. 조조는 유비를 극진히 대우하며 여러 차례 높은 관직을 제안했지만, 유비는 이를 명분상 받아들일 뿐 속으로는 조조의 야심을 두려워하고 있었습니다. '천하는 조조와 함께할 수 없다.' 유비는 여러 번 스스로에게 다짐했습니다. 하지만 조조의 힘이 너무나 강대했기에 함부로 행동할 수 없었습니다.

그러던 어느 날, 유비는 한 사람과 바둑을 두게 되었습니다. 상대방은 "천하의 대세가 어디로 흘러가고 있는지 아십니까?"라고 물었습니다. 유비는 담담하게 말을 아꼈지만, 내심 그 질문이 뼈아팠습니다. 조조는 강력한 군대를 보유하고 있었고, 황제를 옆에 두고 권력을 장악한 상황이었습니다. 반면 유비는 아직도 떠돌이 신세나 다름없었습니다. 자신이 이대로 조조에게 눌러앉는다면, 한나라를 재건하겠다는 원대한 뜻은 사라지고, 그저 조조의 신하로 머물게 될 것입니다. 하지만 조조의 위세가 너무 강했기에 쉽게 떠날 수도 없는 상황이었습니다.

그때 마침 유비에게 뜻밖의 소식이 전해졌습니다. 관우가 조조의 진영에 억류되어 있다는 것이었습니다. 관우는 유비와 헤어진 후 어쩔 수 없이 조조에게 몸을 맡긴 상태였지만, 여전히 유비를 향한 충성심을 버리지 않고 있었습니다. 유비는 그 소식을 듣는 순간 결심했습니다.

'더 이상 머뭇거릴 수 없다. 조조의 그늘 아래에서 편하게 지내는 동안, 나의 형제들은 흩어지고 고통을 겪고 있다.'

그날 밤부터 유비는 몰래 도망칠 계획을 세웠습니다. 하지만 그의 움직임을 감지한 사람들이 그를 만류했습니다.

"주공, 조조의 힘은 막강합니다. 지금 떠난다면 반드시 그에게 잡혀 목숨을 잃을 것입니다. 조금 더 머물며 기회를 보는 것이 좋지 않겠습니까?"

그러나 유비는 단호하게 고개를 저었습니다. 그는 조용히 눈을 감고 깊이 숨을 들이마신 후, 낮은 목소리로 말했습니다.

"유비, 관우, 장비는 비록 성이 다르나 형제로 맺어졌습니다. 우리가 함께한 맹세는 단순한 말이 아니라, 삶을 함께하기로 한 약속입니다. 지금 내가 이곳에서 편히 지내는 동안, 내 형제는 어디선가 고생하고 있을 것입니다. 형제를 버리고 나 혼자만 살아남는다면, 나는 무슨 면목으로 살아간단 말입니까?"

유비는 더 이상 망설이지 않았습니다. 그는 곧바로 사람들을 모아 도망칠 준비를 했고, 밤이 깊었을 때 몰래 성을 빠져나갔습니다. 조조는 유비가 떠났다는 소식을 듣고 크게 분노했고, 즉시 추격대를 보냈습니다. 하지만 유비는 이미 먼 길을 달려 도망가고 있었습니다. 그는 한시도 멈추지 않고 달렸습니다. 관우와 장비를 다시 만나기 위해, 그리고 형제와 함께 대의를 이루기 위해 그는 자신의 모든 것을 걸고 떠났습니다.

이 사건은 유비가 단순한 군벌이 아니라, 신의와 의리를 중시하는 인물임을 보여주는 중요한 장면입니다. 조조의 강대한 힘을 두려워하지 않고, 개인적인 안위를 포기하면서까지 형제와의 의리를 지킨 그는 이후 더욱 강한 결속력을 갖춘 세력을 형성하게 되었습니다. 이는 훗날 촉한의 기틀을 마련하는 계기가 되었으며, 그가 단순한 야망가가 아니라 한(漢)나라의 정통성을 계승하고자 하는 인물이라는 점을 세상에 각인시키는 계기가 되었습니다.

장비와 관우는 도원결의 이후 언제나 유비를 형님으로 받들며, 그의 뜻을 함께 이루기 위해 몸을 아끼지 않았습니다. 이들은 단순한 동맹이 아니라, 생사를 함께하는 진정한 형제였습니다. 아무리 힘든 순간이 닥쳐도, 그들의 신의는 흔들리지 않았습니다.

특히 관우는 의리의 화신과 같은 인물이었습니다. 그는 유비와 헤어진 후 조조에게 몸을 의탁해야만 했던 순간에도, 마음만은 단 한순간도 유비를 떠난 적이 없었습니다. 조조는 관우의 무예와 충의를 높이 사서 극진히 대접했으며, 화려한 갑옷과 말, 높은 관직을 내리며 자신의 편으로 만들려 했습니다. 그러나 관우는 오직 유비를 다시 찾을 날만을 기다렸습니다. 그러던 중 유비가 살아 있다는 소식을 듣게 되자, 그는 더 이상 머뭇거리지 않았습니다. 관우는 조조에게 작별을 고하고 떠나겠다고 선언했습니다. 조조의 부하들은 경악하며 말렸습니다.

"관우, 주공께서는 당신을 각별히 아끼시는데 어찌 떠나려 하십니까? 여기서 높은 벼슬을 누리며 사는 것이 더 낫지 않겠습니까?"

그러나 관우는 단호한 목소리로 말했습니다.

"나는 이미 유비 형님과 도원에서 의형제를 맺었소. 비록 성은 다르지만, 우리는 한 목숨을 나눈 형제요. 내가 이곳에서 편히 지낼 수는 없소."

그는 조조에게 작별을 고하고, 즉시 유비를 찾아 길을 떠났습니다.

그 길은 쉽지 않았습니다. 조조는 직접 관우를 막지는 않았지만, 그의 부하들은 조조를 배신한 자를 그냥 보낼 생각이 없었습니다. 관우가 떠나는 길목마다 적들이 배치되어 있었고, 그는 수많은 위기를 맞닥뜨렸습니다. 그러나 그는 한순간도 멈추지 않았습니다. 적을 베고, 밤낮으로 달리며, 험난한 길을 뚫고 마침내 유비가 있는 곳에 도착했습니다. 유비와 장비는 관우가 멀리서 말을 타고 달려오는 모습을 보고 감격하여 그를 맞이했습니다. 장비는 눈물을 흘리며 소리쳤습니다.

"관우 형님! 우리 드디어 다시 만났소!"

유비는 조용히 관우의 손을 잡고 말했습니다.

"그대는 진정한 의리의 사나이로다. 나는 그대를 형제라 부른 것이 자랑스럽소."

장비 또한 의리의 상징과 같은 인물이었습니다. 그는 무예가 뛰어나고 용맹했으며, 무엇보다도 형제와의 신의를 목숨보다 더 소중히 여겼습니다. 장비가 유비를 위해 한 가장 유명한 행동 중 하나는 바로 장판교(長坂橋)에서의 전투에서 드러납니다. 당시 유비는 조조의 대군에게 쫓기고 있었고, 수많은 백성과 가족들을 데리고 도망쳐야 하는 상황이었습니다. 조조의 기병대가 점점 다가오자, 유비의 군대는 무너질 위기에 처했습니다. 그때 장비는 단신으로 말을 몰아 다리 위로 올라갔습니다. 그는 조조의 군사들을 가로막으며, 유비가 안전하게 퇴각할 시간을 벌어주었습니다. 장비의 기세에 조조의 부하들은 감히 다가가지 못했고, 유비는 그 틈을 타 도망칠 수 있었습니다.

이 모든 사건들은 유비, 관우, 장비가 단순한 동료가 아니라, 진정한 의형제였음을 보여주는 순간들이었습니다. 그들은 서로를 위해 목숨을 걸었고, 어떤 유혹과 위협 속에서도 끝까지 신의를 지켰습니다. 도원결의는 단순한 맹세가 아니라, 그들의 삶 자체였으며 시대를 초월한 의리와 신뢰의 상징입니다. 세 사람은 혈연으로 맺어진 형제가 아니었지만, 서로를 믿고 끝까지 함께하기로 맹세했습니다. 단순히 이익을 위해 동맹을 맺은 것이 아니라, 혼란한 세상 속에서 서로를 의지하며 함께 정의를 실현하고자 한 것입니다. 그들은 끝까지 함께했고, 그들의 의리는 오늘날까지도 형제애와 충성의 상징으로 남아 있습니다. 현대를 살아가는 우리에게도 이들의 도원결의는 깊은 가르침을 줍니다.

첫째, 신뢰와 의리는 인간관계의 가장 중요한 기반입니다. 현대 사회에서는 빠르게 변하는 시대 속에서 많은 인간관계가 이해관계에 따라 형성되고 사라지기를 반복합니다. 유비, 관우, 장비의 관계는 단순한 사업적인 협력이나 순간적인 동맹이 아니라, 진정으로 서로를 위해 목숨을 걸 수 있는 관계였습니다. 오늘날 우리는 종종 필요에 의해 관계를 맺고 쉽게 끊어버리는 경향이 있습니다. 하지만 진정한 인간관계란 서로를 믿고 어려울 때 함께할 수 있는 사람들과 맺어야 함을 도원결의는 가르쳐 줍니다.

둘째, 어떤 상황에서도 끝까지 의리를 지키는 것이 중요합니다. 도원결의를 맺은 후, 유비가 조조의 세력에 있을 때도, 관우가 조조의 포로가 되었을 때도, 장비가 위험을 무릅쓰고 다리를 지켰을 때도, 세 사람은 단 한 순간도 서로를 배신하지 않았습니다. 현대 사회에서도 우리는 어려운 상황에서 자신의 이익을 위해 쉽게 등을 돌리는 경우를 많이 봅니다. 하지만 유비, 관우, 장비는 어떤 유혹이나 위협 앞에서도 의리를 저버리지 않았고, 이것이 그들의 관계를 더욱 강하게 만들었습니다.

셋째, 함께하는 힘이 개인의 한계를 뛰어넘게 한다는 것입니다. 유비 혼자였다면 황건적의 난을 막을 수도 없었고, 관우나 장비가 없었다면 조조와 싸워 살아남을 수도 없었을 것입니다. 현대 사회에서도 혼자 모든 것을 이루려 하기보다는, 신뢰할 수 있는 사람들과 함께 목표를 향해 나아가는 것이 중요합니다. 개인의 역량도 중요하지만, 서로 믿고 의지하는 공동체가 있을 때 더 큰 목표를 이룰 수 있습니다.

넷째, 명분과 신념이 있는 삶이 진정한 삶이라는 점입니다. 유비, 관우, 장비는 단순히 세력을 키우기 위해 결의한 것이 아니라, 혼란한 세상 속에서 정의를 실현하고 백성을 구제하기 위해 뜻을 모았습니다. 중요한 것은 스스로 지키고자 하는 가치가 무엇인가 하는 점입니다. 돈과 권력은 쉽게 사라지며, 사람들이 진정으로 따르는 리더는 신념을 지키고 의리를 실천하는 사람입니다.

이렇듯 도원결의는 삶을 어떻게 살아가야 하는가에 대한 본질적인 교훈을 줍니다. 그들의 맹세는 천 년이 지난 지금도 사람들에게 회자되며, 우리가 인간관계를 맺는 방식에 깊은 영감을 주고 있습니다. 현대 사회를 살아가는 우리에게도 도원결의는 단순한 고사성어가 아니라, 진정한 관계와 방향을 제시하는 위대한 가르침입니다.

16

사람은 자신을 알아주는 이를 위해 헌신하고, 사랑받는 마음에 움직인다

— 미색 이간계

> "대장부는 자신을 알아주는 사람을 위해
> 목숨을 바치고, 여심은 자신을 좋아하는 사람을 위해
> 아름다움을 가꾼다."
>
> 士爲知己者死, 女爲悅己者容
> 사위지기자사, 여위열기자용
>
> — 삼국지 전체 맥락 중 —

누군가 내 진심을 알아봐 준다는 것은, 그 어떤 보상보다 큰 감동이 됩니다. 조직에서 헌신하는 사람, 관계에서 끝까지 책임지는 사람도 결국 자신을 알아주고 믿어주는 단 한 사람 때문에 움직입니다.

『삼국지』의 수많은 영웅들 가운데 칼을 잡고 말을 달리며 천하를 호령한 이는 남자 장수들이었지만, 역사의 흐름을 바꾼 것은 은밀히 숨어 있던 한 여인의 선택이었습니다. 그 대표적인 인물이 바로 초선(貂蟬)입니다.

후한 말, 동탁은 어린 황제를 앞세워 권력을 틀어쥐고 폭

정을 일삼았습니다. 그의 손아귀에 장안은 불안과 두려움으로 가득했고, 왕윤은 민심을 살리고 조정을 바로잡을 계책을 고민했습니다. 그때 왕윤은 한 가지 대담한 묘책을 떠올립니다. 바로 여포와 동탁의 관계를 갈라서게 할 미색 이간계(美色離間計)였습니다. 그 핵심에 놓인 인물이 바로 절세의 미인 초선입니다.

왕윤은 자신의 양녀인 초선에게 진심 어린 부탁을 합니다.

"너의 미모와 마음이 이 나라를 구할 수 있다."

초선은 처음에는 망설였지만, 어릴 때부터 봐온 양아버지의 진심 어린 성정과 마음 그리고 나라와 백성을 위한 큰 뜻에 마음을 다잡습니다. 그녀는 단순히 아름다움만이 아니라, 감정까지 기꺼이 무기로 삼기로 결심한 것입니다.

계책은 이렇게 진행되었습니다. 왕윤은 먼저 초선을 여포에게 소개하여 그의 마음을 사로잡게 했습니다. 용맹하지만 단순한 여포는 그녀에게 빠져들었습니다. 곧이어 왕윤은 동탁에게도 초선을 보냈습니다. 권세와 욕망에 눈이 먼 동탁은 주저 없이 그녀를 거두어들이고, 여포는 자신이 사랑한 여인이 양아버지 동탁의 품에 들어간 사실에 치를 떨었습니다.

이때 초선은 단순한 미인으로 머물지 않았습니다. 그녀는 여포의 곁에서는 눈물을 흘리며 사랑을 속삭였고, 동탁의 곁에서는 마치 모든 것을 의지하는 듯한 태도로 그의 마음을 붙잡았습니다. 그러나 그 눈빛과 표정 속에는 분명한 계산과 의지가 담겨 있었습니다. 그녀의 아름다움은 그저 타고난 것이 아니라, 누군가를 살리고 무언가를 이루기 위해 스스로 가꾸고 조율한 힘이었습니다.

결국 여포의 마음은 갈기갈기 찢어졌습니다. 동탁의 손에 빼앗긴 초선의 모습은 그에게 치욕이자 분노였습니다. 왕윤이 바라던 대로, 여포와 동탁의 관계는 초선으로 인해 균열되었고 마침내 여포는 창을 들어 동탁을 찔러 죽였습니다. 폭군의 몰락은 초선의 눈물과 미소, 그리고 감정의 헌신이 이끌어낸 결과였습니다.

이 사건은 한 가지 깊은 깨달음을 줍니다. 여성의 미와 감정은 단순히 보이기 위한 도구가 아니라, 때로는 역사의 물줄기를 뒤흔드는 결정적 힘이 된다는 사실입니다. 초선은 자신을 아껴주고 인정해주는 아버지를 위해 기꺼이 그 힘을 발휘했고, "여위열기자용(女爲悅己者容, 여심은 자신을 좋아하는 사람을 위해 아름다움을 가꾼다)"이라는 말의 극적인 예가 되었습니다. 삼국지의 무대는 장수와 군주의 무용으로 가득 차 있지만,

그 대서사 속에서도 초선의 이야기*는 빛을 잃지 않습니다.

또 다른 인물인 제갈량 역시 이 정신을 실현한 인물입니다. 그는 남양(南陽)의 초가집에서 은둔하며 천하의 흐름을 관망하고 있던 중, 유비가 세 차례 찾아온 끝에 마침내 뜻을 열게 됩니다. 제갈량은 세상이 알아주지 않던 그 시절, 유비의 진정성과 대의에 감동하여 스스로 촉한의 부흥을 위해 일생을 바칩니다. 그는 유비의 유지를 받들어, 과로와 병을 무릅쓰고 북벌을 다섯 번이나 시도하다가 오장원에서 생을 마감합니다.

그 역시 자신을 알아준 유비의 기대에 보답하기 위해, 한 순간의 영광이 아니라 평생의 헌신과 충성을 택한 인물입니다. 결국 이 문장은, 삼국지를 관통하는 중요한 정서이자 가르침인 '의리와 충성, 그리고 인간관계에서의 진정성'을 말하고 있습니다. 삼국지의 수많은 전쟁과 권모술수 속에서도, 사람을 움직인 것은 결국 지기(知己), 나를 알아주는 사람의 존재였습니다.

『삼국지』속 다른 예로 소교(小喬)가 있습니다. 그녀는 강

---

* 진수의 『삼국지』에는 초선의 이야기는 상세히 기록되지 않았고, 왕윤이 여포와 공모하여 동탁이 궁으로 들어오던 날 무장들과 함께 무기를 들고 기다리다가 그 자리에서 동탁을 참수했다고 나옵니다.

동의 미녀로 이름을 떨쳤으며, 장수 주유(周瑜)와 혼인하게 됩니다. 주유는 무예와 지략을 겸비한 인물이었고, 일찍부터 동오(東吳)의 기둥이 되었습니다. 그는 전장에서 날마다 목숨을 걸고 싸웠고, 나라의 장래를 짊어지는 무거운 책임을 지고 있었습니다. 소교 또한 단순히 아름다운 외모를 가진 여인이 아니었습니다. 그런 주유 곁에서, 소교는 단순한 부인 이상의 존재가 되기를 바랐습니다.

전해지는 이야기로는, 주유가 전쟁을 준비할 때마다 소교는 그의 부담을 덜어주기 위해 화려한 장신구보다 단정한 옷차림과 음식으로 남편의 건강을 챙기며 조용히 내조했다고 합니다. 또한 그녀는 주유가 돌아올 때마다, 그의 기분을 살피며 따뜻하게 맞이하는 심리적 지지자가 되어주었다고 전해집니다.

주유 역시 소교를 깊이 아끼고 사랑했으며, 심지어는 적벽대전 때 조조가 '소교를 얻기 위해 전쟁을 일으켰다'라는 소문에 분노하여 결전을 결심했다는 이야기까지 등장합니다. 이는 소설적 과장이 섞였지만, 소교가 단순한 미인이 아닌, 주유의 중심을 지키는 존재였다는 상징으로 받아들여질 수 있습니다.

이 이야기에서 "여심은 자신을 기쁘게 해주는 이를 위해 스스로를 아름답게 가꾼다"라는 말은, 단순히 외모의 단장을 뜻하지 않습니다. 진정한 사랑을 받은 이가, 그 사랑에 보답하고자 스스로를 가꾸고, 더 나은 사람이 되려는 내면의 노력을 의미합니다. 현대적으로 말하면, 진심 어린 애정을 받으면 사람은 자연히 그 관계에 성실해지고, 상대를 위해 마음도, 삶도 아름답게 가꾸게 된다는 뜻입니다. 소교는 주유의 진심을 느끼고, 그에 대한 애정으로 조용히, 그러나 강하게 그의 곁을 지켰습니다.

또한 손상향과 유비의 결혼 이야기도 있습니다. 손권이 유비에게 정략적으로 여동생 손상향을 시집보냈을 때, 손상향은 처음에는 유비에게 마음을 열지 않았고, 오나라 궁중의 규율에 따라 행동하며 위엄을 유지했습니다. 그러나 유비가 정중하고 겸손하게 그녀를 대하고, 그녀의 출신과 자존심을 존중하자, 손상향 역시 점차 유비의 진심에 감응하게 됩니다. 그녀는 유비가 형주를 떠날 때 함께 따르기를 원했고, 나중에 다시 오나라로 돌아가게 되었을 때도 유비와의 이별을 슬퍼하며 스스로 생을 마감했다는 설도 있습니다. 이는 유비의 성실한 태도와 존중의 마음이 손상향의 마음을 움직였고, 그 사랑에 대한 응답으로 그녀가 삶의 방향과 감정까지 바꿔갔다는 점에서, "여위열기자용(女爲悅己者容)"의 내면적 의미, 곧 사랑받는 존재로서의 자각과 자발적인 헌신을 잘 보여주는 사례로 해석됩니다.

『초한지(楚漢志)』에서도 "여위열기자용(女爲悅己者容)"의 대표적인 사례가 등장합니다. 바로 우희(虞姬)와 항우의 이야기입니다.

촉촉한 이슬이 깔린 새벽, 한나라의 운명을 놓고 벌어진 초한전의 전장에는 정적이 흐르고 있었습니다. 진영을 둘러싼 언덕 위에 한 여인이 하늘을 바라보며 조용히 머리를 정리하고 있었습니다. 그녀는 바로 우희, 항우의 연인이었습니다. 그녀는 항우의 옆에서 화려한 치장이 아닌 그의 슬픔과 분노를 덜어주는 단단한 마음으로 자신을 단장한 여인이었습니다. 항우는 천하를 손에 넣을 뻔했던 영웅이었으나, 유방의 책략에 밀려 점점 포위망 속으로 몰리고 있었습니다. 그와 함께한 수많은 장수들 중 배신자가 속출하고, 병사들은 사기가 떨어져 탈영했지만, 단 한 사람, 우희만은 그의 곁을 떠나지 않았습니다.

항우가 마지막으로 진영에 선 밤, 사방에서 들려오는 유방의 병사들의 군가 소리는 그의 가슴을 갈가리 찢어 놓았습니다. 그 노래는 초나라 출신 병사들이 유방에게 투항했다는 사실을 알리는 것이었고, 그것은 항우에게 패배를 예고하는 운명의 북소리처럼 들렸습니다. 항우는 눈앞의 현실과 꺼져가는 야망을 마주하며 침통해졌지만, 우희는 여전히 그의 옆에서 단아한 자태로 함께하며 말했습니다.

"패배는 외롭지 않습니다. 다만, 장군의 눈빛에서 슬픔이 사라지지 않음이 안타까울 뿐입니다."

그 밤, 항우는 그녀에게 칼을 주며 떠나라 권했지만, 우희는 조용히 그 칼을 품에 안고 말없이 물러났습니다. 그리고 얼마 후, 진영의 어스름한 빛 사이로 검은 실루엣이 쓰러지는 모습이 보였습니다. 우희는 고요히 스스로 삶을 마감했던 것입니다. 이 이야기는 "여위열기자용(女爲悅己者容)", 즉 여심은 자신을 사랑하는 이를 위해 가꾼다는 말이 단지 외모를 치장한다는 의미를 넘어, 진심에 응답하는 헌신과 사랑의 형상임을 보여주는 대표적인 고사로 전해집니다.

우희는 사랑을 받았기에 사랑을 드러내려 했고, 항우는 그런 그녀를 위해 마지막까지 칼을 놓지 않았습니다. 패배의 그림자가 짙게 깔린 전장 속에서도, 그들은 서로를 위한 마음으로 마지막까지 자신을 단정히 가꾸고, 존엄을 지켰습니다. 이처럼 "여위열기자용(女爲悅己者容)"은, 진정한 사랑 앞에서 사람은 스스로를 더욱 고결하게 만든다는 동양 고전의 깊은 정서를 간직한 말입니다.

"사위지기자사, 여위열기자용(士爲知己者死, 女爲悅己者容)"
장부는 자신을 알아주는 이를 위해 목숨을 바치고, 여심은 자신을 사랑해주는 이를 위해 아름다움을 가꾼다는 이 말은,

단지 고대의 성 역할을 말하는 문장이 아닙니다. 이는 사람은 누구나 '진심으로 나를 알아봐주는 사람' 앞에서 가장 순수하고 진실한 마음을 꺼내고 싶어진다는 깊은 인간적 본성을 말해주는 말입니다.

오늘날 우리는 수많은 인간관계 속에서 살아갑니다. 직장, 친구, 연인, 가족 사이에서 우리는 누군가가 알아봐주지 못하거나, 혹은 우리가 알아봐주지 못했기에 멀어지기도 합니다. 그런데 가만히 생각해보면, 가장 깊은 관계는 언제나 '지기(知己)'의 감정에서 비롯됩니다. 누군가 진심으로 나를 알아보고 인정해준다면, 그 관계를 위해 전심을 다하고자 하는 그 마음 바로 이것이 오늘날 우리가 살아가는 데 있어서도 그대로 적용됩니다. 나를 있는 그대로 바라봐 주고, 나의 가능성을 믿어주며, 나의 말에 귀 기울여주는 사람, 그 사람 앞에서 우리는 더 나은 내가 되고 싶어집니다. 노력하지 않아도 되는 사이가 아니라, 스스로 더 나아지고 싶게 만드는 사이, 그것이 진정한 인간관계의 가치입니다. 이번 명제는 우리에게 다음과 같이 말합니다.

"당신이 누군가의 지기가 되어주세요. 그리고 당신을 알아봐주는 사람을 소중히 여겨주세요."

관계는 조건이 아니라, 진심이 만드는 것입니다. 인정받을 때 충성을 다하고, 사랑받을 때 최선을 다하고 싶어지는 마음은 인간의 본성입니다.

17

진정한 충성과 신뢰는
어려운 상황에서 드러난다

— 조운과 장료의 의리

> "주군이 나를 형제처럼 대해주니,
> 어찌 의리를 저버리고 적국에 투항하겠는가?"
>
> 蒙吾主以手足相待, 安肯背义投敌国乎
> 몽오주이수족상대, 안긍배의투적국호
>
> — 장료 —

진짜 신뢰는 계약서가 아닌, 위기 속에서 드러납니다. 평소에는 서로를 가족처럼 여기고 웃지만, 막상 손해가 따르는 순간 등을 돌리는 관계를 흔히 볼 수 있습니다. 그러나 우리는 『삼국지』에서 진정한 충성과 의리는 이익이 아닌 믿음에서 시작되고, 그 믿음이 흔들리는 순간에야 비로소 드러나는 모습을 볼 수 있습니다.

위 명언은 삼국지에서 조조의 부하였던 장수 장료(張遼)가 오나라 손권의 항복 권유를 거절하며 한 말입니다. 장료는 조조 휘하에서 뛰어난 무공과 충성을 바탕으로 활약했던 장수로, 특히 합비 전투(合肥戰鬪)에서 보여준 그의 용맹과 충의는 후대에 길이 남았습니다.

서기 220년, 조조가 세상을 떠난 후 그의 아들 조비(曹丕)가 위나라의 황제가 되었습니다. 이를 기회로 삼아 손권은 위나라를 압박하며 합비 지역을 공략할 계획을 세웠습니다. 당시 위나라의 조정은 조비가 황제가 된 직후였기 때문에, 내부 정리가 끝나지 않아 군사적 대응이 쉽지 않을 것이라 판단했던 것입니다. 손권은 10만 대군을 이끌고 직접 합비를 공격했고, 수적으로 불리한 위나라 수비군은 겨우 7천 명에 불과했습니다. 그리고 이 성을 방어하는 장수는 다름 아닌 장료였습니다. 손권은 장료의 용맹함을 익히 알고 있었고, 피를 흘리는 전쟁 대신 그의 충성을 흔들어 항복을 받아내려 했습니다.

장료는 성벽 위에서 저 멀리 펼쳐진 오나라 군대를 바라보았습니다. 손권이 이끄는 십만 대군이 합비성을 에워싸고 있었으며, 그들의 깃발이 바람에 나부꼈습니다. 날카로운 쇳소리와 북소리가 전장을 뒤덮었고, 사방에서 공격 준비를 마친 병사들의 함성이 들려왔습니다. 그러나 장료의 눈빛은 흔들림이 없었습니다. 그는 이곳을 지켜야 했고, 끝까지 싸워야만 했습니다. 그때, 성 아래에서 한 사신이 올라왔습니다. 오나라에서 온 사자였습니다. 그는 정중히 예를 갖추고 손권의 뜻을 전했습니다.

"장 장군, 손권 대왕께서 장군의 명성을 익히 들으셨소. 장군께서는 무인의 길을 걷고 계시지만, 어찌 쓸데없이 조비 같은 자를 섬기려 하시오? 오나라로 오신다면 대왕께서 극진히 대우하고 높은 자리를 보장할 것이오."

사신의 말은 유혹적이었습니다. 지금이라도 항복하면 목숨은 물론이고 더 큰 권력과 명예를 얻을 수도 있었습니다. 성 안의 병사들은 하나둘씩 장료를 바라보며 그의 반응을 기다렸습니다. 그러나 장료는 미동도 하지 않았습니다. 사신의 말을 끝까지 듣고 난 뒤, 그는 조용히 입을 열었습니다.

"나는 해량 출신의 한낱 무부에 불과합니다. 그러나 주군께서는 나를 형제처럼 대하셨으며, 나는 그 은혜를 평생 잊을 수 없습니다. 어찌 내가 신의를 저버리고 적국으로 갈 수 있겠습니까?"

그의 목소리는 단호했고, 눈빛은 흔들리지 않았습니다. 순간 사신은 말문이 막혔습니다. 그는 장료가 단순한 무장이 아니라, 진정한 의리를 지키는 사람이라는 것을 깨달았습니다. 사신은 마지막으로 한 번 더 회유하려 했지만, 장료는 칼을 빼어 들며 단호히 말했습니다.

"내 목숨은 내 것이 아닙니다. 나는 조조 공께서 믿어주셨기에 이 자리에 있는 것입니다. 나에게 충성심이 없다면, 그것은 무인이 아니지 않겠습니까?"

그 말에 성 안의 병사들은 웅성거렸고, 이내 모두가 함성을 질렀습니다. 장료의 충성심에 감동한 병사들은 더욱 굳은 결의로 무장하며 싸울 준비를 마쳤습니다. 사신은 더 이상 설득할 수 없음을 깨닫고 서둘러 성을 떠났습니다. 얼마 후, 손권은 장료가 항복하지 않았다는 소식을 듣고 크게 탄식하며 말했습니다.

"장료 같은 인물이 우리 오나라에 있었다면 얼마나 좋았겠는가."

그는 장료의 충성심과 결단력을 인정하면서도, 그를 자신의 것으로 만들지 못한 것을 아쉬워했습니다.

그 후 손권의 군대가 합비성을 포위하자, 성을 지키던 장료, 악진, 이전은 즉각적인 대응 전략을 논의했습니다. 이전은 "병력이 부족하니 성을 굳게 지키며 지원군을 기다리자"라고 주장했습니다. 그러나 장료는 "적이 방심한 틈을 타 먼저 기습 공격을 가하면 오히려 사기를 꺾을 수 있다"라고 주장했습니다.

결국 장료의 의견이 채택되었고, 그는 소수의 정예 기병을 이끌고 기습 작전을 펼쳤습니다. 그는 800명의 정예 기병을 이끌고 성문을 열고 돌격했습니다. 손권의 군대는 예상치 못한 기습으로 혼란에 빠졌고, 장료는 선봉에서 적진을 무너뜨리며 손권의 본진까지 돌파했습니다. 손권은 이 갑작스러운 공격에 당황하여 군대를 재정비하지 못해 결국 퇴각을 결정했습니다.

장료는 손권이 직접 전선을 지휘하고 있다는 것을 간파하고 손권이 도망치기 전에 직접 공격을 가했습니다. 손권은 단 300명의 호위병과 함께 도주해야 하는 상황에 몰렸고, 위태로운 순간 겨우 배를 타고 강을 건너 퇴각할 수 있었습니다. 이때, 손권이 강을 건너기 직전 장료의 군대가 거센 공격을 퍼부었고, 손권의 수많은 부하가 강을 건너면서 물에 빠져 죽었습니다. 손권 역시 목숨을 잃을 뻔했으나, 가까스로 탈출했습니다. 이후 손권은 패배를 인정하고 철수했으며, 위나라의 합비 방어선은 다시 한번 굳건히 유지되었습니다.

이 전투는 단순한 승패를 떠나, 한 인물이 의리와 충성을 끝까지 지켜냈던 순간으로 역사에 남았습니다. 장료는 권력과 명예보다 중요한 것이 무엇인지 보여주었으며, 그의 결단은 위나라에서 영원히 기억되었습니다. 그는 자신이 지켜야 할 것이 무엇인지를 알았으며, 그 신념을 끝까지 관철한 진정한 무장이었습니다.

절대절명의 위기의 순간 발휘된 충성심과 용맹은 『삼국지』 속 조운(趙雲)의 장판파전투(長坂坡戰鬪)에서도 극적으로 드러납니다. 조운은 유비를 섬기던 장수 중에서도 가장 신뢰받는 무장이었습니다. 그는 무예가 뛰어날 뿐만 아니라, 용맹과 충성심으로 누구보다도 유비를 헌신적으로 따랐습니다. 유비가 조조에게 패하고 도망치는 과정에서, 유비의 가족이 장판(長坂)에서 적군에게 포위되는 위기에 처했던 적이 있었습니다. 당시 조조는 대군을 이끌고 유비를 추격하고 있었으며, 유비의 군대는 혼란 속에서 무너지고 있었습니다.

조운은 흐릿한 안개 속에서 적진을 향해 말을 달렸습니다. 주군 유비는 조조의 대군에게 쫓기며 부득이하게 가족과 백성들을 버리고 후퇴할 수밖에 없었습니다. 그러나 조운은 한순간도 망설이지 않았습니다. '주군의 가족을 지키지 못한다면, 내가 살아서 무엇하겠는가?' 그는 오직 한 가지 생각뿐이었습니다. 유비의 어린 아들 유선과 부인이 적진 속에 남겨졌다는 사실, 이 사실은 그가 검을 힘껏 쥐고 고삐를 잡은 손에 힘을 주게 만들었습니다.

조조의 대군은 이미 장판의 들판을 뒤덮고 있었습니다. 깃발이 하늘을 가리고, 검과 창이 번뜩이며, 병사들의 함성이 산을 울렸습니다. 조운은 단신으로 그 지옥 속으로 뛰어들었습니다. 그의 갑옷은 이미 먼지에 뒤덮였고, 땀이 이마를 타고 흘러내렸습니다. 적병들이 그를 발견하자 일제히 외쳤습니다. "조운이 나타났다! 포위하라!" 그러나 그는 눈 하나 깜빡이지 않고 창을 휘둘렀습니다.

첫 번째 병사가 쓰러졌습니다. 두 번째 병사의 창이 그의 어깨를 스쳤지만, 조운은 아랑곳하지 않았습니다. 그의 말이 앞으로 치솟으며, 한 번의 돌격으로 수십 명의 적을 베었습니다. 그러나 조운은 아직 목적을 이루지 못했습니다. 그는 미친 듯이 말을 몰며 주군의 가족이 있는 곳으로 돌격했습니다.

마침내, 그는 유비의 부인을 발견했습니다. 그녀는 불안한 눈빛으로 유선을 품에 안고 있었습니다. 조운은 피투성이가 된 채 다가갔습니다.

"부인, 제가 모시고 나가겠습니다!"

그러나 그녀는 고개를 저으며 눈물을 흘렸습니다.

"나는 늦은 것 같소. 하지만 우리 주군의 혈육만은 반드시 지켜주시오."

그녀는 자신의 목숨을 버리고, 조운에게 유선을 맡겼습니다. 조운은 이 순간을 결코 잊지 못할 것이라 다짐하며, 유선을 품 안에 안았습니다.

그러나 탈출은 쉽지 않았습니다. 조운은 이제 한 손으로 아기를 안고, 한 손으로 창을 휘둘러야 했습니다. 조조의 군대는 그를 포위했고, 하늘 가득 화살이 빗발쳤습니다. "잡아라! 죽이지 말고 생포하라!" 조조가 외쳤습니다. 그는 조운의 용맹을 직접 목격하고, 그를 자신의 장수로 삼고 싶어 했습니다. 그러나 조운은 결코 멈추지 않았습니다. 그는 '주군의 아이를 지켜야 한다'라는 신념 하나로 피투성이가 되어 싸웠습니다.

그는 수십 명을 베고, 백 번의 창격을 피하며 길을 뚫었습니다. 적들이 몰려들었지만, 조운의 기백 앞에 감히 접근하지 못했습니다. 피로 물든 창을 휘두를 때마다 적병들이 쓰러졌고, 그의 말이 지나가는 곳마다 길이 열렸습니다. 결국 그는 조조의 진영을 뚫고 유선을 품에 안은 채 살아 돌아왔습니다. 유비가 그 모습을 보자마자 달려와 조운을 붙잡았습니다. 그의 갑옷은 수십 개의 화살에 찢겼고, 온몸은 상처로 가득했습니다. 하지만 그는 여전히 아이를 품에 단단히 안고 있었습니다. 유비는 감격하며 말했습니다.

"내 아들이 아니라, 그대야말로 나의 참된 가족이다!"

조운은 숨을 고르며 무릎을 꿇었습니다.

"주군의 가족을 지키는 것은 장수된 자의 도리일 뿐입니다."

그날, 장판의 들판에서 수많은 병사들이 죽었고, 전쟁의 혼란 속에서 백성들이 흩어졌습니다. 그러나 한 명의 무장이, 단신으로 적군 수십 명을 베며 길을 뚫고 주군의 혈육을 지켜 냈습니다. 그의 이름은 조운, 용맹과 충성의 화신이었습니다.

장료와 조운의 사례는 단순한 복종이 아니라, 진정한 충성심이 무엇인지 보여주는 대표적인 이야기입니다. 흔히 충성이라고 하면 주군의 명령에 무조건 따르는 것으로 생각하기 쉽지만, 진정한 충성은 절체절명의 위기 속에서 자신의 신념과 판단을 바탕으로 발휘되는 것입니다. 장료는 합비 전투에서 손권의 대군을 상대로 극도로 불리한 상황에서도 두려워하지 않고 기습 작전을 감행하여 승리를 거두었고, 조운은 장판파 전투에서 단신으로 적진을 돌파하여 주군의 가족을 구하기 위해 목숨 걸고 싸웠습니다. 그들의 행동은 단순한 복종이 아니라, 스스로 상황을 판단하고 최선의 선택을 통해 끝까지 책임을 다하는 모습이었습니다.

이러한 사례는 현대의 리더들에게 중요한 교훈을 줍니다. 조직을 운영하는 사람이라면, 주변의 사람들을 제대로 평가하는 능력이 필요합니다. 하지만 평상시에는 누가 진정으로 충성을 다하고, 누가 단순히 겉으로만 충성하는지 구분하기 어렵습니다. 사람의 진가는 평온한 시기가 아니라, 위기의 순간에 드러나는 법입니다. 조직이 어려움을 겪거나 위기에 처했을 때, 누가 끝까지 신념을 지키며 조직을 위해 헌신하는지, 누가 자신의 이익만을 챙기며 조직을 떠나는지를 살펴보면 진정한 충성심을 가진 사람이 누구인지 알 수 있습니다. 마치 장료가 합비 전투에서 불리한 상황에서도 끝까지 성을 지켰고, 조운이 전장의 혼란 속에서도 주군의 가족을 구하기 위해 적진으로 뛰어들었던 것처럼, 조직에 헌신적인 사람들은 위기의 순간에 자신이 해야 할 일을 알고 행동합니다.

이는 인간관계에서도 마찬가지입니다. 친구든 동료든 평소에는 다들 친밀해 보이지만, 어려운 일이 닥쳤을 때 누가 진정으로 옆에 남아 있는지를 보면 그 관계의 본질을 알 수 있습니다. 진정한 관계란 서로의 이익이 아니라 신뢰와 책임을 기반으로 형성됩니다. 위기 속에서 등을 돌리는 사람은 결국 처음부터 진실한 관계가 아니었을 가능성이 큽니다. 반대로, 어려운 순간에도 함께하는 사람은 평소에도 신뢰할 수 있는 사람이라는 것을 의미합니다.

현대를 살아가는 리더들은 주변 사람들의 가치를 평가할 때, 어려운 상황에서 그들이 어떻게 행동하는지를 통해 충성과 신뢰를 판별해야 합니다. 위기의 순간이야말로 진정한 '내 사람'을 알아보는 시험대가 되는 것입니다.

18

교만은 화를 부르고,
운명에 대한 저항은 파멸을 부른다

— 관우의 오판

> "나는 네가 운명이 다했음을 알고
> 널 죽이러 왔다!"
>
> 吾知汝數尽, 特来殺汝!
> 오지여수진, 특래살여!
>
> — 삼국지 전체 맥락 중 —

현대 사회는 실력과 성취를 강조하는 만큼, 그 이면에 교만이라는 그림자가 짙게 드리워져 있습니다. 특히 일시적인 인정과 칭찬은 자아를 부풀게 만들고, 자신이 예외적 존재라는 착각에 빠지게 합니다. 그러나 역사는 반복해서 경고합니다. 교만은 늘 화를 부르고, 흐름을 거스른 자는 스스로 무너진다는 진실을 말입니다. 특히 『삼국지』에서 이 교훈은 선명히 드러납니다.

위 명제는 『삼국지』에서 관우의 최후와 관련된 장면에서 등장하는 것으로 알려져 있습니다. 관우가 손권에게 사로잡혀 죽음을 맞이할 때, 꿈속에서 자신을 죽이러 온 자를 마주하고 이 말을 듣게 됩니다.

 관우는 촉한의 명장으로서 유비와 함께 천하를 도모했으며, 그의 무용과 충성심은 수많은 전장에서도 빛을 발했습니다. 조조가 그를 극진히 대우하며 자기 휘하로 끌어들이려 했으나, 그는 끝까지 유비를 향한 의리를 지키고 떠났습니다. 그러나 그토록 강하고 충성스러웠던 관우도 결국 스스로의 자만심과 판단 착오로 인해 몰락의 길을 걷게 되었습니다.

 형주는 촉한의 전략적 요충지였으며, 관우는 그곳을 지키며 조조와 손권을 동시에 견제하는 위치에 있었습니다. 그러나 그는 지나치게 강경한 태도를 보이며 적뿐만 아니라 주변의 동맹국들까지도 멀어지게 만들었습니다. 하지만 현실은 그가 생각한 것처럼 단순하지 않았습니다. 조조와 손권은 비밀리에 동맹을 맺고 관우를 협공하기로 결정했으며, 이는 관우의 운명을 결정짓게 됩니다.

 관우는 거대한 위나라의 군대를 공격하며 끝까지 싸웠지만, 점점 전쟁과 굶주림에 지친 병사들이 이탈하고 전세는 급격히 불리해졌습니다. 그러던 중 손권이 갑작스럽게 배신하며 퇴로를 차단하자 크게 당황합니다. 승기가 보이지 않는 상황에서 마지막으로 남은 그의 살길은 오로지 촉으로 탈출하는 것뿐이었는데, 오나라의 육손이 관우를 앞질러 촉으로 들어가는 길을 막은 것입니다. 뒤늦게 다른 퇴로를 찾아보았지만 이미 전부 오나라군에게 점령당한 뒤였습니다. 결국 아들 관평과 10여 명의 기병만을 거느리고 필사적으로 탈출을 감행하던 관우는 매복하고 있던 손권의 부하 마충에게 붙잡히고 맙니다.

손권은 관우를 생포한 후, 그에게 오나라의 장수가 되라고 설득했습니다. 손권은 말했습니다.

"그대는 유비를 위해 헌신했지만, 이제는 그를 따를 수 없는 상황이오. 내 밑에서 새로운 삶을 사는 것이 어떻겠소?"

그러나 관우는 이를 단칼에 거절하며 말했습니다.

"나는 평생 유비 형님을 섬겼고, 이제 와서 배신할 수 없다. 차라리 목을 베어라!"

손권은 그의 강직한 태도를 보고 잠시 망설였지만, 결국 그를 처형하기로 결정했습니다. 관우는 처형을 앞두고도 흔들림이 없었지만, 그날 밤 이상한 꿈을 꾸었습니다. 그는 어두운 공간에 홀로 서 있었으며, 그 앞에 갑옷을 입은 한 장수가 나타났습니다. 장수는 칼을 빼들고 관우를 향해 다가오며 낮은 목소리로 말했습니다.

"나는 네가 운명이 다했음을 알고 널 죽이러 왔다(吾知汝數盡, 特来殺汝)."

관우는 그 말에 순간 긴장했지만, 이내 자신의 죽음을 받아들이듯 담담하게 고개를 들었습니다.

"운명이 다했다면 피할 수 없는 법. 그러나 나는 끝까지 나의 신념을 지켰다. 그것으로 충분하다."

장수는 미소를 지으며 칼을 내리쳤고, 관우는 그 자리에서 쓰러졌습니다. 이윽고 꿈에서 깨어난 관우는 잠시 생각에 잠겼습니다. 꿈속의 장수는 과연 누구였을까? 그는 자신의 운명을 예견한 하늘의 사자였을까? 아니면 스스로가 만들어낸 환영이었을까? 그러나 그것이 무엇이든 관우는 두려워하지 않았습니다. 그는 평생을 충성심과 의리로 살아왔으며, 이제 그 끝을 맞이할 준비가 되어 있었습니다.

다음 날, 손권의 명령에 따라 관우는 처형당했으며, 그의 목은 조조에게 보내졌습니다. 그의 죽음은 삼국지에서 가장 비극적인 순간 중 하나로 남게 되었으며, 훗날 사람들은 그를 의리와 충성의 화신으로 기억하게 되었습니다. 하지만 동시에 자만심이 어떻게 한 영웅의 몰락을 초래했는지 보여주는 대표적인 사례가 되기도 했습니다. 그는 누구보다 강하고 충직한 장수였지만, 결국 변화하는 시대의 흐름을 읽지 못하고 유연하게 대처하지 못한 것이 그의 최후를 가져오고 말았습니다. 그날 밤, 강동의 하늘에는 붉은 달이 떠올랐고 바람이 거세게 불어왔습니다. 마치 하늘조차도 관우의 죽음을 슬퍼하는 듯했습니다.

관우는 삼국지에서 가장 강렬한 인상을 남긴 인물 중 한 명이며, 용맹과 충의의 상징으로 여겨집니다. 그는 유비, 장비와 함께 도원결의를 맺고 형제의 의리를 지키며 수많은 전투에서 활약했습니다. 그는 단순한 무장이 아니라, 자신의 신념과 충성을 위해 목숨을 걸었던 인물이었습니다.

그의 첫 등장은 황건적의 난에서 시작되었습니다. 당시 유비는 천하가 혼란에 빠진 것을 보고 의협심을 발휘해 군을 모집했고, 그 과정에서 관우와 장비를 만났습니다. 세 사람은 의형제를 맺었고, 이후 평생 서로를 위해 헌신했습니다. 관우는 특히 무예가 뛰어나 적진을 뚫고 나가는 데 탁월한 능력을 보였으며, 한 번 전장에 나서면 누구도 그의 기세를 막을 수 없었습니다.

그의 진정한 활약은 조조가 원소와 맞서 싸울 때 나타났습니다. 관우는 당시 유비와 함께 조조의 군대에 몸을 의탁하고 있었지만, 마음속으로는 오직 유비만을 따르고 있었습니다. 그러던 중 조조의 군대가 원소의 장수 안량(顔良)과 문추(文醜)와 맞서게 되었는데, 이때 관우는 단숨에 두 장수를 베어버리며 조조의 군을 승리로 이끌었습니다. 조조는 이에 감탄하며 그를 후하게 대접하고 여러 차례 자신의 휘하로 삼으려 했으나, 관우는 "나에게는 이미 섬길 주군이 있다"라며 이를 거절하고 유비를 찾아 떠났습니다. 그는 조조가 하사한 금은보화와 후한 대접을 모두 뒤로한 채, 유비가 있는 곳을 향해 천 리를 달려갔고, 이 과정은 "관운장의 천리행(千里行)"이라 불리며 그의 충성심을 대표하는 이야기로 남게 되었습니다.

이후 유비가 형주를 차지하고, 익주를 정복하며 세력을 확장하자, 관우는 형주를 지키는 중책을 맡게 되었습니다. 그는 여전히 강한 무용을 자랑하며 위나라와 오나라의 침략을 막아냈으며, 특히 조조의 부하 방덕(龐德)을 사로잡아 처형하는 등 위나라를 상대로 큰 전과를 올렸습니다. 하지만 그의 문제는 점점 강해지는 자만심과 강경한 태도였습니다.

관우는 자신이 오랫동안 유비의 곁을 지키며 수많은 전투를 승리로 이끈 것에 대해 강한 자부심을 가지고 있었습니다. 그는 형주의 주인이 되었을 때 더욱 강경한 태도를 보이며, 위나라뿐만 아니라 손권의 오나라에도 적대적인 태도를 취했습니다. 손권은 유비와의 동맹을 유지하는 것이 중요하다고 생각했으며, 관우와 우호적인 관계를 맺고자 사신을 보내 형주의 상황을 살피며 유화적인 태도를 보였습니다. 그러나 관우는 손권을 한낱 지방 군벌로 여기며 그의 제안을 무시했고, 심지어 사신들에게도 모욕적인 언행을 서슴지 않았습니다.

손권이 보낸 사신이 형주에 도착했을 때, 관우는 이들을 정중히 맞이하기는커녕 거만한 태도로 대했습니다. 사신이 "우리 주군께서는 촉과 오의 협력이 계속되기를 바라십니다. 두 나라가 함께 힘을 합친다면 위나라를 견제하는 데 더욱 유리할 것입니다"라고 말하자, 관우는 비웃으며 말했습니다.

"손권 따위가 어찌 나와 같은 급에서 논하겠는가? 네 주군에게 가서 말하라. 형주는 본디 유비 장군의 땅이니, 오나라가 넘보지 않는 것이 현명할 것이오."

사신들은 당황하며 "우리 주군께서는 함께 형제를 맺고자 하는 뜻을 가지고 계십니다. 그러니 혼인을 맺어 더욱 관계를 돈독히 하는 것이 어떻겠습니까?"라고 조심스럽게 제안했습니다. 사실 손권은 자신의 딸을 유비의 아들 유선과 혼인시켜 양국의 관계를 공고히 하려는 전략을 구상하고 있었습니다. 그러나 관우는 이 말을 듣자마자 책상을 내리치며 얼굴을 붉히고 호통을 쳤습니다.

"손권이란 자가 감히 나에게 혼인을 운운한단 말인가? 우리 유비 형님께서 황실의 후손이시거늘, 어찌 작은 도적의 딸과 혼인을 하겠는가!"

그는 손권을 비하하며 오나라를 깔보는 태도를 노골적으로 드러냈습니다. 사신들은 얼굴이 굳어졌지만, 끝까지 예를 갖추며 말을 이었습니다.

"그렇다면 앞으로 형주에서 서로 협력하며 함께 나아갈 방안을 모색하는 것이 좋겠습니다. 우리 주군께서도 조조를 견제하는 데 있어 장군과 함께하는 것이 최선이라고 판단하고 계십니다."

하지만 관우는 이를 단칼에 거절하며 말했습니다.

"나는 손권 따위와 같은 하늘 아래 있기를 원치 않는다. 형주는 우리 촉한의 땅이니, 오나라가 쓸데없는 야망을 품지 않는 것이 좋을 것이오!"

결국 사신들은 아무 성과 없이 오나라로 돌아갈 수밖에 없었으며, 손권은 관우의 거만하고 모욕적인 태도에 분노했습니다. 그는 곧장 신하들을 불러 말했습니다.

"관우가 나를 이렇게 무시하다니, 더 이상 촉과의 동맹을 유지할 이유가 없다. 형주는 반드시 우리 손으로 차지해야 한다!"

이 사건은 손권이 유비를 배신하고 조조와 손을 잡게 되는 결정적인 계기가 되었습니다. 만약 관우가 조금 더 외교적으로 유연하게 대처했다면, 오나라와의 충돌을 피하고 형주를 안정적으로 유지할 수 있었을지도 모릅니다. 하지만 그는 스스로를 너무 강하게 믿었으며, 자신의 무용과 충성을 지나치게 과신한 나머지 정치적 계산을 하지 못하고 외교적으로 자멸하는 길을 선택하고 말았습니다. 결국 그의 오만함이 손권을 적으로 돌리는 결정적인 실책이 되었으며, 그가 몰락하는 시발점이 된 것입니다.

관우는 오나라를 깔보았으며, 손권을 한낱 도적에 불과한 자로 여겼습니다. 그러나 그는 자신이 두 개의 강대한 세력 사이에 있다는 것을 간과하고 있었습니다. 그의 용맹과 충성심은 누구보다 뛰어났지만, 결국 그는 변하는 정세를 읽지 못하고 유연하게 대처하지 못한 채 스스로를 위기에 몰아넣었습니다.

그가 마지막 순간에 떠올린 것은 무엇이었을까요? 도원결의를 맺던 순간, 조조의 대접을 뿌리치고 유비를 찾아 천리를 달려가던 순간, 수많은 전장에서 승리를 거두던 순간이 떠올랐을지도 모릅니다. 하지만 그 모든 영광이 결국 하나의 실수로 인해 무너져 내렸다는 사실을 깨달았을 때, 그는 무슨 생각을 했을까요? 바람이 거세게 불어오는 강동의 밤, 하늘은 붉게 물들었고, 그의 마지막 숨결이 조용히 멈추었습니다.

역사 속에서 성공을 거둔 후 교만함과 자만심으로 인해 파멸을 맞이한 또 다른 대표적인 인물 중 하나는 항우입니다. 그는 초한쟁패(楚漢爭覇) 시대의 영웅으로, 천하를 손에 넣을 기회를 가졌지만 자신의 오만함과 정치적 미숙함으로 인해 결국 패망하고 말았습니다.

항우는 뛰어난 무장으로, 젊은 나이에 강력한 군대를 이끌며 진나라를 멸망시키는 데 가장 큰 공을 세웠습니다. 그는 용맹과 전술에서 타의 추종을 불허했으며, 특히 거록대전(鉅鹿大戰)에서 진나라의 정예군을 궤멸시키며 영웅으로 떠올랐습니다. 이후 진나라의 수도 함양을 점령하고, 진나라의 마지막 황제였던 자영(子嬰)을 처형하면서 사실상 중국의 패권을 거머쥐었습니다. 하지만 그는 이때부터 오만과 방심 속에서 치명적인 실수를 범하기 시작했습니다.

첫 번째 실수는 함양의 초토화였습니다. 항우는 함양을 점령한 후, 부강한 도시를 유지하고 행정을 정비하기보다는 도시를 불태우고 약탈하는 데 집중했습니다. 그는 진나라가 폭정을 펼쳤던 것에 대한 복수라며 궁전과 창고를 불태웠고, 이로 인해 수백 년 동안 축적된 진나라의 부와 행정 체계가 한순간에 사라졌습니다. 하지만 이는 단순한 감정적 복수였을 뿐, 장기적인 통치에는 아무런 도움이 되지 않았습니다. 반면, 그의 라이벌이었던 유방(劉邦)은 이와 반대로 백성들에게 관대한 정책을 펼치며 민심을 얻는 데 집중했습니다.

두 번째 실수는 공신들의 배척과 냉혹한 정치적 판단이었습니다. 항우는 자신의 능력을 지나치게 과신하여 주변 인물들을 무시하고, 권력을 독점하려는 태도를 보였습니다. 그는 공을 세운 부하들에게 제대로 된 보상을 하지 않았으며, 그들을 불신하고 견제하기 바빴습니다. 특히 자신의 충성스러운 참모였던 범증(范增)의 조언을 무시했으며, 결국 그를 떠나게 만들었습니다. 범증은 항우를 보며 "항우는 호랑이의 힘을 가졌으나, 지혜가 부족하니 오래 버티지 못할 것이다"라고 탄식하며 등을 돌렸습니다.

그가 저지른 가장 큰 실책은 해하전투(垓下之戰)에서 드러납니다. 그는 유방과의 최종 결전에서 결국 포위당하고 말았으며, 이때 그는 자신의 교만이 부른 결과를 온몸으로 체감했습니다. 사면이 포위된 상황에서, 그는 '사면초가(四面楚歌)'라는 전설적인 장면을 경험하게 됩니다.

유방의 군대는 항우의 군사들에게 심리적 타격을 주기 위해, 초나라의 노래를 부르게 했습니다. 밤이 깊어질수록 곳곳에서 초나라 노래가 들려왔고, 항우의 군사들은 고향에서 온 노랫소리에 점점 사기가 떨어졌습니다. 그제야 항우는 자신이 고립되었고, 백성들의 지지를 잃었음을 깨달았습니다. 결국 항우는 마지막까지 싸웠지만, 더 이상 희망이 없다는 것을 깨닫고 스스로 목숨을 끊었습니다. 그는 죽기 전, 하늘을 향해 "하늘이 나를 버렸구나. 내가 싸움에서 진 것이 아니라, 운명이 다한 것이로다!"라고 외쳤습니다. 하지만 이는 단순한 운명의 장난이 아니었습니다. 그의 패배는 그가 스스로 만든 결과였습니다. 그는 무력이 뛰어났지만, 민심을 얻는 데 실패했고, 신하들의 조언을 무시했으며, 교만한 태도로 기회를 놓쳤습니다.

항우와 관우는 모두 스스로의 능력을 과신하여, 시대의 흐름과 주변의 변화를 읽지 못했으며, 결국 스스로를 파멸로 이끌었습니다.

"성공 후에도 교만을 경계하라"라는 말은 단순해 보이지만 역사 속 수많은 인물들이 몸소 경험하고 깨달은 진리입니다. 우리는 종종 성공을 이루는 것이 가장 어렵다고 생각하지만, 사실 더 어려운 것은 그 성공을 지켜내는 것입니다. 관우와 항우의 사례는 우리에게 명확한 교훈을 줍니다. "아무리 뛰어난 능력과 강한 힘을 가졌더라도, 교만함에 빠지는 순간 몰락의 길로 들어서게 된다." 이는 단순히 과거의 영웅들에게만 해당하는 이야기가 아니라, 오늘날 우리의 삶에서도 적용되는 중요한 가르침입니다.

현대의 많은 기업가와 리더들이 혁신과 도전으로 성공을 이루지만, 이후 교만함에 빠져 몰락하는 경우가 많습니다. 처음에는 겸손하고 고객의 의견을 듣던 기업들이, 점점 시장을 독점하고 자만하기 시작하면서 경쟁력을 잃어버리는 경우가 있습니다. 예를 들어 한때 IT 업계를 주름잡던 기업들이 변화하는 시장을 제대로 읽지 못하고 기존 방식에만 집착하다가 도태된 사례가 많습니다. 과거의 성공이 미래의 성공을 보장해주지 않는다는 점을 간과하면, 결국 새로운 도전자를 경계하지 못하고 스스로의 위치를 잃게 됩니다.

스티브 잡스가 애플을 다시 성공 궤도로 올려놓을 수 있었던 것은, 과거 애플이 시장에서 밀려났던 이유를 깊이 깨닫고 교만을 경계했기 때문입니다. 반면, 노키아는 1990년대 후반부터 2000년대 중반까지 압도적인 시장 점유율과 견고한 브랜드 이미지를 자랑하며 '휴대폰'하면 가장 먼저 떠오르는 기업이었습니다. 그러나 스마트폰 시대가 도래하고 아이폰과 안드로이드폰이 시장의 판도를 바꾸고 있을 때, 노키아는 '우리는 최고다'라는 자만심 속에서 터치스크린 기반의

스마트폰 혁신을 외면했습니다. 그들은 자신들의 강점인 '물리 키패드'와 '견고함'에 집착했고, 소프트웨어의 중요성을 간과했습니다. 그 결과, 순식간에 경쟁력을 잃고, 한때 휴대폰 시장의 지배자였던 명성이 무색하게 사라지다시피 했습니다. 이는 기업 경영에서도 끊임없이 변화에 적응하고, 자만하지 않는 태도가 필수임을 보여줍니다.

개인의 삶에서도 성공 후에 교만해지면 위기가 찾아옵니다. 많은 사람이 노력 끝에 목표를 이루면 자신이 특별한 존재라고 착각하기 쉽습니다. 하지만 성공을 유지하는 것은 처음 성공을 이루는 것보다 더 어렵습니다. 예를 들어 어떤 사람이 직장에서 승진을 하고 중요한 자리에 오르게 되었을 때 처음에는 겸손하고 주변의 의견을 경청하지만, 시간이 지나면서 독단적으로 행동하고 다른 사람들의 의견을 무시한다면 결국 조직에서 신뢰를 잃게 됩니다. 운동선수들도 한 번 정상에 올랐다고 해서 훈련을 게을리 하면 금방 경쟁력을 잃고 뒤처지게 됩니다. 겸손함을 유지하고, 주변의 목소리를 듣고, 끊임없이 자기 성찰을 하는 것이 진정한 성공을 지키는 방법입니다.

성공을 이루었다고 해서 그것이 영원히 지속된다는 보장은 없습니다. 관우와 항우는 모두 한 시대를 풍미했던 영웅이었지만, 자신의 능력을 지나치게 과신하고, 주변의 변화와 조언을 무시하면서 스스로를 파멸로 이끌었습니다. 오늘날을 살아가는 우리 역시 이들을 반면교사 삼아야 합니다. "성공을 지키는 가장 강한 무기는 힘이 아니라 겸손함이다." 이것이 관우와 항우의 실패가 우리에게 남긴 가장 중요한 교훈입니다.*

---

* 관우는 용장이었지만 실제 역사에서는 오판으로 형주를 잃고 촉의 몰락의 단초를 제공하였습니다. 그러나 후대에는 의와 충의 상징으로 신격화되었습니다. 이는 도원결의로 맺은 형제 의리, 끝까지 굴복하지 않은 충절이 유교적 가치와 맞아떨어졌기 때문에 발생한 것으로, 국가 권력은 충성을 강조하기 위해 관우 숭배를 장려하였고, 민중은 그를 군인과 상인의 수호신으로 섬겼습니다. 이로써 관우는 단순한 장수를 넘어 도덕과 신앙의 상징으로 자리 잡게 되었습니다.

PART 4

뜻을 품은 자는
꺾이지 않는다

집념과 의지의 길

"스스로 주인이 되어 뜻을 지키는 삶이
진정한 강함이다."

19

성공한 사람은 때에 따라
드러나기도 하고 숨기도 해야 한다

— 사마의 처세술

"용은 크면 구름을 일으켜 안개를 내뿜고,
작으면 몸을 숨긴다."

龙能大能小, 能升能隐; 大则兴云吐雾, 小则隐介藏形
용능대능소, 능승능은; 대즉흥운토무, 소즉은개장형

— 사마의 —

성공은 언제나 빛나는 무대 위에만 있는 것은 아닙니다. 진짜 강자는 드러나야 할 때와 숨죽여야 할 때를 압니다. 특히 사마의는 조용히 때를 기다리며, 거대한 권력을 손에 넣었습니다. 그는 용처럼 구름을 일으켜 세상을 뒤흔들기도 했지만, 때로는 조용히 몸을 숨긴 채 적의 눈을 피해 움직였습니다.

위 명언은 사마의가 자신의 전략적 능력을 드러내며, 용(龍)의 비유를 통해 자신의 처세를 표현하는 장면에서 등장합니다. 그에게는 적이 많았고, 자신을 둘러싼 환경이 자주 바뀌는 위나라의 권력 구조 속에서 살아남아야 했습니다. 사마의는 "때로는 눈에 보이지 않게 숨고, 때로는 세상을 뒤흔들 만큼 강하게 나서야 한다"라는 철학을 가지고 있었으며, 이 문장은 바로 그의 정치적 처세술을 상징하는 말이었습니다.

사마의가 처음 조조에게 발탁되었을 때, 그는 자신의 능력을 절대 함부로 드러내지 않았습니다. 조조는 뛰어난 인재들을 중용하는 동시에, 그들을 경계하는 성향이 강했습니다. 사마의는 조조의 눈에 띄어 제거되지 않기 위해, 겸손한 자세를 유지하며 자신의 재능을 감추었습니다. 사마의는 조조의 부름을 받았을 때, 이미 그의 성격을 꿰뚫어 보고 있었습니다. 조조는 겉으로는 "능력 있는 자를 가리지 않고 등용한다"라고 말했지만, 사실 그의 눈에 띄는 것은 항상 위험을 동반하는 일이었습니다. 조조의 마음에 들면 높은 자리에 오를 수도 있지만, 너무 눈에 띄면 조조의 경계를 받아 언제든 제거될 수도 있는 것이 현실이었습니다.

사마의는 조조 앞에서 무릎을 꿇고 예를 갖추며 말했습니다.

"소인은 그저 책을 읽고 글을 쓰는 것을 좋아할 뿐, 특별한 재능이 없는 자입니다. 다만 조공께서 불러주셨으니 미력하나마 충성을 다하겠습니다."

조조는 사마의를 가만히 바라보았습니다. 그의 눈빛에는 자신감이 서려 있었지만, 행동과 말은 극도로 신중했습니다. 그는 감히 자신의 능력을 뽐내려 하지 않았으며, 스스로를 평범한 서생처럼 낮추고 있었습니다. 조조는 그런 태도를 보고 흥미롭게 웃으며 말했습니다.

"과연 소문대로 신중한 사람이군. 그래, 너의 지혜를 한번 보도록 하겠다."

사마의는 조조가 자신의 진가를 시험하려 한다는 것을 알았지만, 일부러 첫 번째 기회에서는 평범한 조언만 내놓았습니다. 군사적인 전략이나 정치적 계책을 논하는 대신, 그는 단순히 행정과 백성들의 삶을 다루는 평범한 정책을 제안하며 스스로를 크게 드러내지 않았습니다. 그는 겸손하면서도 정확한 분석을 내놓았고, 조조는 그가 어느 정도 쓸모가 있는 인물임을 인정했습니다. 사마의는 때를 기다렸습니다. 더 중요한 순간, 더 결정적인 순간까지 자신을 그저 유능한 신하 중 하나로 남겨두기로 했습니다.

그의 신중함과 절제된 태도 덕분에, 조조는 그를 경계하지 않았습니다. 오히려 그를 책략가라기보다는 행정가로 인식하며 더 높은 자리로 천천히 올려보냈습니다. 사마의는 그 흐름을 놓치지 않고 철저히 따랐습니다. 눈에 띄지 않는 곳에서 정보를 모으고, 신중하게 행동하며, 용이 구름 속에 몸을 숨기듯, 조용히 때를 기다렸습니다. 그는 결코 서두르지 않았습니다. 천하를 노리는 자는 조조였고, 그 뒤에서 기회를 노리는 자는 사마의였습니다.

그리고 조비가 즉위하자, 그는 조금씩 자신의 능력을 드러내기 시작했습니다. 그는 조비의 신임을 얻어 중요한 자리를 차지했으며, 특히 조비가 죽고 어린 조예가 즉위한 후에는 실권을 서서히 장악하는 방향으로 움직였습니다. 이는 마치 용이 안개를 내뿜으며 천천히 모습을 드러내듯, 점진적인 권력 장악이었습니다.

조예가 세상을 떠나고, 조방(曹芳)이 어린 나이로 황제 자리에 오르자, 위나라의 권력은 자연스럽게 대신들에게 넘어갔습니다. 실질적인 실권을 쥔 자는 조조의 손자이자 대장군인 조상(曹爽)이었습니다. 그는 조조의 혈통을 이어받은 명문가 출신으로, 군사적 권력을 바탕으로 위나라의 정치를 독점하려 했습니다. 하지만 조상의 앞길을 가로막을 수 있는 단 한 사람이 있었습니다. 바로 오랫동안 조씨 일가를 보좌하며 살아온 사마의였습니다.

조상은 사마의를 경계했습니다. 노련한 책략가였던 사마의가 여전히 정계에 남아 있는 한, 자신의 권력은 언제든 위태로울 수 있다고 생각했습니다. 조상은 사마의를 정치의 중심에서 밀어내고자 했습니다. 그는 사마의에게 명예로운 직위를 주는 척하면서도 실질적인 권한을 빼앗았고, 그를 강제로 집에서 머물게 하여 정무에 참여하지 못하도록 만들었습니다. 그러나 조상은 사마의를 너무 성급하게 배제하는 실수를 범했습니다.

이에 사마의는 반발하지 않았습니다. 오히려 의도적으로 늙고 병든 모습을 보이며, 마치 힘을 잃은 노인의 모습으로 세상에서 멀어지는 듯 행동했습니다. 그는 오랫동안 조용히 지내며 외출도 삼가고, 관직에 대한 미련도 보이지 않았습니다. 집 안에서 약을 달이며 기력을 잃은 듯한 모습을 연기했고, 조상의 첩자가 그의 건강을 감시하러 왔을 때도 일부러 지팡이에 의존하며 비틀거렸습니다. 때로는 방에서 누워 병세를 호소하기까지 했습니다.

이 모습을 본 조상은 점점 방심하기 시작했습니다. 사마의가 이제 자신에게 위협이 되지 않는다고 확신한 조상은, 권력을 더욱 독점하며 방만한 태도로 정치를 운영하기 시작했습니다. 그는 자신의 측근들을 요직에 앉히고, 군사권을 휘두르며 사치를 일삼았습니다. 조씨 가문의 혈통이라는 이유만으로 위나라의 귀족들과 친분을 쌓으며, 오로지 자신의 안위를 위해서만 행동했습니다. 조상은 이제 자신이 위나라의 진정한 주인이라 믿었으며, 사마의를 더 이상 신경 쓰지 않았습니다. 하지만 조상이 알지 못했던 것은, 숨은 용은 결코 단순히 사라지지 않는다는 것이었습니다. 사마의는 조용히 자신의 세력을 정비하고 있었고, 조상의 실정이 극에 달할 때까지 기다리고 있었습니다. 그는 마치 폭풍 전야의 고요한 바다처럼, 겉으로는 잔잔하지만 속으로는 거대한 파도를 준비하고 있었습니다.

그리고 마침내 때가 왔습니다. 조상과 그 측근들이 황제를 데리고 궁궐 밖으로 사냥을 떠난 날, 사마의는 드디어 움직였습니다. 그는 자신의 병을 연기했던 것처럼, 한순간에 모습을 바꾸어 번개처럼 행동했습니다. 오랫동안 숨겨왔던 자신의 충성과 인사들과 군사들을 규합하며 위나라의 수도 낙양을 장악했고, '황제를 보좌하기 위해 궁을 수비한다'라는 명분을 내세워 "고평릉의 변(高平陵之變)"을 일으킨 뒤 권력을 되찾았습니다. 조상이 돌아왔을 때는 너무 늦어 이미 손을 쓸 수 없을 정도였습니다. 결국 조상은 사마의에게 속수무책으로 당했고, 그의 일족은 모조리 제거되었습니다.

사마의의 계략적인 면을 보여주는 또 다른 이야기가 있습니다. 조조가 세상을 떠난 뒤, 사마의는 점점 권력의 중심으로 다가서고 있었습니다. 그는 겉으로는 조비에게 충성하는 듯 보였지만, 속으로는 이미 정권을 장악할 준비를 마친 상태였습니다. 그 시기, 궁정 내에 한 여인이 등장합니다. 이름은 정주(鄭周)로 조비가 사마의를 감시하기 위해 몰래 보낸 미모의 첩자였으며, 본래는 하찮은 노비로 출발했지만 정교한 언변과 눈빛, 그리고 연민을 불러일으키는 기품으로 사마의의 곁에 서게 됩니다.

사마의는 정주를 처음부터 의심했습니다. 그녀의 말에는 망설임이 없었고, 손놀림 하나에도 익숙한 냄새가 묻어났습니다. 하지만 그는 그 의심을 표정 하나 흔들리지 않고 감추었습니다. 그는 오히려 정주를 더욱 곁에 두고, 그녀의 마음까지 깊숙이 파고들었습니다. 정주는 시간이 흐를수록 사마의가 단순한 권력자가 아닌, 깊은 통찰과 위태로운 외로움을 지닌 사내임을 알게 되었고, 감시자가 아닌 연인의 마음으로 그를 바라보게 됩니다.

하지만 정주의 감정이 진심이 되었을 때, 이미 사마의는 움직이고 있었습니다. 그녀를 통해 흘러간 가짜 정보는 조비를 혼란에 빠뜨렸고, 사마의는 반쯤 열린 궁문의 그늘에서 조정의 실권을 거머쥡니다. 이후, 모든 것이 끝난 어느 날 사마의는 그녀를 처음 소개해준 환관을 불러 말합니다.

"나는 그녀가 밀정이라는 걸 처음부터 알고 있었소."

환관은 물었습니다.

"그렇다면 왜 사랑하신 겁니까? 아니, 어쩌면 그 모든 것이 거짓 사랑, 그녀 또한 당신의 도구 아니었소?"

사마의는 침묵하다가, 마침내 말합니다.

"나는 그녀를 이용했소. 그러나… 이용한 그 마음이 진짜가 되더군. 그래서 결국 산파를 시켜, 그녀의 죽음을 준비하게 했소. 내가 아니면 그녀는 조비의 손에 더 잔혹하게 죽었을 테니까."

그의 말은 서늘했지만, 동시에 쓸쓸했습니다. 사마의는 권력의 길에서 단 한 번도 걸음을 멈춘 적이 없었지만, 그 길 위에서 정주만큼은 마음으로 품었던 유일한 존재였는지도 모릅니다. 위의 이야기는 사랑마저도 철저히 숨기고 전략적으로 이용하는 그의 단면을 보여줍니다. 사마의와 밀정 정주의 이야기는 삼국지 정사나 『삼국지연의』에는 직접적으로 등장하지 않지만 구전으로 전해지는 이야기를 후대의 창작물이나 드라마(중국국영 CCTV에서 제작한 삼국지 100부작 시리즈에 등장함)에서 사마의의 냉혹한 정치적 면모를 강조하기 위해 삽입한 것으로 보입니다.

사마의는 자신의 능력을 절대 쉽게 드러내지 않았습니다. 그는 때로는 숨어야 할 때를 알았고, 기다려야 할 때를 알았으며, 적이 방심할 때까지 기다렸다가 한 번의 기회로 모든 것을 뒤집는 방법을 알고 있었습니다. 결국 위나라에서 그의 가문은 점점 강해졌고, 훗날 그의 아들 사마소(司馬昭)와 손자 사마염(司馬炎)이 위나라를 멸망시키고 진나라를 세우면서, 사마의의 처세술은 위나라를 넘어 새로운 왕조를 세우는 초석이 되었습니다.

자신의 힘을 감추고 결정적일 때 그 힘을 쏟아부어 성공한 사례는 초한전쟁(楚漢戰爭) 시기 유방을 도와 초나라 항우와 싸워 승리를 거둔 명장 한신도 있습니다. 그가 처음부터 강한 힘을 가지고 있었던 것은 아니었습니다. 오히려 그는 젊은 시절, 가난하고 보잘것없는 신세였으며, 사람들에게 무시당하던 인물이었습니다. 그는 늘 허름한 옷차림으로 거리를 떠돌았고, 날카롭게 벼린 검을 허리에 차고 다녔습니다. 하지만 칼을 차고 다닌다고 해서 누구나 그를 두려워하는 것은 아니었습니다. 오히려 동네 건달들은 그를 조롱하곤 했습니다.

어느 날, 한신이 시장 골목을 지나고 있을 때였습니다. 몇몇 건달들이 술에 취해 소란을 피우고 있었고, 그중 한 명이 그를 보고는 비웃으며 말했습니다.

"어이, 네놈! 맨날 허리에 칼을 차고 다니면서도 한 번도 뽑는 걸 본 적이 없구나. 진짜 사내라면 내 앞에서 검을 뽑아 싸워 보든가, 아니면 내 가랑이 사이를 기어가라!"

주변 사람들이 웅성거리며 구경하기 시작했습니다. 건달은 팔짱을 끼고 한신을 내려다보았습니다. 그는 한신이 당연히 화를 내며 칼을 뽑을 거라고 생각했습니다. 아니면 주먹이라도 휘두르며 반항할 거라고 예상했을지도 모릅니다. 하지만 한신은 가만히 서서 그를 바라보았습니다.

"칼을 뽑아 싸워서 이긴다면 무엇이 남을까? 그리고, 싸우다 죽는다면 내 목숨은 어디로 가는가?"

잠시 고민한 듯 보였던 한신은 이내 담담한 표정으로 천천히 몸을 숙였습니다. 그리고 말없이 건달의 두 다리 사이를 기어 지나갔습니다. 사람들은 폭소를 터뜨렸습니다.

"하하하! 저 겁쟁이 좀 보라고! 사내라면 차라리 죽음을 택해야 하는 거 아니냐?"

"칼은 허리에 장식으로 달고 다니는 모양이군. 저러고도 대장군이 되고 싶을까?"

비웃음이 사방에서 쏟아졌지만, 한신은 아무 말도 하지 않고 묵묵히 자리에서 일어나 먼지를 털어냈습니다. 그리고 아무 일도 없었다는 듯 조용히 그곳을 떠났습니다. 그러나 그의 눈빛은 흔들리지 않았습니다. 지금 이 자리에서 목숨을 걸어봐야, 아무것도 얻을 수 없다는 것을 그는 알고 있었습니다.

"수치를 견딜 줄 아는 자만이, 더 높은 곳으로 올라갈 수 있다."

그날 이후, 사람들은 그를 더욱 우습게 보았지만, 한신은 변함없이 참고 인내했습니다. 그는 때를 기다리고 있었습니다. 몇 년 후, 한신은 유방의 군대에 들어갔습니다. 하지만 그곳에서도 한신은 제대로 된 대접을 받지 못했습니다. 그는 병사들과 함께 땀을 흘리며 허드렛일을 도맡았고, 중요한 작전 회의에서도 발언권을 얻지 못했습니다. 그가 장수로서 전장을 누비며 승리를 거두는 것은 먼 이야기처럼 보였습니다. 그러나 한신은 불평하지 않았습니다.

"나를 진정으로 알아볼 사람이 나타날 때까지 기다릴 뿐이다."

그리고 마침내, 그 기회가 찾아왔습니다.

유방은 오랜 전쟁 끝에 항우와 맞설 준비를 하고 있었습니다. 하지만 그의 군대는 아직 초나라를 상대하기에 부족한 상태였습니다. 이때 한신은 조용히 나아가 유방에게 말했습니다.

"폐하께서 천하를 얻고자 하신다면, 저 한신을 대장군으로 삼아 주십시오."

유방은 처음에는 비웃었습니다. 하지만 곧 한신의 전략을 듣고는 깜짝 놀랐습니다. 그는 단순한 병사가 아니었습니다. 그의 머릿속에는 수많은 전술과 승리의 그림이 그려져 있었습니다.

유방은 결단을 내렸습니다.

"좋다! 내가 너를 대장군으로 삼겠다. 이제 네가 가진 모든 것을 보여주어라."

그날 이후, 한신은 마치 하늘로 날아오르는 용처럼 빠르게 자신의 능력을 드러냈습니다. 그는 초나라의 군대를 무너뜨리며 전장을 휩쓸었고, 마침내 항우를 패배시키는 데 결정적인 역할을 했습니다. 그를 비웃던 사람들은 이제 그 앞에서 머리를 숙였습니다. 한신은 예전처럼 가난한 청년이 아니었습니다. 그는 한(漢)의 대장군이었고, 천하를 결정짓는 가장 중요한 인물이 되어 있었습니다. 한신은 승리를 거둔 후, 옛날 그 골목을 지나치게 되었습니다. 한때 자신에게 가랑이 사이를 기어가라고 조롱했던 건달은 이제 그를 감히 쳐다보지도 못했습니다. 하지만 한신은 아무 말도 하지 않았습니다.

그는 단 한 번도 과거를 후회한 적이 없었습니다. 왜냐하면 '크게 될 사람은 때로는 몸을 낮출 줄도 알아야 한다. 때를 기다릴 줄 아는 자만이, 진정한 승리를 거머쥘 수 있다.' 이 사실을 그는 이미 알고 있었기 때문입니다.

사마의와 한신의 이야기는 단순히 과거의 역사 속 영웅담이 아닙니다. 그들의 처세술과 전략은 21세기를 살아가는 우리들에게도 강력한 교훈을 줍니다. 현대 사회는 치열한 경쟁과 변화 속에서 살아남아야 하는 시대입니다. 모든 사람이 빠르게 성공하기를 원하고, 즉각적인 성과를 추구합니다. 하지만 진정한 승리는 하루아침에 이루어지는 것이 아닙니다. 때로는 기다려야 하고, 참아야 하고, 스스로를 낮춰야 할 때도 있습니다.

지금 내가 원하는 것이 아니라, 더 큰 목표를 바라보아야 합니다. 한신은 가난한 젊은 시절, 건달에게 모욕을 당했을 때 당장 복수할 수도 있었습니다. 하지만 그는 순간적인 감정에 휩쓸려 싸우는 대신, 미래를 위해 그 순간을 참아냈습니다. 만약 그날 싸워 이겼더라도 그는 단순한 싸움꾼으로 남았을 것입니다. 하지만 그는 자신이 이루고자 하는 더 큰 목표를 바라보았고, 결국 대장군의 자리에 올랐습니다. 우리는 종종 작은 자존심 때문에 불필요한 싸움을 하거나, 감정적으로 행동하여 더 큰 기회를 놓치는 실수를 합니다. 직장에서도, 인간관계에서도, 우리가 원하는 것을 당장 얻지 못한다고 해서 좌절하거나 성급하게 행동해서는 안 됩니다. 한신처럼 "더 중요한 것"을 위해 참을 줄 아는 지혜가 필요합니다.

그리고 성급하게 나서지 말고, 준비할 시간을 가져야 합니다. 우리는 종종 조급함에 빠져 준비가 되지 않은 상태에서 기회를 잡으려 하다가 실패하는 경우가 많습니다. 하지만 사마의와 한신처럼 승리하는 사람들은 때를 기다릴 줄 아는 사람들입니다. 기회는 준비된 자에게 찾아오는 법입니다. 급하게 성과를 내려고 하기보다는, 자신을 단련하고 때를 기다리는 인내심이 필요합니다.

또한, 겸손하고 신중한 태도가 가장 강력한 무기가 된다는 사실을 명심해야 합니다. 사마의와 한신은 모두 처음부터 자신을 과시하지 않았습니다. 그들은 필요할 때는 몸을 낮추었고, 기회가 올 때까지 철저히 기다렸습니다. 현대 사회에서도 마찬가지입니다. 성공한 사람들일수록 겸손하고 신중하게 행동하며, 자신의 능력을 함부로 과시하지 않습니다. 직장에서든, 비즈니스에서든, 인간관계에서도 마찬가지입니다. 자신을 너무 과시하면 경계하는 사람이 많아지고, 오히려 기회가 줄어듭니다. 반면, 겸손하게 배우려는 태도를 가지면 주변에서 기회를 주고, 신뢰가 쌓입니다.

우리는 때로는 참아야 하고, 기다려야 하며, 몸을 낮춰야 합니다. 하지만 그것이 곧 패배를 의미하는 것은 아닙니다. 진정한 승자는 때를 알고 움직이는 사람입니다. "크게 될 사람은 때로는 몸을 낮출 줄도 알아야 한다. 때를 기다릴 줄 아는 자만이, 진정한 승리를 거머쥘 수 있다." 이것이 이번 명제가 우리에게 남긴 중요한 교훈입니다.

20

완벽한 사람은 없으며, 지혜는 뜻밖의 곳에서 피어난다

— 제갈공명의 실수

> "지혜로운 사람도 많은 생각 중에는 실수가 있고,
> 어리석은 사람도 많은 생각 중에는 옳은 것이 있다."
>
> 智者千慮, 必有一失; 愚者千慮, 必有一得
> 지자천려, 필유일실; 우자천려, 필유일득
>
> — 삼국지 전체 맥락 중 —

회의실에서 번뜩이는 아이디어는 꼭 직급이 높은 사람에게서만 나오는 것이 아닙니다. 때론 가장 조용하던 사람의 말 한마디가 흐름을 바꾸고, 최고의 전문가도 뜻밖의 실수를 저지르곤 합니다. 완벽을 기대하기보다, 서로의 의견 속에서 가치를 찾는 태도야말로 『삼국지』에서 말하는 진짜 지혜입니다.

위 명제는 『삼국지』에서 사마의가 제갈량과 대결하던 시기, 즉 촉한의 북벌 과정에서 등장한 말로 알려져 있습니다. 제갈량은 촉한의 승상으로서, 유비 사후 촉나라의 부흥과 한실(漢室) 재건을 꿈꾸며 북벌(北伐)을 감행했습니다. 그는 단순한 군사적 전략가가 아니라, 하늘의 흐름까지 계산하는 듯한 치밀한 계책을 세우는 자였습니다. 그러나 그의 앞을 가로막은 자는 위나라의 노회한 책략가, 사마의였습니다.

"위나라를 정벌하지 못하면 촉한의 운명도 끝이다."

제갈량은 그렇게 믿고 있었습니다. 그는 촉한의 약한 국력에도 불구하고, 반복적으로 북벌을 단행하며 위나라를 압박했습니다. 그러나 그의 가장 큰 적은 단순히 사마의가 아니라, 지속적인 전쟁을 감당하기 어려운 촉한의 현실이었습니다. 제갈량은 처음 북벌을 시작하며 번성(藩城)과 진성(陳倉)을 차례로 공략했고, 유능한 장수 위연(魏延), 강유(姜維)와 함께 여러 차례 전투에서 승리를 거두었습니다. 그러나 위나라의 방어는 철저했습니다. 사마의는 직접적인 전투를 피하고, 철저한 수비 전략을 펼쳤습니다.

사마의는 알고 있었습니다.

"촉한은 국력이 약하고, 장기전이 불가능하다. 제갈량이 아무리 뛰어난 전략가라 해도, 시간이 흐르면 반드시 지칠 것이다."

그는 직접 싸우지 않고, 견고한 요새를 구축하며 촉한군이 스스로 한계를 드러내도록 유도했습니다. 제갈량은 이에 맞서 병참선을 확보하기 위해 농사법을 개선하고, 둔전(屯田, 전쟁 중 경작하는 제도)을 도입하여 군량 문제를 해결하려 했습니다. 그러나 작은 나라가 큰 나라를 상대로 하는 긴 전쟁에서 보급을 유지하는 것은 결코 쉬운 일이 아니었습니다.

제갈량은 수차례 사마의에게 결전을 요청했으나, 사마의는 결코 성을 나서지 않았습니다. 이에 제갈량은 군사들을 모아놓고 말했습니다.

"사마의는 위나라의 대장군이라 불리지만, 실제로는 두려움에 떨고 있는 소인배에 불과하다. 우리가 그의 성을 에워싸도 나오지 않는 것을 보라!"

병사들이 웃음을 터뜨렸습니다. 그러나 사마의는 여전히 요지부동이었습니다. 그리고 제갈량은 사자를 보내 여성용 옷을 보내며 사마의를 조롱하는 편지를 보냈습니다. 편지에는 이렇게 적혀 있었습니다.

"싸울 용기가 없다면 차라리 궁녀가 되는 것이 어떠한가? 위나라의 대장군이란 직함이 부끄럽지도 않은가?"

병사들은 사마의가 분노하여 성문을 열고 나올 것이라

기대했습니다. 그러나 사마의는 편지를 펼쳐 본 뒤, 그저 웃으며 말했습니다.

"천하를 다스리는 것은 힘이 아니라 지혜다. 제갈량이 나를 이렇게 조롱하는 것을 보니, 군량이 다해가고 있다는 뜻이겠지."

사마의는 움직이지 않았고, 그의 예상대로 시간이 흐르면서 촉한 군의 식량은 바닥나기 시작했습니다. 제갈량은 철저한 전략가였으나, 그의 북벌은 한 가지 치명적인 약점이 있었습니다.

'촉한의 국력은 위나라에 비해 턱없이 부족하며, 장기전이 불가능하다.'

그는 끊임없이 전략을 수정하고, 보급을 유지하려 했지만, 결국 병참의 한계를 극복할 수 없었습니다. 촉한은 작은 나라였고, 전쟁이 길어질수록 내부의 불만도 커지고 있었습니다. 결정적으로, 제갈량 자신이 인간의 한계를 넘어서고 있었습니다. 그는 과로와 스트레스 속에서도 밤낮없이 작전을 구상하며, 끝까지 싸움을 이어갔습니다. 그러나 그의 몸은 점점 쇠약해져갔고, 결국 오장원(五丈原)에서 병사하고 말았습니다.

사마의는 제갈량의 죽음을 알게 되자, 조용히 하늘을 바라보며 한마디를 남겼습니다.

"지혜로운 사람도 아무리 신중해도 반드시 한 번은 실수가 있다(智者千慮, 必有一失)."

다음은 『삼국지』 속 "우자천려, 필유일득(愚者千慮, 必有一得, 어리석은 사람도 많은 생각 중에는 옳은 것이 있다)"의 사례입니다. 조조가 헌제를 옹립하고 허창을 중심으로 세력을 확대하던 시기, 유비와 잠시 연합했다가 반기를 들며 갈라지던 시점이 있었습니다. 이 시기 조조는 유비를 얕보다가 보급로를 위협받고 급하게 대응해야 했던 허창 인근 전투가 있었습니다.

낙양의 거대한 성벽 아래, 조조의 군사들은 다음 전투를 준비하며 바쁘게 움직이고 있었습니다. 전쟁의 천재라 불리는 조조는 날카로운 전략과 빠른 판단으로 수많은 전장을 누볐으며, 그의 명령은 곧 법이었습니다. 하지만 이번만큼은 상황이 예사롭지 않았습니다. 유비의 군대가 예상치 못한 기습으로 보급로를 차단했고, 식량이 끊기며 병사들의 사기는 눈에 띄게 떨어지고 있었습니다.

조조는 자신의 천재적인 지략을 동원해 수습책을 고민했지만, 주변 상황은 그리 녹록지 않았습니다. 참모들 역시 뾰족한 수를 내지 못한 채 조용히 눈치만 보고 있던 찰나, 한 초라한 병사가 조심스럽게 조조에게 다가왔습니다. 그 병사는 평소 말수가 많고 행동도 가볍다고 여겨져 동료들 사이에서 어리숙한 자로 통했으며, 종종 허튼소리를 하다가 웃음거리가 되곤 했습니다. 그러나 이날만큼은 그의 눈빛이 사뭇 달랐습니다. 그는 망설이다가 용기를 내어 말했습니다.

"장군님, 우리가 근처 농가에서 곡식을 빌려오는 척하면서, 거짓 보급로를 따로 꾸리는 것은 어떻겠습니까? 적이 그것을 진짜로 믿고 병력을 그쪽으로 분산시키면, 저희는 시간을 벌 수 있지 않겠습니까?"

주변 장수들은 킥킥 웃었고, 조조 역시 처음에는 흥미 없는 듯 고개를 저었습니다. 그러나 시간이 흐를수록 상황은 더욱 절박해졌습니다. 조조는 고심 끝에 병사의 말을 시험 삼아 실행에 옮기기로 결단을 내렸습니다.

그는 허위 보급선을 만들어 마치 새로운 수송선이 생긴 것처럼 보이게 했는데, 이내 유비의 척후병이 그 정보를 알아채고 병력을 그쪽으로 이동시켰습니다. 덕분에 조조는 본래 노출되어 있던 퇴로를 확보하고, 병력을 재정비하여 반격의 시간을 벌 수 있었습니다. 전투가 일단락되고 진영이 안정되자, 조조는 그 병사를 불러 세웠습니다.

"오늘 이 전쟁은 너의 한 마디에서 시작되어 우리가 안정을 찾을 수 있었다. 내가 아무리 많은 전략을 세웠어도, 오늘 만큼은 그 어떤 묘책도 떠오르지 않았다. 그러나 네 말 속에서 길이 보였다. 지혜로운 자도 수천 번 생각하면 한 번쯤은 실수하고, 어리석은 자도 천 번을 생각하면 한 번은 얻는 것이 있다는 말을, 오늘 깨달았다."

병사는 얼굴을 붉히며 당황한 듯 고개를 숙이고 말했습니다.

"저는 그저, 머릿속에 떠오른 생각을 말했을 뿐입니다. 장군님께서 그것을 받아주신 것이지요."

조조는 껄껄 웃으며 병사의 어깨를 두드렸습니다.

"결단은 내가 내렸지만, 해결의 실마리는 네가 제공했다. 이처럼 어리석은 말로 들릴지라도, 귀 기울이면 뜻밖의 지혜가 담겨 있는 법이다. 그리고 그게 바로 협력의 진정한 모습이다."

그날 이후, 조조는 병사들의 의견을 가볍게 여기지 않았으며, 때로는 아무리 작고 하찮은 목소리라도 귀 기울이는 것이 큰 승리를 이끌 수 있다는 사실을 다시금 마음에 새겼습니다.

이 이야기는, "우자천려, 필유일득(愚者千慮, 必有一得)" 곧 어리석은 자도 천 번을 고민하면 한 번쯤은 옳은 길을 말할 수 있다는 진리를 실감나게 보여주는 전장의 기록이었습니다.

지혜로운 자도 천 가지를 생각하면 하나쯤은 실수를 하고, 어리석은 자도 천 가지를 고민하면 하나쯤은 옳은 답을 낼 수 있다는 이 말은, 단순한 겸손의 권고를 넘어 리더십과 인간관계, 조직 운영에 깊은 교훈을 주는 말입니다.

현대를 살아가는 우리들에게 이 교훈은 매우 중요합니다. 먼저, 아무리 탁월한 리더나 전문가라도 실수를 할 수 있다는 사실을 인정해야 합니다. 실수를 인정하지 않고 완벽함만을 추구하는 리더는 오히려 잘못된 결정을 고집하거나, 조직의 경고음을 무시하게 되어 더 큰 위기를 불러 올 수 있습니다. 지혜롭다는 자만은 오히려 진짜 실수를 가리는 안개가 될 수 있습니다.

또한, 조직이나 공동체에서 겉보기에는 평범하거나 어리숙해 보이는 사람의 말일지라도 귀 기울여야 합니다. 간혹 조직의 말단, 경험이 적은 사람, 혹은 기존의 관점에서 벗어난 이들의 목소리 속에 문제를 푸는 열쇠가 숨어 있을 수 있습니다. 진정한 리더는 자신이 지닌 능력보다, 주변 사람들의 가능성을 신뢰하고 포용할 줄 아는 사람입니다.

한때 하찮아 보이던 존재가 미래에 조직의 주춧돌이 될 수도 있습니다. 이는 단지 '겸손하라'라는 말을 넘어서, 모든 사람과 의견 속에서 배움의 가능성을 찾는 태도를 요구합니다.

첫째, 완벽에 대한 환상에서 벗어나 스스로의 한계를 인정하고,
둘째, 타인의 목소리에 열린 귀를 가지며,
셋째, 늘 배우려는 자세로 수용성 있는 태도를 유지하라는 것입니다.

결국, 진정한 지혜는 모든 생각을 옳게 만드는 것이 아니라, 실수에서 배우고, 타인의 생각을 존중하며, 겸손하게 진리를 찾는 과정 속에서 만들어지는 것입니다. "지자천려, 필유일실; 우자천려, 필유일득(智者千慮, 必有一失; 愚者千慮, 必有一得)"은 그런 겸허한 통찰을 통해 오늘날의 리더와 우리 모두에게 여전히 깊은 울림을 전하고 있습니다.

21

말과 행동의 책임이 신뢰를 만든다
— 서황, 감녕, 여몽의 사례

> "말을 했으면 반드시 실행하고,
> 행동했으면 반드시 결과를 맺어야 한다."
>
> 言必行, 行必果
> 언필행, 행필과
>
> — 삼국지 전체 맥락 중 —

우리는 '말의 시대'에 살고 있습니다. 하루에도 수많은 약속과 다짐, 선언이 쏟아집니다. 그러나 그 가운데 실제로 행동으로 이어지는 것은 얼마나 될까요? 사람들은 책임질 수 없는 말을 쉽게 내뱉고, 그 말이 지켜지지 않아도 아무렇지 않게 넘깁니다. 번지르르한 언변은 넘쳐나지만, 행동으로 증명된 신뢰는 드뭅니다. 결국 말은 가벼워지고, 믿음은 사라지고, 관계는 피로해집니다. 그러나 『삼국지』 속 인물들은 달랐습니다. 그들은 말보다 행동을 앞세웠고, 그 행동이 곧 그들의 신뢰가 되었습니다.

그 예로 조조의 장수 서황(徐晃)이 있습니다. 촉한의 명장 관우가 형주를 거점으로 세력을 넓혀가던 시기, 위나라 조조의 진영은 심상치 않은 긴장에 휩싸였습니다. 관우는 유비의 의형제로서 충성과 무용으로 이름난 장수였습니다. 그런 그가 조인(曹仁)의 성을 포위하고 북상하자, 조조는 형주 전체가 위태로워질 것을 우려했습니다. 이때 조조는 침착하고 신중한 한 사람, 서황(徐晃)을 호출했습니다.

서황은 조조 휘하의 명장이자, 위나라의 충직한 무장으로 묘사됩니다. 겉으로는 조용하고 과묵했지만, 내면에는 강직함과 전략적 판단력을 겸비한 인물로, 조조가 가장 신뢰했던 장수 중 한 명입니다. 서황은 원래 양평(陽平) 출신으로, 젊은 시절에는 관리로 재능을 발휘하며 법도를 중시하는 청렴한 인물로 알려졌습니다. 이후 전쟁이 계속되자 무장으로 변신했고, 초기에는 양봉(楊奉)을 따르다가 점차 조조의 진영으로 들어가 본격적인 무장으로 활약했습니다.

조조와 원소의 대결인 관도대전에서, 서황은 조조의 수송로를 지키고 적의 기습에 대비하는 중요한 역할을 맡습니다. 그는 침착하고 치밀한 대응으로 수송 작전을 성공적으로 수행하여 전투의 승리에 기여합니다. 또한 마등(馬騰), 한수(韓遂) 등 서량 세력을 정벌할 때도 서황은 중요한 역할을 합니다. 그는 위군의 후방을 안정시키는 동시에 병참과 전략 기획에 능하여 보이지 않는 곳에서 승리를 만들어낸 장수였습니다.

그리고 관우와의 형주전투는 그의 명성 높인 결정적 계기가 되었습니다. 조조는 서황에게 조용히 물었습니다.

"그대, 이 형주를 지킬 수 있겠는가?"

서황은 무릎을 꿇고 단호하게 고개를 끄덕이며 말했습니다.

"신은 약속을 한 이상 반드시 그것을 지키겠습니다. 관우가 아무리 강하더라도, 성을 반드시 지켜내겠습니다."

그러나 현실은 녹록지 않았습니다. 서황이 이끈 병력은 많지 않았고, 관우는 이미 장대한 군세를 이끌며 조인을 포위한 상태였습니다. 게다가 장강의 수면 위에는 관우의 수군이 촘촘히 진을 치고 있었고, 길목마다 척후병이 눈을 번뜩이고 있었습니다. 많은 장수들이 난색을 보이며 "지금은 때가 아닙니다. 병력을 모아 다시 진격해야 합니다"라고 말했습니다. 하지만 서황은 조용히 이야기합니다.

"내가 한 말을 행동으로 보일 차례입니다. 병사가 적어도, 약속을 어기는 것보다는 낫습니다."

그는 군사들을 독려하며 강을 건너는 결단을 내립니다.

밤이 되자, 그는 강을 타고 적의 눈을 피해 기습 진격했고, 날이 새기 전 조인의 성 앞에 이르러 포위망을 흔들기 시작했습니다. 갑작스러운 반격에 놀란 관우의 군은 퇴로를 정비하지 못하고 후퇴했으며, 조인은 마침내 포위에서 풀려날 수 있었습니다.

전투가 끝난 후, 조조는 직접 서황을 불러 말했습니다.

"서황이 없었다면, 형주는 이미 관우의 것이 되었을 것이다. 말한 것을 실천한 자는 오직 경(卿)뿐이오."

서황은 그저 무릎을 꿇고 조용히 고개를 숙였습니다. 그는 공을 자랑하지 않았고, 스스로를 드러내려 하지 않았습니다. 하지만 모두가 알고 있었습니다. 그가 입 밖에 낸 약속은, 단 한 치의 오차도 없이 행동으로 실현된다는 사실을. 그는 수많은 말들이 허공을 맴도는 전장 속에서, 단 한 마디의 약속을 살아 있는 진실로 만든 인물이었습니다. 말보다 행동이 먼저였고, 행동은 반드시 결과로 이어졌습니다. 그는 말없이, 그러나 가장 강하게 "언필행, 행필과(言必行, 行必果)"의 정신을 실천한 장수였습니다. 그리고 그 조용한 실천은, 전장에서 수많은 목숨을 살리고 나라를 지킨 묵직한 무게가 되어, 오늘날까지도 신뢰와 책임의 상징으로 남아 있습니다.

다음은 손권의 부하 감녕(甘寧)의 사례입니다. 강동의 하늘 아래 장강을 따라 내려오던 물안개 속에서 검 한 자루를 허리에 찬 청년이 고요히 걸어가고 있었습니다. 그의 이름은 감녕이었습니다.

감녕은 원래 형주 출신으로, 젊은 시절에는 거리에서 검을 차고 다니며, 수십 명의 동료들과 패거리를 이끌던 건달에 가까운 인물이었습니다. 그는 종종 부잣집을 습격하거나 수탈과 폭력 행위를 일삼는 '해적과 비슷한 인생'을 살았으며, 항구 도시나 지방에서는 그 이름만으로도 사람들이 경계하던 사람이었습니다. 그러나 감녕은 천성이 강직하고 의리가 깊은 사람이었고, 자신의 삶을 바꾸고 싶다는 열망도 지니고 있었습니다.

그 기회를 준 사람이 바로 손권입니다. 손권은 감녕의 무용과 기백을 높이 평가하며, "과거보다 지금의 충성이 중요하다"라는 말과 함께 그를 받아들입니다. 손권은 그의 과거보다 현재의 결의와 가능성을 보았고, 감녕은 그 기대에 보답하기로 결심합니다.

그 기회는 곧 찾아왔습니다. 손권이 부친 손견의 원수를 갚기 위해 황조(黃祖)를 공격하는 황조토벌전 때입니다. 강을 사이에 두고 맞붙은 어느 전투에서, 손권의 진영은 적의 강력한 방진에 고전하고 있었습니다. 방어선은 철저했고, 보급로는 막힐 위기였습니다. 장수들은 모두 말을 아꼈고, 아무도 선뜻 돌파하겠다는 말을 하지 못했습니다. 그때 감녕이 앞으로 나섰습니다.

"저 감녕이 목숨을 걸고 강을 건너 적진을 깨뜨리겠습니다. 단 20명만 주십시오. 반드시 해내겠습니다. 한 번 입에 담은 말은 반드시 실천하겠습니다."

장내가 술렁였습니다. 누군가는 "미친 짓"이라며 고개를 저었고, 누군가는 "허세일 뿐"이라며 웃음을 삼켰습니다. 그러나 손권은 감녕의 눈빛을 똑바로 바라보며 고개를 끄덕였습니다.

"좋다. 맡겨보겠다. 너의 말, 기억하겠다."

그날 밤, 감녕은 조용히 20여 명의 정예병을 이끌고 강을 건넙니다. 달빛도 숨죽이고 있었고, 물결은 조용히 출렁였습니다. 적진은 그가 오리라 예상하지 못했고, 감녕은 신속하고도 치밀하게 적의 방어선을 관통했습니다. 적장은 혼비백산하여 후퇴하고, 그 틈을 타 손권군은 일제히 전진하여 전세를 뒤집습니다. 그 이후 감녕은 자원하여 적의 수군 방진을 돌파하고, 선봉으로 뛰어들어 황조를 참수하는 큰 공을 세웁니다. 이 전투로 감녕은 정식으로 장수의 지위를 얻고, 손권 진영 내에서 신뢰받는 전력이자 핵심 무장으로 발돋움합니다.

전투가 끝난 뒤, 손권은 그를 불러 술잔을 직접 내리고 말했습니다.

"그대가 이렇게 말에 책임을 다하는 사람인 줄은 몰랐소. 이제 이 강동의 중요한 일도 그대에게 맡길 수 있겠소."

그 순간, 감녕의 이름에는 더 이상 '불량배'의 그림자가 남아 있지 않았습니다. 그는 과거의 거칠고 어지러운 시간을 스스로 정화했고, 단 한 번의 행동으로 신뢰와 명예를 얻는 사람이 되었던 것입니다. 감녕은 말한 것을 반드시 실천했고, 행동한 것은 반드시 결과로 맺었습니다. 화려하지도 않았고, 대단한 말로 포장하지도 않았습니다. 다만 진심으로 내뱉은 말 한마디에 목숨을 걸었고, 그것을 끝까지 책임졌을 뿐입니다. 이런 그의 이야기는 오늘날에도 조용히 우리에게 조언을 합니다.

"말 한마디가 인생을 바꾸려면, 그 말이 진심이어야 하며, 그 진심은 반드시 행동으로 증명되어야 한다."

이것이 바로 감녕이 몸소 보여준 "언필행, 행필과(言必行, 行必果)"의 진정한 실천이었습니다.

다음은 백의종군(白衣從軍)의 고사성어가 유래된 오나라 여몽 사례입니다.

여몽은 병으로 몸이 약해져 군무에서 물러나 있었으나, 손권이 "네가 아니면 형주를 되찾을 수 없다"라고 설득하자 망설이지 않고 "몸은 병들었어도 반드시 이 일을 이루겠다"라고 맹세했습니다.

그는 백의종군 계략('흰옷을 입고 군에 나선다'라는 뜻. 여기서 흰옷은 군복이 아니라 평상복을 가리키며, 장수 신분을 숨기고 평범한 병사처럼 행동한다는 의미)으로 병사들 사이에 숨어 들어가 상대를 방심시켰고, 기습을 통해 형주를 손에 넣었습니다.

결국 여몽은 관우의 배후를 차단하는 데 성공하며 큰 공을 세웠고, 자신의 약점을 핑계 삼지 않고 약속한 바를 끝내 완수한 충성의 본보기가 되었습니다.

또 다른 사례로 제갈량은 유비 사후 촉한의 재상을 맡아 북벌(北伐)을 감행합니다. 그는 첫 출정에 앞서 유선에게 출사표(出師表)를 올리며 맹세합니다.

"신은 한 번 출정을 결의했으니, 목숨을 다해 북벌을 완수할 것입니다. 주공의 유지를 저버리지 않겠습니다."

그 말은 결코 수사적인 선언이 아니었습니다. 그는 다섯 차례나 북벌을 시도하며 병참과 전략, 외교에 전력을 다했고, 건강이 악화된 뒤에도 사망 직전까지 지휘를 멈추지 않았습니다. 그는 결국 오장원(五丈原)에서 과로로 병사합니다. 이 모습은 "행필과(行必果)"의 결정적 실천입니다. 자신이 서약한 일에는 결과를 내기 전까지 물러서지 않았던 사람. 한 번 뱉은 말은 반드시 실천하고, 실천은 반드시 결말을 본다는 이 정신이 제갈량이라는 이름을 오늘날까지 위대한 충신으로 남긴 것입니다.

말은 쉽고 빠르게 퍼져 나가지만, 정작 그 말이 현실에서 힘을 가지려면 행동이라는 토대가 필요합니다. 아무리 그럴듯한 말이라도 실천이 뒤따르지 않으면 공허한 메아리에 불과합니다. 결국 사람들의 마음을 움직이고 신뢰를 쌓는 것은 유창한 말솜씨가 아니라, 약속을 지키고 결과로 증명하는 꾸준한 행동입니다. 이것이 바로 고대의 격언 "언필행, 행필과(言必行, 行必果)"가 오늘날에도 여전히 울림을 주는 이유입니다.

오늘날 조직과 사회에서 진정한 리더란 어떤 사람일까요? 단순히 많은 말을 하는 사람이 아니라, 말한 바를 실천하며, 맡은 일에 대해 끝까지 책임지는 사람입니다. 팀원에게 "이번 프로젝트는 제가 책임지겠습니다"라고 말했을 때, 그 말이 단지 리더로서의 체면이 아니라, 실제로 모든 난관 앞에서도 "내가 말한 바니 반드시 결과를 내겠다"라는 태도로 이어질 때, 조직은 그 사람을 신뢰하게 됩니다.

"언필행, 행필과(言必行, 行必果)"는 자기 신뢰를 세우는 핵심입니다. 약속을 지키는 작은 실천들은 내면의 자존감을 키워주며, 남들보다 단단한 기반 위에서 살아갈 수 있게 합니다. 아무리 작고 소박한 말이라도, 끝까지 지켜낸 말은 사람의 신뢰를 얻고, 결국 자신의 운명을 바꾸는 힘이 됩니다.

22

신념이란 본질적 가치를 지키는 것이다
— 유비의 신념

"옥은 부서질지언정 그 순수함은 바뀌지 않고,
대나무는 불태워질지언정 그 매듭은 사라지지 않는다."

玉可碎而不可改其白, 竹可焚而不可毀其节
옥가쇄이불가개기백, 죽가분이불가훼기절

— 유비 —

오늘날 우리는 타협과 유연함을 미덕이라고 배웁니다. 그러나 때로는 지켜야 할 포기 못할 '선'이 있습니다. 이익 앞에서도, 불리한 상황 속에서도 꺾이지 않는 태도는 단순한 고집이 아니라 '신념'입니다. 그리고 삼국지에서는 이 진짜 신념이 외부 환경에 흔들리지 않는 내면의 기준이라고 말합니다.

위 명언은 원칙과 신념을 끝까지 지키면 조직의 진정한 성공과 개인에 대한 존경을 가져온다는 의미를 담고 있습니다. 이는 역사적 인물뿐만 아니라 현대 사회에서도 적용할 수 있는 보편적인 진리입니다.

한나라 말기, 천하는 혼란에 빠져 있었습니다. 권력과 야망을 좇는 간신들은 충신들을 모함했고, 정직한 관리들은 자주 희생되었으며, 백성들은 끊임없는 전란 속에서 신음했습니다. 충성과 배신이 뒤섞인 시대였습니다. 그러나 이러한 시대 속에서도 자신의 신념을 지키며 살아가는 자들이 있었습니다. 유비는 의형제인 관우와 장비와 함께 정의를 실현하고 백성을 보호하고자 하는 자신의 신념을 위해 싸우고 있었습니다.

어느 날, 유비는 초나라의 패잔병들과 함께 작은 성을 방어하고 있었습니다. 조조의 군대가 성을 포위했고, 수적 열세에 놓인 유비의 병사들은 하나둘씩 불안한 표정을 지었습니다. 식량도 얼마 남지 않았고, 무기도 부족했습니다. 백성들의 얼굴에도 두려움이 스며들었습니다.

그때 조조의 사자가 성 앞에 도착해 유비에게 전갈을 전했습니다.

"조공께서 말씀하시길, 유비 장군께서 항복하신다면 성 안의 모든 백성을 살려 주겠다고 하셨습니다. 반대로, 끝까지 저항하신다면 백성들도 무사하지 못할 것입니다."

성을 지키던 병사들이 술렁거리기 시작했습니다. 일부는

두려움이 가득한 얼굴로 유비를 바라보며 말했습니다.

"주군, 우리가 항복하면 백성들이 살아남을 수 있습니다. 전쟁이 길어지면 모두 굶주려 죽을 수도 있습니다."

그러나 유비는 성벽 위에 올라 단호한 눈빛으로 조조의 사자를 내려다보았습니다. 그는 조용히 입을 열었습니다.

"옥은 부서질지언정 그 순백함을 잃지 않고, 대나무는 불태워질지언정 그 매듭이 사라지지 않는다."

병사들과 백성들은 그의 목소리에 숨을 죽였습니다. 유비는 이어 말했습니다.

"이 성은 제가 아니라 백성들이 지켜야 할 터전입니다. 적에게 굴복하는 것은 저의 신념을 배신하는 것이고, 백성을 살리려는 제 뜻을 스스로 꺾는 것입니다. 우리가 지금 무릎을 꿇은들, 이 성을 넘긴들 조조가 과연 백성들을 살려줄까요? 아닙니다. 진정으로 백성을 살리려면, 제가 먼저 굳건해야 합니다."

유비의 강직한 말에 병사들은 다시금 창을 움켜쥐었고, 백성들의 얼굴에도 희망이 떠올랐습니다. 그는 직접 병사들과 함께 성벽을 보수하고, 화살을 나누어 주며 사기를 북돋았습니다. 군사들은 한마음으로 방어를 준비했고, 백성들도 물을 나르고 부상자를 치료하며 돕기 시작했습니다.

그렇게 며칠이 흘렀습니다. 조조의 군대는 계속해서 성을 공격했지만, 유비의 군사들은 결코 굴복하지 않았습니다. 마침내, 손권의 원군이 도착했고 조조의 군대는 후퇴할 수밖에 없었습니다. 끝까지 성을 지킨 백성들은 유비 앞에 무릎을 꿇고 감격에 찬 목소리로 말했습니다.

"주군께서 끝까지 굴복하지 않으셨기에, 우리가 살 수 있었습니다."

유비는 성벽 위에서 멀어지는 적군을 바라보았습니다. 피곤이 가득한 얼굴이었지만, 그의 신념만큼은 여전히 단단했습니다. 그날 밤, 관우가 유비에게 물었습니다.

"형님, 혹여 우리가 패배했다면, 백성들도 위험에 처했을 것입니다. 그럼에도 불구하고 항복할 생각이 전혀 없으셨습니까?"

유비는 미소를 지으며 말했습니다.

"무릎을 꿇어 얻은 평화는 오래가지 않는다. 신념과 의리를 버린다면, 우리가 살아남더라도 그것이 어찌 진정한 삶이라 할 수 있겠는가?"

그의 말에 장비도 크게 고개를 끄덕였습니다.

"형님은 곧은 대나무처럼 굽히지 않는군요. 그러니 형님을 따르는 자들이 이렇게 많은 것이겠지요."

그날 이후, 유비는 단순한 장수가 아니라, 백성을 위한 진정한 지도자로 기억되었습니다. 그의 굳은 신념은 전란 속에서도 빛을 발하며, 역사의 한 페이지에 강렬하게 남게 되었습니다.

유비는 한나라 황실의 후손으로서 자신이 천하를 바로잡고 민생을 안정시켜야 한다는 사명을 느꼈던 것입니다. 백성을 자신의 통치의 핵심으로 여겼기 때문에 그의 결단은 단순히 권력욕에서 비롯된 것이 아니라, 정의와 도덕에 뿌리를 둔 신념에서 비롯된 것이었습니다. 적의 협박이나 유혹에도 굴복하지 않고 싸움을 선택한 것은, 백성과의 신뢰를 저버리지 않으려는 그의 의지를 보여준 것입니다. 그의 심리에는 "내가 무너지면 백성이 혼란에 빠진다"라는 책임감이 강하게 자리 잡고 있었습니다.

유비는 도덕적 리더십과 의리를 강조했지만, 이는 그에게 무거운 책임감을 안기기도 했습니다. 의리를 지키기 위해 불리한 전투를 선택하거나 고난의 길을 가야 했던 그의 행보는 고독한 리더의 심리를 잘 보여줍니다. 유비는 자신의 선택이 부하와 백성들에게 미칠 영향을 누구보다 깊이 알고 있었기에, 올바른 결정을 내리기 위해 스스로에게 엄격했습니다.

'신념을 지키려는 리더'로서 유비는 타협하거나 물러서는 것을 거부했기에, 때로는 외로운 결정을 내리기도 했지만, 그는 이 고립감 속에서도 굳건히 신념을 지켰습니다.

삼국지 속 유비의 행동은 신념, 책임감, 자기 통제, 고독 속에서도 흔들리지 않는 결단력을 보여줍니다. 그의 행동은 우리에게 중요한 교훈을 제공하며, 자신의 원칙을 지키는 것이 결국에는 신뢰와 성공으로 이어질 수 있음을 상기시켜줍니다.

중국 역사상 신념과 소신의 또 다른 대표적 사례는 중국 상고시대 말, 상나라가 망하고 주나라가 일어설 때, 고죽국의 두 형제인 백이(伯夷)와 숙제(叔齊)의 이야기입니다. 두 형제는 한때 신하였지만 새로운 패권자인 주 무왕(周武王)이 은나라의 왕을 친 것에 대해 '불의한 일'이라며 주나라에서 벼슬을 거부합니다. 그들은 주 무왕이 은나라를 무너뜨리고 새로운 천자의 자리에 오르려 한다는 소식을 듣고 분노했습니다. "신하된 자가 어찌 군주를 치는가?" 백이는 검은 눈동자를 치켜들고 말했고, 숙제는 고개를 끄덕이며 대답했습니다. "비록 은이 몰락하고 백성이 고통받는다 해도, 의를 저버리는 것은 더 큰 죄다." 사람들은 그들을 고지식하다고 했지만, 형제는 세상의 흐름보다 자신의 원칙과 도리에 무게를 두었습니다.

주나라 조정은 이 형제를 초빙하여 새 왕조의 덕망 있는 인물로 모시고자 했지만, 형제는 단호하게 거절했습니다. "군주를 배반하고 세운 나라의 벼슬은 받지 않겠다." 그리하여 형제는 이름 없는 산으로 들어갔습니다. 그 산이 바로 수양산(首陽山)이었습니다. 그곳은 권력도, 영광도, 속세의 부귀도 없는 곳이었으나, 오직 한 가지, 그들의 지조만은 선명하게 지키고 있었습니다. 그들은 고사리를 캐 끼니를 때웠고, 흙탕물을 마시며 목을 축였습니다. 그러나 시간이 흐르자 산중의 겨울은 살을 파고들었고, 땅은 얼어붙어 더 이상 고사리조차 구할 수 없게 되었습니다. 굶주림이 그들을 삼키려 할 때조차 형제는 도를 굽히지 않았습니다.

사람들은 그 후로도 오랫동안 '수양산의 절개'를 노래했습니다. 권력이 바뀌고 시대가 흘러도 그 산에는 두 형제가 남긴 침묵의 신념이 바람처럼 흐르고 있었습니다. 많은 사람이 형제를 칭송하고, 그들의 수행을 따르고자 했습니다. 그것은 죽을지언정 도리를 굽히지 않은 인간의 의지, 대나무의 마디와 같이 결코 꺾이지 않는 정신이었습니다. 이들은 현실을 거스르고라도 자신이 옳다고 믿는 원칙을 끝까지 지킨 것입니다.

오늘날 우리는 점점 더 물질적 가치와 개인의 이익을 우선시하는 사회에 살고 있습니다. 많은 사람이 상황에 따라 자신의 신념을 쉽게 바꾸고, 이해득실을 계산하며 행동합니다. 특히, 사회적 지위가 높을수록 자신의 원칙을 유지하는 것이 점점 더 어려워지고 있습니다. 그러나 진정한 지도자는 순간적인 이익이나 개인적인 손해를 따지는 것이 아니라, 유비와 백이, 숙제 형제처럼 확고히 자신의 신념과 지조를 지켜야 합니다.

그렇다면 리더는 왜 자기 신념을 지켜야 할까요? 리더란 단순히 조직을 운영하는 사람이 아니라, 방향을 제시하고 사람들에게 신뢰를 주는 존재이기 때문입니다. 리더가 자신의 이익을 위해 신념을 바꾸고, 상황에 따라 말을 바꾼다면, 그를 따르는 사람들도 쉽게 흔들리게 됩니다. 반면, 어려운 상황에서도 자신의 원칙을 지키는 지도자는 조직과 사회에 강한 신뢰를 심어주며, 궁극적으로 더 큰 성공을 이루게 됩니다. 우리는 종종 빠른 성공과 단기적인 이익을 좇아 신념을 쉽게 저버리는 사람들을 봅니다. 하지만 진정으로 강한 사람은 환경과 압력에 의해 쉽게 흔들리지 않는 사람이며, 어떠한 상황에서도 자신의 신념과 가치를 지키는 사람입니다.

오늘날처럼 변화가 빠르고 불확실성이 높은 시대일수록, 더욱더 확고한 신념과 원칙이 필요합니다. 여러분은 어떤 선택을 하겠습니까? 부서지더라도 순수함을 유지하는 옥이 되겠습니까, 아니면 꺾이지는 않지만 쉽게 흔들리는 갈대가 되겠습니까?

23

상황에 관계없이
큰 뜻을 품는 것이 중요하다

— 노장 황충의 분투와 최후

> "늙은 말이 마구간에 누워 있어도
> 그 뜻은 천리를 달린다."
>
> 老驥伏櫪, 志在千里
> 노기복력, 지재천리
>
> — 삼국지 전체 맥락 중 —

현대 사회에서 우리는 '몇 살에 무엇을 해야 한다'라는 정해진 공식에 얽매여 살아갑니다. 몇 살에 취업하고, 몇 살에 결혼하고, 몇 살엔 안정을 이루어야 한다는 식의 사회적 기대는 사람들의 가능성을 나이로 재단합니다. 마치 젊어야 도전할 수 있고, 나이가 들면 새로운 시작은 사치라고 여기는 듯합니다. 그러나 세상에 '도전의 유효기간'이란 없습니다. 『삼국지』속 인물들은 고정관념을 통쾌하게 깨트리고 이러한 교훈을 실천했습니다.

대표적으로 삼국지 속 노년의 장수 황충(黃忠)이 있습니다. 그는 나이가 많음에도 불구하고 전장에서 용맹하게 싸워 자신의 뜻을 이루고자 했습니다. 그는 본래 한중 지역의 장수로 유표(劉表) 아래 있었고, 후에는 한수(韓遂)나 장로(張魯) 등의 군대에서 활동하다가 마침내 유비 진영에 귀속된 인물입니다.

그는 당시 이미 고령의 장수였고, 수염은 백발이 섞여 있었으며, 병사들조차 "저런 나이든 장수가 전장에 어울릴까?" 하고 의심할 정도였습니다. 그러나 황충은 "노쇠한 육신은 있어도, 꺾이지 않은 투지와 명예는 여전히 살아 있다"라는 것을 행동으로 증명합니다.

촉한과 위나라가 한중을 두고 첨예하게 맞서고 있던 시기, 조조는 명장 하후연을 한중 방면의 총사령관으로 임명하며 이 지역을 안정시키려 했습니다. 하후연은 빠른 기동력과 날카로운 판단으로 위나라 진영 내에서 손꼽히는 장수였고, 수많은 전투에서 공을 세운 자였습니다. 반면 유비는 병력도, 지리적 이점도 열세였고, 촉군 내부에서도 전세를 반전시킬 뾰족한 수가 보이지 않아 모두가 긴장에 휩싸여 있었습니다.

이때 조용히 제갈량이 나섭니다. 그는 유비에게 고개를 숙이며 말합니다.

"주공, 지금 필요한 것은 새로운 힘이 아니라, 잠재된 신뢰를 꺼내는 일입니다. 황충을 써 보십시오. 비록 나이가 많지만, 그 속에는 아직 타오르는 검이 있습니다."

유비는 잠시 망설입니다. 황충은 이미 백발이 성성한 노장이었고, 장수들의 대부분은 그를 전면에 세우는 것에 회의적이었습니다. 하지만 유비는 제갈량의 판단을 믿기로 하고, 마침내 황충에게 중책을 맡깁니다.

황충은 명을 받자 한 치의 망설임도 없이 출전 준비를 서두릅니다. 그는 일흔을 바라보는 나이였지만, 갑옷을 입고 말에 오르는 모습은 젊은 장수 못지않은 기세를 뿜어냈습니다. 그는 특공대를 조직하고, 조조군의 허를 찌를 기습 작전을 단행합니다. 적의 배후를 기습한 황충의 부대는 예상치 못한 경로로 진군했고, 혼란스러워진 조조 진영 한가운데서 마침내 하후연과 맞닥뜨립니다. 일순 검광이 번뜩이고, 하후연은 말 위에서 고꾸라집니다. 위나라 진영은 순식간에 붕괴의 조짐을 보였고, 이 전투의 패배는 위나라의 한중 통제를 사실상 상실하게 만들었습니다.

정군산 전투에서 황충이 세운 이 전공은 단순한 승리를 넘어, 촉한의 한중 진출을 완성하는 결정타가 되었습니다. 유비는 감격하여 그를 오관중낭장(五官中郞將)으로 임명하고,

마침내 오호대장군(五虎大將)의 한 사람으로 올립니다. 이는 젊은 장수들의 우뚝 솟은 용맹 사이에서도 늙은 장수의 지혜와 결단이 얼마나 위대한지를 증명한 사건이었습니다. 황충은 스스로 말합니다.

"늙었다고 해도, 뜻은 죽지 않았습니다. 아직도 내 검은 살아 있습니다."

황충의 일화는 단순한 전투의 승리가 아니라, "노기복력, 지재천리(老驥伏枥, 志在千里)"라는 말이 현실에서 어떻게 구현되는지를 보여주는 가장 생생한 사례입니다.

촉한이 형주를 회복하려는 과정에서 벌어진 번성 전투에서도 황충은 중요한 역할을 맡습니다. 관우가 조인을 포위하고 번성을 공격할 때, 황충은 우회 공격과 후방 교란 작전에 참여하여 조조군의 보급선을 차단하고, 관우의 측면을 지원합니다.

번성 전투는 삼국지에서 관우가 가장 빛났던 순간이자 동시에, 가장 쓰라린 패배로 이어진 전투였습니다. 당시 관우는 형주를 지키면서 조조 진영의 조인(曹仁)이 지키고 있던 번성을 공격하며 위나라의 심장을 향한 야심 찬 북진을 감행했습니다. 관우는 파죽지세로 진격하여 조인을 포위했고, 심지어 조조 진영의 명장 방덕(龐德)까지 참수하며 위나라의 간담을 서늘하게 만들었습니다. 그러나 이 공격이 장기전으로 접어들며, 관우에게는 안정된 후방 지원이 절실해졌고, 이에 따라 촉한 내부에서는 전략적으로 관우를 보조할 후방 교란 작전이 구상되었습니다.

이 작전의 한 축을 맡은 이가 바로 노장 황충이었습니다. 당시 황충은 고령이었음에도 불구하고 자원하여 관우의 작전에 협력하겠다고 나섭니다. 그는 직접 정예 소수 병력을 이끌고 조조군의 보급선과 통신로를 차단하는 임무를 맡았습니다. 황충의 전략은 단순한 정면 대결이 아닌, 적의 허를 찌르는 기습과 배후 교란에 초점을 맞춘 특공 작전이었습니다.

그는 산악 지형을 이용해 조조군이 예상하지 못한 경로로 침투했고, 적의 병참 부대를 기습하여 보급품을 불태우고 통신망을 끊어버리는 데 성공합니다. 이로 인해 조조군은 일시적으로 혼란에 빠졌으며, 관우의 포위 공격에 더욱 큰 부담을 느끼게 되었습니다. 관우의 진영에서는 황충의 이러한 지원 덕분에 한때 번성 함락이 임박했다는 희망까지 품었습니다.

그러나 전황은 예기치 않은 방향으로 흘렀습니다. 오나

라의 손권은 관우의 급속한 세력 확장을 경계하고 비밀리에 조조와 동맹을 맺어 형주를 기습합니다. 이로 인해 관우는 돌연 후방을 차단당한 채 고립되었고, 황충 역시 퇴로를 잃은 채 지속적인 교란 작전과 수습을 병행해야 했습니다. 결국 관우는 전장에서 포위되어 패배하고, 손권에게 붙잡혀 처형당하며 비극적인 최후를 맞이하게 됩니다.

하지만 황충은 이러한 혼란 속에서도 끝까지 임무를 이탈하지 않고, 병력을 지휘하며 퇴로를 확보하려는 시도를 멈추지 않았습니다. 그는 전장의 혼돈 속에서도 병사들의 생존을 먼저 생각했고, 가능한 한 많은 이들을 철수시키기 위해 노장의 몸을 이끌고 야습과 매복을 반복하며 최후까지 싸웠습니다.

비록 이 전투는 전략적 실패로 끝났고, 황충 역시 큰 손실을 입게 되었지만, 그가 보여준 군인으로서의 자세는 모든 장수에게 깊은 감명을 주었습니다. 그는 전세가 급변하는 상황 속에서도 자신의 위치를 벗어나지 않았고, 충성스럽고 신중하게 끝까지 임무를 완수하려 했던 장수로 기록되었습니다. 황충의 활약은 번성 전투의 본질을 바꾸지는 못했지만, 위기 속에서도 '책임을 다한 무장'의 상징으로 남게 되었으며, 그 늙은 몸 안에 깃든 불굴의 의지는 촉한의 군사들에게 강한 울림을 주었습니다.

또한 황충은 평소 병사들을 극진히 아끼는 장수로도 유명했습니다. 전투에 앞서 병사들의 상태를 꼼꼼히 점검하고, 부상자를 직접 돌보며 전장에서 이탈하지 않도록 독려했습니다. 동시에 그는 군율에 있어서는 한 치의 너그러움도 없는 단호한 장수였습니다. 휘하 장수들에게 "내가 늙었다고 약하게 보지 말라. 책임은 무겁고 전장은 냉혹하다"라고 강조했습니다.

『삼국지연의』에서 황충의 마지막 전투는 바로 유비의 오나라 정벌, 즉 이릉전투(夷陵之戰)에서 벌어집니다. 이 전투는 유비가 관우의 죽음에 대한 복수를 위해 오나라를 공격하면서 시작된 것으로, 삼국지 전체에서 가장 비극적이고, 촉한의 앞날을 어둡게 만든 결정적인 분기점이기도 합니다. 그리고 그 무대에서 황충은 삶의 마지막까지 충성을 다한 장수로서의 면모를 보여줍니다.

관우는 형주에서 조조와 손권의 협공을 받아 전사하고, 관우의 죽음은 유비에게 형제를 잃은 고통 그 이상이었습니다. 유비는 분노와 슬픔에 사로잡혀 제갈량과 신하들의 만류에도 불구하고, 대군을 이끌고 오나라 정벌에 나섭니다. 이때 촉한의 많은 장수들이 출전했으며, 이미 고령에 접어든 황충 역시 자청하여 이 전쟁에 참여합니다. 그는 "관 장군이 형제를 위해 죽었거늘, 내가 어찌 병석에 앉아 있을 수 있겠는가"라고 말하며, 끝까지 전장에서 함께하겠다는 의지를 드러냅니다.

이릉전투는 촉한과 오나라 사이에 벌어진 치열한 전투로, 지형이 복잡하고 계곡과 산림이 많아 오나라가 방어에 유리한 상황이었습니다. 황충은 이 전투에서 선봉장 역할을 맡아 산악 지역의 우회로를 따라 적진 깊숙이 침투하는 임무를 수행합니다. 그러나 오나라의 젊은 명장 육손(陸遜)은 이미 지형을 철저히 파악하고 있었고, 유비군의 진로를 예측해 매복을 준비해 두었습니다. 황충의 부대가 계곡 깊숙이 들어선 순간, 사방에서 화살이 쏟아졌고, 황충은 이때 다리에 치명적인 부상을 입습니다. 부하들이 즉시 퇴각을 시도하며 황충을 업고 나왔지만, 이미 화살이 깊이 박혀 출혈이 심한 상태였습니다.

부상을 당한 황충은 유비의 진영으로 후송되었고, 유비는 그 소식을 듣자 직접 황충의 진영을 찾아가 손을 잡고 눈물을 흘립니다.

"과인이 노장께 괴로움을 드렸습니다. 관우를 위해 이토록 애써 주시다니…."

하지만 황충은 오히려 미소를 지으며 이렇게 말합니다.

"관 장군은 의로웠고, 나는 그 의를 따랐을 뿐입니다. 제 목숨이 그 길에 쓰였다면, 후회가 없습니다."

그는 잠시 후, 병상에서 숨을 거두며 생을 마감합니다. 『삼국지연의』에서는 이 장면을 매우 비장하게 그리며, 황충의 죽음을 단순한 전사(戰士)가 아닌, 의리와 충성, 그리고 노장으로서 마지막까지 끝까지 싸운 인생의 마무리로 묘사합니다.

"노기복력, 지재천리(老驥伏枥, 志在千里)" 이 말은, 단순히 고전문학 속의 시구가 아니라, 오늘날 인생의 후반전을 준비하거나, 은퇴 후 제2막을 꿈꾸는 사람들에게 깊은 울림과 용기를 주는 말입니다.

많은 사람이 은퇴를 앞두거나, 일터에서 물러날 시점이 다가오면 스스로를 '퇴장해야 할 사람'으로 인식합니다. 하지만 황충은 그런 고정관념을 깨뜨렸습니다. 늙었지만 여전히 의미 있는 일을 할 수 있고, 노장이지만 새로운 전환점에서 다시 출발할 수 있다는 것을 그의 생애가 증명합니다.

현대를 살아가는 사람들도 마찬가지입니다. 50세, 60세, 70세가 넘었다고 해서 끝이 아닙니다. 오히려 그동안 쌓아온 경험, 인내, 인간관계, 통찰력은 젊은이들이 쉽게 가질 수 없는 보배입니다. 그 힘으로 두 번째 인생의 깃발을 다시 들 수 있고, 새로운 일을 시작하거나, 후배들을 이끄는 멘토로, 혹은 스스로의 오랜 꿈을 향해 나아가는 개척자로 살아갈 수 있습니다. 중요한 건 '천 리를 달리고자 하는 뜻'입니다. 몸이 편안한 자리에 있다고 해서, 마음까지 쉬어야 하는 것은 아닙니다.

황충처럼, 끝까지 자신이 할 수 있는 자리를 찾고, 마지막까지 뜨겁게 쓰인다는 의지, 바로 그것이 "노기복력, 지재천리(老驥伏枥, 志在千里)"의 참된 의미입니다. 오늘도 어딘가에서 새로운 인생의 도전을 고민하는 이들에게, "나이가 들었다고 물러서지 말라. 너의 천리는 아직 끝나지 않았다"라고 황충은 이야기하고 있습니다.

24

계획은 인간의 몫이지만, 성패는 하늘에 달려 있다

— 조조의 깨달음

"일을 꾀하는 것은 사람이지만,
이루어지는 것은 하늘에 달려 있다."

謀事在人, 成事在天
모사재인, 성사재천

— 조조 —

현대는 하루를 15분 단위로 쪼개고, '갓생'을 살기 위해 모든 것을 계획표에 맞춰 살아가는 시대입니다. 일과 공부, 인간관계까지도 철저히 계산된 루틴 속에 넣으려 애쓰는 사람들은 많지만, 정작 예상과 다른 흐름 앞에서는 무너지는 모습도 쉽게 찾아볼 수 있습니다. 계획이 조금만 틀어져도 조급해지고, 뜻대로 되지 않으면 자신을 탓하며 모든 걸 내려놓아 버리는 이들이 많습니다. 『삼국지』의 영웅들도 철저한 계획 속에 살았지만, 그 누구도 '결과'만큼은 장담하지 않았습니다.

위 명언은 『삼국지연의』에서 조조가 적벽대전에 패한 후한 말로 전해집니다. 이는 조조의 현실적이고 냉철한 관점을 반영하는 동시에, 인간의 힘으로 모든 것을 통제할 수 없다는 숙명론적인 사고를 담고 있습니다. 조조는 삼국 시대의 혼란 속에서 강력한 권력을 구축하고, 여러 차례 크고 작은 전쟁을 치르며 자신의 패권을 확장했습니다. 그는 뛰어난 지략과 군사적 재능을 바탕으로 수많은 전투에서 승리했지만, 항상 승리할 수는 없었습니다. 특히 이 말이 나오는 장면은, 조조가 아무리 철저하게 계획을 세우고 정밀하게 전략을 짜더라도, 최종적인 결과는 인간의 힘만으로 결정될 수 없다는 깨달음을 표현하는 순간입니다. 조조는 천문(天文), 지리(地理), 병법(兵法)에 능통했으며, 자연의 변수, 인간의 감정, 우연한 사건 같은 요소들이 항상 전쟁과 정치에 영향을 미친다는 사실 또한 알고 있었습니다.

장강 위로 붉은 노을이 퍼지며, 강을 따라 끝없이 이어진 조조의 함선들이 마치 검은 파도처럼 밀려오고 있었습니다. "나는 천하를 통일할 자다." 화북을 평정한 그는 이제 강남을 차지하려는 야망을 품고 있었습니다. 자신감에 차 있던 조조는 강을 건너기만 하면 유비와 손권의 연합군 따위는 단숨에 무너뜨릴 수 있을 것이라고 확신했습니다. 하지만 전쟁의 결과는 그의 예상과 정반대였습니다.

장강에 도착한 조조는 문제가 있음을 깨닫기 시작했습니

다. 그의 군대는 평원에서 싸우는 것에 익숙할 뿐, 거대한 강과 물살에는 적응하지 못했습니다. 병사들은 뱃멀미에 시달렸으며, 물에 빠지는 자들도 많았습니다. 조조는 이를 해결하기 위해 배들을 서로 묶어 거대한 하나의 부유 요새처럼 만들었습니다. 이렇게 하면 배의 흔들림이 줄어 병사들이 안정감을 가질 것이라 판단했습니다. 하지만 그것이 치명적인 약점이 될 줄은 미처 알지 못했습니다.

반면, 손권과 유비의 연합군은 조조의 약점을 꿰뚫어 보고 있었습니다. 특히 제갈량은 강동의 수군이 강하다는 점을 이용해 화공(火攻) 전략을 구상했습니다. 하지만 문제는 바람이었습니다. 조조의 진영을 향해 불을 지르려면 남쪽에서 북쪽으로 바람이 불어야 했습니다. 그러나 당시 계절적으로 볼 때 북풍이 불 가능성이 컸으며, 남쪽에서 바람이 부는 경우는 극히 드물었습니다.

그러나 제갈량은 차분하게 바람을 기다렸습니다. 그는 하늘을 보며 기도를 올렸고, 조용히 중얼거렸습니다.

"동남풍이 불 것이다."

드디어 운명의 순간이 찾아왔습니다. 깊은 밤, 조용히 강을 감싸던 공기가 서서히 움직이기 시작했습니다. 동남풍이 불어오기 시작한 것이었습니다. 이미 손권의 장수 황개(黃蓋)의 화공선(火攻船)은 불길을 품고 조조의 군선을 향해 다가가고 있었습니다.

"지금이다!"

손권의 수군이 화공선을 밀어 넣었고, 불꽃을 싣고 있던 배들은 바람을 타고 조조의 함선으로 빠르게 접근했습니다. 배를 묶어 두었던 조조의 함대는 단숨에 거대한 불길 속에 휩싸였고, 빠져나갈 길조차 없이 전소되었습니다.

병사들은 절망하며 강물로 뛰어들었으나, 강한 조류 속에서 살아나올 수 없었습니다. 조조는 불타는 함대를 바라보며 얼굴이 새하얗게 질렸습니다. 기세등등했던 조조의 예상과 달리, 자신이 믿고 있던 병사들은 물과 불 앞에서 무력했고, 장강은 여전히 오나라의 것이었습니다.

아무리 뛰어난 지략을 가진 조조라도 하늘의 뜻까지 거스를 수는 없었습니다. 그제야 그는 깨달았습니다. 인간이 아무리 완벽한 계획을 세운다 해도, 자연이 결정하는 운명의 흐름을 바꿀 수는 없는 법이었습니다. 결국 조조는 패배를 인정하고 퇴각하면서 중얼거렸습니다.*

"모사재인, 성사재천(謀事在人, 成事在天, 일을 꾀하는 것은 사람이지만, 이루어지는 것은 하늘에 달려 있다)"

그의 말에는 후회도, 체념도, 깨달음도 섞여 있었습니다. 그는 천하를 통제할 수 있다고 믿었지만, 하늘은 그에게 다른 답을 내놓았습니다. 그날의 패배는 단순한 군사적 패배가 아니었습니다. 그것은 조조가 처음으로 자신의 한계를 마주한 순간이었습니다.

조조는 천하를 제패하려는 야망을 품고 있었으나, 적벽대전에서 손권과 유비의 연합군에 의해 치명적인 패배를 겪었습니다. 그는 수십만 대군을 이끌고, 철저한 전략과 전술을 세워 승리를 확신했지만, 바람이라는 작은 변수 하나가 모든 것을 뒤집어 놓았습니다. 이 말은 단순한 패자의 변명이 아닙니다. 오히려 조조의 철저한 현실 인식과 깊은 통찰을 담고 있는 문장입니다. 인간은 최선을 다해 계획하고 노력하지만, 그 결과는 반드시 인간의 의지대로 이루어지는 것이 아닙니다. 이는 단순한 운명론이 아니라, 인간이 통제할 수 없는 요소를 인정하는 태도이며, 삶에서 우리가 가져야 할 근본적인 지혜를 제시하는 철학적 사유입니다.

---

* 본문의 적벽대전 이야기는 나관중의 『삼국지연의』에 등장하는 내용으로, 진수의 『삼국지』에서는 전투의 실제 주도자는 주유로 간주되며, 제갈량은 외교적 사절로 묘사됩니다. 조조의 패배 원인 또한 풍토병, 보급 문제, 수군의 미숙함 등, 현실적인 실패 요인으로 보고 있습니다.

우리는 살아가면서 끊임없이 계획을 세웁니다. 어떤 사람은 철저한 준비 끝에 사업을 시작하고, 어떤 사람은 오랜 시간 공부하여 시험을 치릅니다. 하지만 모든 것이 우리의 뜻대로 이루어지지는 않습니다. 예상치 못한 시장의 변화, 갑작스러운 건강 문제, 시대적 흐름의 변화 등 우리가 통제할 수 없는 변수들이 우리의 운명을 결정하기도 합니다. 조조는 적벽대전에서 자신의 전략이 완벽했음에도 불구하고, 바람이라는 자연의 흐름 앞에서 속수무책이었습니다. 결국, 인간이 아무리 철저히 준비하더라도 '성사재천(成事在天)', 즉 결과를 결정하는 것은 우리가 아닌 보다 거대한 힘일 수 있음을 깨닫게 됩니다.

그러나 적벽대전에서 패배한 이후에도 조조는 좌절하지 않았습니다. 그는 즉시 전열을 가다듬고 북방의 내정을 정비하며 다시 천하 통일의 기반을 다졌습니다. 그중 대표적인 사례가 한중 공략입니다. 조조는 서촉으로의 길목이 되는 한중(漢中)을 차지하기 위해 장로(張魯)를 정벌했고, 결국 건안 20년(215년)에 장로를 항복시키며 전략적 요충지를 손에 넣었습니다. 이는 단순한 지역 장악이 아닌, 유비와 제갈량이 도모하던 서천 진입로를 봉쇄함으로써 촉한의 확장을 견제하는 결정적인 수였습니다. 이후 유비가 한중을 놓고 조조와 정면충돌했으나, 조조는 병참과 보급로 확보를 우선시하며 서둘러 전투에 나서지 않는 신중함을 보였습니다. 이는 조조가 적벽의 패배를 교훈 삼아 무리한 진격보다는 현실적인 전략과 장기전에 초점을 맞춘 냉철한 판단을 바탕으로 행동하고 있었음을 보여줍니다. 결과적으로 조조는 무리하게 전선을 확장하지 않고 철수하는 결단을 내렸습니다. 이처럼 그는 실패 이후에도 절망하지 않고, 치밀한 준비와 판단으로 다음 기회를 모색해간 지도자의 면모를 여실히 드러냈습니다.

다음의 제갈량의 사례도 이와 같은 의미를 깨닫게 합니다. 제갈량은 유비가 세상을 떠난 후, 촉한의 부흥과 한실 재건을 목표로 삼고 북벌을 감행했습니다. 그는 뛰어난 전략가였으며, 철저한 계획과 세밀한 병참 준비를 바탕으로 군대를 이끌고 조위 정벌에 나섰습니다. 그의 목표는 단순한 전쟁의 승리가 아니라, 무너져가는 촉한을 다시 일으켜 세우고 한나라의 정통성을 회복하는 것이었습니다. 그러나 현실은 그의 뜻대로 흘러가지 않았습니다. 촉한의 국력은 조위에 비해 현저히 부족했고, 설령 전투에서 승리를 거두더라도 지속적인 전쟁을 수행하기에는 병력과 자원이 턱없이 모자랐습니다. 그는 몇 차례 조위의 방어선을 뚫고 사마의를 궁지에 몰아넣기도 했지만, 근본적인 국력 차이를 극복할 수 없었습니다.

제갈량은 신중하고 치밀한 인물이었기에 모든 상황을 철저히 계산했으나, 예상하지 못한 변수가 그의 길을 막았습니다. 내부에서는 촉한의 신하들이 분열하고, 남만(南蠻)의 이민족들이 끊임없이 반란을 일으켰습니다. 외부에서는 조위가 사마의를 중심으로 강력한 방어 체계를 구축하며 촉한의 공세를 효과적으로 막아냈습니다. 또한, 장기적인 전쟁 수행에 필요한 군량을 확보하는 것조차 어려웠습니다. 제갈량은 매번 세밀한 계책을 세웠지만, 그 계책이 현실에서 발휘될 만큼 촉한의 기반이 튼튼하지 못했습니다. 그는 최선을 다했지만, 한나라의 운명은 이미 기울어가고 있었고, 촉한은 점차 쇠퇴해갔습니다.

결국 제갈량은 오장원에서 병을 얻어 끝내 숨을 거두었습니다. 그는 마지막까지 나라를 위해 헌신했고, 모든 전략과 전술을 동원했지만, 결국 역사의 흐름을 바꾸지 못했습니다. 그가 남긴 업적과 지략은 후대에도 높이 평가되었으나, 현실에서 그는 원하는 바를 이루지 못한 채 생을 마감했습니다. 그의 이야기 또한 "모사재인, 성사재천(謀事在人, 成事在天)"이라는 말과 정확히 맞아떨어집니다. 인간이 아무리 철저한 전략과 노력을 기울인다 해도, 시대의 흐름과 운명의 힘을 거스를 수는 없습니다. 제갈량이 지닌 지혜와 노력은 의심할 여지가 없었으나, 그의 시대는 이미 촉한이 기울고 위나라 조위가 강성해지는 흐름 속에 있었습니다. 결국 그는 운명을 받아들일 수밖에 없었고, 그의 북벌은 끝내 이루지 못한 채 역사 속으로 사라졌습니다.

이렇듯 제갈량의 북벌은 결과적으로 조위 정벌에 실패했지만, 그가 남긴 노력과 리더십은 촉한의 국가 기반을 장기간 유지하게 만든 원동력이 되었습니다. 그는 전쟁 중에도 내정을 소홀히 하지 않았고, 병사들의 사기를 높이며 백성들의 부담을 최소화하려 힘썼습니다. 또한 그는 죽음을 앞두고도 후계자인 강유(姜維)에게 북벌의 의지를 계승하게 하며, '의(義)'와 충성심을 국가 운영의 중심 가치로 남겼습니다. 비록 조위를 무너뜨리지는 못했지만, 제갈량의 이런 통치는 촉한 백성들에게 신뢰를 주었고, 후대 역사서에서도 그는 한 사람의 정승(丞相)을 넘어 '완전한 리더'로 평가받게 됩니다. 결국 제갈량은 역사의 흐름을 거스를 수는 없었지만, 그의 진심 어린 노력과 헌신은 시대를 넘어 후대에까지 깊은 울림을 주었습니다. 이처럼 노력은 결과가 아닐지라도 인간의 마음을 움직이고, 작은 변화를 이끌며, 결국 역사의 품격을 바꾸는 씨앗이 될 수 있습니다.

조조가 남긴 이 한 마디는 오늘날까지도 중요한 가르침을 주고 있습니다. 우리는 목표를 향해 끊임없이 나아가야 하지만, 때때로 삶이 예상과 다르게 흘러갈 때 이를 인정하고 유연하게 대처할 수 있어야 합니다. 운명을 인정한다는 것이 곧 운명에 순응하고 포기하는 것을 의미하지는 않습니다. 오히려 조조의 말은 인간이 최선을 다해 노력해야 한다는 점을 강조합니다. '모사재인(謀事在人)', 즉 계획을 세우는 것은 인간의 몫이기 때문입니다. 인간은 자신의 위치에서 최선의 전략을 세우고, 끊임없이 노력해야 합니다. 그러나 동시에 '성사재천(成事在天)', 즉 결과가 항상 우리의 뜻대로 되지는 않음을 받아들이고, 변화에 맞춰 유연하게 대응하는 자세도 필요합니다.

우리는 삶에서 목표를 세우고 최선을 다해 계획을 실행하지만, 모든 것이 우리의 뜻대로 이루어지는 것은 아닙니다. 우리는 스스로 모든 것을 통제할 수 있다고 착각하지만, 실상은 그렇지 않습니다. 겸허한 사람은 자신의 한계를 인정하고, 세상의 흐름을 받아들일 줄 압니다. 하지만 교만한 사람은 자신의 뜻대로 일이 이루어지지 않을 때, 세상을 원망하고 좌절합니다. "모사재인, 성사재천(謀事在人, 成事在天)"이라는 말은 인간이 운명을 인정하고 겸허한 태도를 가질 때 비로소 삶을 더 넓은 시각에서 바라볼 수 있음을 가르쳐 줍니다.

PART 5

진정한 승리는
사람의 마음을 읽는 데 있다

인간의 본질을 묻다

"승리는 칼끝에서 나오지 않는다.
마음을 얻은 자가 천하를 얻는다."

25

전쟁의 본질은 속임수다

— 공성계, 허장성세, 연환계

"전쟁이란 속임수의 도(道)이다."

兵者, 詭道也
병자, 궤도야

— 삼국지 전체 맥락 중 —

비즈니스든 인간관계든, 세상은 정면 승부만으로는 움직이지 않습니다. 드러난 힘보다 감춰진 계책이 더 강력한 경우도 많습니다. 오늘날에도 살아남는 자는 정직한 자가 아니라, 정직함을 전략적으로 사용할 줄 아는 자입니다. 이러한 공식은 『삼국지』의 전체를 꿰뚫는 전략적 세계관을 상징하는 문장이기도 합니다. 특히 위 명제는 『삼국지』에 등장하는 수많은 장수와 책사들의 전술, 전략, 심리전 속에서 일관되게 실현되고 있습니다.

가장 유명한 사례인 제갈량의 '공성계(空城計)'는 전력이 비어 있는 상태를 정면으로 드러내면서도 적에게는 오히려 위험이 크다고 믿게 만드는 기만전입니다. 이 계책은 성 안을 즉시 확인하기 어려운 정보 비대칭을 이용하고, 지휘관의 전적에서 축적된 신뢰에 기대며, 성문 개방이나 악기 연주처럼 의도적으로 태연하게 행동함으로써 적에게 함정을 파놓고 기다리는 듯한 의도를 전달하여 상대의 오판을 유도합니다.

이는 허(虛)를 연출해 전세의 기울기인 세(勢)를 뒤집는 전장 퍼포먼스(battlefield performance, 전장에서의 연극적 연출)였습니다. 이처럼 제갈량은 실력만이 아닌 심리전, 기세, 판단의 주도권을 통해 상대의 의지를 꺾는 데 성공했습니다.

『손자병법』의 언어로 보면 공성계는 허실(虛實)을 다루는 대표적인 전술입니다. 결국 전쟁은 눈에 보이는 병력이 아닌, 눈에 보이지 않는 지략과 용기의 싸움임을 증명한 것입니다.

두 번째는 조조의 '허장성세(虛張聲勢)' 전략입니다. 조조는 적군보다 병력이 적을 때, 병사들에게 갑옷을 이중으로 입히고, 횃불을 두 배로 밝히게 하여 대군처럼 보이게 한 적이 많습니다.

조조가 펼친 허장성세(虛張聲勢) 전략은 실제『삼국지』와 『삼국지연의』 속에서 여러 전투에서 반복적으로 사용되었지만, 그중에서도 가장 대표적이고 널리 알려진 사례는 바로 적벽대전 직후, 남군(南郡) 방면으로 퇴각하던 조조의 퇴로 장면에서 찾아볼 수 있습니다.

어느 깊은 밤, 조조는 전략 거점 중 하나인 관중 근방에서 뜻밖의 위기를 맞이합니다. 정찰병의 보고에 따르면, 적군이 예상보다 훨씬 빨리 진군하고 있으며, 병력도 조조군의 두세 배에 달한다는 것이었습니다. 당시 조조는 다른 지역에 병력을 분산해 놓은 상태였고, 수하에 남아 있는 병사는 고작 몇천에 불과했습니다. 장수들은 모두 당황하며 방어 진지 구축을 건의했지만, 조조는 고개를 저으며 조용히 말합니다.

"지금 우리가 해야 할 일은 싸우는 것이 아니라, 싸우지 않고 이기는 것이다."

그는 즉시 병사들에게 명령을 내립니다.

"모든 병사는 갑옷을 이중으로 입고, 횃불을 기존의 두 배로 밝히며, 야간에는 일부러 진지 곳곳을 순찰하듯 이동하라. 적군의 척후병이 보고할 수 있게 움직여라. 그리고 북을 크게 울려라."

조조는 병사의 수가 적다는 약점을 숨기기 위해, 기세를 부풀리는 '허장성세(虛張聲勢)'의 전술을 펼친 것입니다. 병사들은 말없이 조조의 지시에 따라 움직였고, 성 밖은 마치 수만의 대군이 포진해 있는 듯한 분위기로 휘몰아쳤습니다. 불빛은 산등성이를 타고 번져나갔고, 북소리는 밤하늘을 진동시키며 메아리쳤습니다. 적군의 척후병은 이 장면을 목격하고 크게 놀랍니다.

"조조가 이미 매복을 완성해두었다. 무모하게 움직였다가는 전멸당할 것이다."

그 보고를 들은 적장 역시 주춤하며 진군을 멈춥니다. 그는 조조의 이름만으로도 위압감을 느끼고 있었던 터라, 눈앞의 상황이 실체인지 아닌지를 따질 틈도 없이 후퇴를 결정합니다. 다음 날, 조조는 병사들을 이끌고 적군이 물러난 야영지를 조용히 지나며 이렇게 말합니다.

"군세는 물과 같아서, 형체보다 흐름이 중요하다. 병력은 수보다 기세가 중요하다. 적의 마음을 제압하면, 이미 이긴 것이다."

조조는 병력이 부족한 상황에서도 기세와 심리를 이용하여 적을 물리쳤으며, 그는 강한 자가 이기는 것이 아니라, 강해 보이는 자가 먼저 이긴다는 진리를 보여주었습니다. 허장성세는 이처럼 겉을 부풀리는 것만이 아니라, 상대의 심리를 읽고 그 허를 찌르는 지략의 기술이었습니다. 그리고 조조는 이 기술을 누구보다 탁월하게 다룰 줄 아는 전략가였습니다.

세 번째는 전쟁은 본디 정직한 게임이 아니라는 것입니다. 승부는 칼이 아닌 거짓과 기만에서 갈리는 경우가 많습니다. 주유가 펼친 '연환계(連環計)'는 그러한 전쟁의 본질을 가장 잘 보여주는 대표적인 사례입니다. 적벽대전의 승리는 화공(火攻)의 위력에서 비롯된 것이 아니라, 그 불을 가능하게 만든 한 줄기 속임수에서 출발했습니다.

주유는 조조의 대군이 수전에 미숙하고, 병사들이 물 위에서 불안정함을 느낀다는 사실을 간파했습니다. 그러나 그는 단순히 그 약점을 이용해 방어하는 데 그치지 않고, 오히려 조조 스스로 그 약점에 더욱 깊이 빠져들게 만들었습니다. 간첩을 통해 '배를 쇠사슬로 묶으면 흔들림이 덜할 것'이라는 이야기를 흘렸고, 조조는 이 조언을 받아들여 배를 서로 묶어 놓는 실수를 범하게 됩니다.

이후 벌어진 불길은 이미 짜인 판에서 일어난 결과에 불과했습니다. 일부러 아군에게 매를 맞고 핍박받는 척 조조를 속인 황개의 고육지계 위장 항복, 제갈량의 동남풍 예언, 그리고 조조를 기만한 연환 방식은 모두 주유가 기획한 전략의 일환이었습니다. 주유는 적의 심리를 정확히 꿰뚫고, 그 심리적 틈을 이용해 전황 전체를 설계했습니다. 그의 전쟁은 무력의 싸움이 아니라, 냉철한 연출이었습니다.

'연환계'는 단지 교묘한 속임수가 아닙니다. 그것은 전쟁이라는 불안과 공포의 무대에서 누가 더 침착하고 치밀하게 인간의 심리를 조작할 수 있는가를 보여주는 전략이었습니다. 이 전투의 승리는 전쟁의 본질이 기만이라는 사실을 직시한 사람만이, 판을 짜고 역사를 바꿀 수 있음을 증명했습니다.

"병자, 궤도야(兵者, 詭道也, 전쟁이란 속임수의 도(道)이다)"라는 이 문장은 원래 『손자병법』 제1편 계편(計篇)에도 등장합니다. 손자가 말한 '궤도(詭道)'는 단순한 거짓말이나 사기극이 아니라, 전쟁이라는 극한의 현실 속에서 살아남고 이기기 위해 필요한 지략, 심리전, 기만전술, 창의성과 같은 전략적 유연성을 통칭하는 개념입니다. 즉 전쟁에서 반드시 정면으로 싸울 필요는 없으며, 때로는 약한 척하며 적을 유인하고, 강한 척해 적을 물러서게 만들며, 거짓 퇴각으로 방심을 유도하거나 거짓 화친으로 시간을 벌 수 있는 등 상황과 목적에 따라 다양한 기만술을 사용하는 것이야말로 승리의 핵심이라는 의미입니다.

손자는 "능하면서도 무능한 척하고, 움직이면서도 움직이지 않는 척하라"라고 말하며 정보와 심리를 교란하는 것이야말로 싸우지 않고 이기는 지혜라고 강조합니다. 손자가 말한 '속임수'는 결코 비겁함이 아닌 전략적 지혜이며, 우리가 일상 속에서 판단을 내리고 목표를 이룰 때 꼭 기억해야 할 통찰의 도입니다.

이는 단지 고대의 전장에서만 통하는 전략이 아니라, 오늘날과 같이 복잡하고 예측 불가능한 현대 사회, 특히 비즈니스와 조직 경영에서도 깊은 통찰을 제공하는 지침입니다. 현대의 기업 경영은 단순한 생산과 소비를 넘어, 변화무쌍한 시장 환경 속에서 빠르게 대응하고 끊임없이 경쟁하는 전쟁터와도 같습니다. 이 속에서 뛰어난 리더는 단순히 정직하고 성실한 태도만으로는 성공을 장담할 수 없으며, 상황을 꿰뚫는 냉철한 판단력과 전략적 사고가 요구됩니다.

예를 들어 제품 출시 일정이나 마케팅 전략을 일부러 감추거나 돌려 말함으로써 경쟁사의 추격을 피하고, 내부 기술력을 외부에 과소평가시키며 실제로는 치밀한 준비를 해둔다면 이는 현대적 의미의 '궤도'입니다.

조직을 이끄는 리더 역시 자신이 모든 것을 통제하고 있음을 드러내기보다, 의도적으로 빈틈을 보여주며 팀원들의 창의성과 참여를 유도할 수 있습니다. 외부와의 협상에서도 자신이 원하는 조건을 단순히 직접 요구하기보다는, 상대의 필요와 심리를 분석하고 우회적으로 설득함으로써 더 좋은 조건을 이끌어낼 수 있습니다.

결국 "병자, 궤도야(兵者, 詭道也)"라는 말은 변화와 불확실성이 지배하는 시대일수록 진정한 리더는 정공법과 기만을 균형 있게 활용하고, 정직함과 전략적 사고를 동시에 갖춘 사람이어야 한다는 교훈을 줍니다. 이는 '무엇을 하느냐'보다 '어떻게 하느냐'가 더욱 중요한 시대, '보이는 것보다 보이지 않는 것을 설계할 줄 아는 능력'이 곧 리더십의 본질임을 일깨워줍니다.

26

위대한 존재는 더 큰 것을 수용한다
— 영웅들의 포용성

"산은 높음을 마다하지 않고,
바다는 깊음을 싫어하지 않는다."

山不厭高, 海不厭深
산불염고, 해불염심

— 삼국지 전체 맥락 중 —

진정한 위대함은 자신이 가진 것에 만족하지 않고, 더 높은 곳을 향해 나아가며, 더 많은 것을 품을 수 있는 그릇에서 비롯됩니다. 산이 높다고 자만하지 않는 것처럼 성장하는 사람은 언제나 배우고 받아들이는 데 인색하지 않습니다. 동시에 높은 산에 오르는 것을 두려워하지 않고, 깊은 바다에 빠지는 것을 꺼리지 않습니다. 이 위대한 사람의 덕목은 『삼국지』속 지도자들 전반에 나타나는 사고입니다.

특히 위 명제는 조조가 자신의 포부와 야망을 노래하며 강조한 문구로, 위나라 군사적 성공의 밑바탕이 된 조조의 이상을 잘 보여줍니다. 그는 큰 뜻을 품고 끝없이 지식을 쌓고 영토를 확장하려는 자신의 비전을 이 문장으로 표현했습니다. 적벽대전에서의 참패 이후, 조조는 무거운 침묵 속에 북으로 철수했습니다. 대군이 불에 타 사라지고, 수많은 장수들이 목숨을 잃었으며, 천하 통일의 길은 다시 먼 여정이 되어 버렸습니다. 그러나 조조는 결코 주저앉지 않았습니다. 그는 패배를 곱씹는 대신, 더욱 깊이 자신을 단련하고 장래를 다짐했습니다.

어느 날, 조조는 새벽녘 안개가 걷히는 강가에 홀로 섰습니다. 물결은 여전히 흐르고 있었고, 강물 위로 아침 해가 비쳐 맑은 빛을 머금고 있었습니다. 그는 천천히 술잔을 들며 부하 장수들을 향해 말했습니다.

"지금도 여전히 이 강물이 바다로 향하는 것처럼, 내 뜻 또한 흐르고 있다. 내가 여기까지 온 것은 나의 포부가 크고 이상이 높기 때문이다. 산은 높음을 마다하지 않고, 바다는 깊음을 싫어하지 않듯이, 나도 더 많은 것을 받아들이고, 더 큰 일을 이루고자 한다."

부하들은 잠시 말이 없었습니다. 그들의 눈앞에는 승패를 넘어, 여전히 불타는 듯한 야망을 품은 조조가 서 있었습니다. 그는 땅에 술 한 잔을 따르고, 하늘을 우러러 읊조리듯 노래를 불렀습니다.

"산은 높고, 바다는 깊다. 큰 뜻을 품고 멈추지 않는 자만이 천하를 얻을 수 있다!"

이 한마디는 잿더미 속에서 움트는 불씨처럼 장수들의 가슴을 다시 달구었습니다. 그들은 조조가 단지 야망에 사로잡힌 자가 아님을 알았습니다. 그는 누구보다 현실을 꿰뚫어 보았고, 그 현실 속에서도 이상을 놓지 않는 자였습니다. 그의 넓은 그릇은 천하를 손에 넣겠다는 빛나는 야망과 충언도, 실패도, 심지어 원수의 말조차도 때로는 포용할 수 있는 강한 내면에서 비롯된 것이었습니다.

그날 이후 조조는 다시 북방을 정비하며 천하의 균형을 회복했습니다. 그는 패배를 부끄러워하지 않았고, 오히려 그것을 더 큰 도약을 위한 과정으로 삼았습니다. 조조의 "산은 높음을 마다하지 않고, 바다는 깊음을 싫어하지 않는다"라는 말은, 단순한 미사여구가 아닌 그의 전략과 인생관을 드러내는 상징이었습니다. 그것은 곧, 큰 사람은 좌절하지 않고 더 높은 목표를 가지며, 실패를 수용하고 다시 일어날 줄 안다는 진리를 보여주는 말이었습니다. 조조는 그날 강가에서 높고 깊은 자연을 마주하며, 더 크고 넓은 천하의 꿈을 다시 품은 것입니다.

삼국을 통일한 진(晉)나라의 초대 황제이자 진 무제(晉武

帝) 사마염(司馬炎)도, 단지 삼국 통일의 군주로서만이 아니라, 큰 그릇의 정치 철학을 실현한 인물로 역사에 기록되어 있습니다. 그의 진정한 위대함은, 천하를 얻은 뒤 그 천하를 어떻게 다루었는가에서 드러납니다. 사마염은 280년에 오(吳)나라를 정벌하며 마침내 삼국의 혼란을 끝내고 천하를 통일합니다. 그러나 그가 세운 통일국가는 단순한 무력의 결과물이 아니라, 이질적인 세 세력을 하나의 질서 속에 녹여내기 위한 인재 등용과 포용 정치의 결실이었습니다.

오나라를 멸한 후, 많은 신하들은 "오의 신하들을 가둬야 합니다. 배신의 씨앗을 남겨서는 안 됩니다"라고 간언했지만, 사마염은 단호히 말합니다.

"천하가 안정되기 위해선 서로 다른 물줄기가 하나의 바다로 흘러들 듯, 모든 재능이 한데 모여야 한다. 나는 산이 높아도 마다하지 않고, 바다가 깊어도 거부하지 않겠다. 오와 촉의 인재 또한 이제 진나라의 백성이요, 그 충성은 내게 향할 것이다."

그의 말처럼, 그는 곧 오나라 출신의 대표적인 문인, 육기(陸機)와 그의 동생 육운(陸雲)을 조정으로 불러들여 높은 벼슬을 내렸고, 촉한의 학자 출신 장완(張華) 역시 중용하여 제도 정비와 문물 부흥을 맡깁니다. 특히 장완은 당시 혼란스러웠던 조정 질서를 재정립하며 "문치의 진나라"라는 원대한 꿈으로 나아갈 수 있는 첫걸음을 제시했습니다.

또한 사마염은 귀족 중심의 세력 집중을 완화하고 지방 유력자들을 포용하려 노력했습니다. 그는 "한 집안이 나라를 좌지우지해서는 안 된다. 천하의 백성이 모두 나라의 주인이다"라고 말하며, 특정 가문에만 권력을 몰아주지 않고 균형 있는 인사 정책을 시행했습니다. 그 결과, 초기 진나라 조정은 각 지역, 각 배경의 인재들이 골고루 참여하며 다원적인 안정 구조를 갖추게 됩니다.

"산불염고, 해불염심(山不厭高, 海不厭深)"이라는 말은, 그의 인사 철학과 국가 경영의 핵심 가치였던 것입니다. 그 철학 아래에서 그는 패전국 출신이라도 재능과 충성이 있다면, 기꺼이 높은 자리에 앉히고 그들의 의견을 경청했습니다. 단순한 '관용'이 아니라, 정치적 안목을 이용해 혼란스러운 상황에서도 문치의 안정을 이루고자 했던 그의 목표와 포용력, 실용주의를 겸비한 제왕의 도량이었습니다. 물론 사마염의 말년에는 황태자 문제와 외척의 개입, 사치와 방만한 지출 등으로 진나라가 약해지기 시작했지만, 그가 천하를 통일한 뒤 처음 몇 년간 보여준 '바로 세우고자 하는 열망'과 '그릇의 넓음'은 명군의 중요한 조건이 무엇인지를 보여주는 귀감으로 남아 있습니다.

이번 명제는 조조, 사마염 같은 인물들뿐만 아니라 서양 로마제국의 통치 철학과도 맞닿아 있습니다. 로마는 단지 정복에 능한 국가가 아니라, 정복한 이후에 그 땅의 문화, 언어, 제도, 심지어 신까지 받아들이는 관용의 제국이었습니다. 초기 로마공화정과 이후 제정 시대를 통틀어, 로마는 정복지의 유력자들을 시민으로 받아들이고, 그 지역의 엘리트에게 로마 정치 참여권을 부여했습니다.

특히 유명한 예로 카이사르(줄리어스 시저)가 갈리아를 정복한 후, 로마 시민권을 갈리아 지역 일부에게 부여하고, 현지 제후들과 협력한 것이 있습니다. 이처럼 로마는 "나는 로마 중심의 세계만을 고집하지 않겠다. 더 크고 넓은 제국을 위해 더 많은 문화를 받아들이겠다"라는 철학을 실현한 것입니다. 이는 곧 "바다는 더 많은 강물을 마다하지 않는다"라는 '해불염심(海不厭深)'의 정신과 정확히 일치합니다. 이러한 통치로 인해 로마는 지중해 전역을 통일하고자 하는 '산불염고'를 실천해 나가면서도 로마화(Romanization)와 지역 자치가 균형을 이룬 장기 번영의 기반을 만들 수 있었습니다.

13세기의 징기스칸 또한 "산불염고, 해불염심(山不厭高, 海不厭深)"을 실천한 대표적 인물입니다. 몽골 제국은 역사상 가장 넓은 영토를 통치한 제국이었지만, 그것은 단지 군사력만으로 이뤄진 것이 아니었습니다. 징기스칸은 부족 사회의 전통적인 적대 구조를 허물고, 모든 부족을 능력 위주로 통합하는 개방적인 리더십을 펼쳤습니다. 적국 장수라도 능력이 있다면 등용했고, 심지어 과거 반란을 일으켰던 사람조차 실력이 있으면 중용했습니다.

징기스칸은 "하늘 아래 모든 종족은 평등하다"라는 신념 아래 유럽, 페르시아, 중국, 중앙아시아의 인재들을 받아들이고 그들의 법률·과학·행정 제도를 흡수하여 '야사(Yassa)'라는 보편 법체계로 통합했습니다. 그는 정복한 지역의 종교, 관습, 언어를 강제하지 않고, 오히려 그 다양성을 존중함으로써 극도로 다채로운 문화권을 하나의 질서 속에 포용하는 데 성공했습니다. 징기스칸의 격언인 "나의 제국은 단일 민족의 제국이 아니라, 여러 문화와 민족이 함께 어우러지는 바다와 같다"라는 제국 통합의 목표를 실천하고자 하는 열망을 보이는 동시에 제국의 일원화로는 이어지지 않고자 하는 포용의 자세를 보여줍니다.

이처럼 로마의 관용과 징기스칸의 통합은 '제국 통치'의 목표만으로 이룬 것이 아닌, '받아들임'을 잘 실천함으로써 비롯된 위대한 리더십의 결과입니다. "산불염고, 해불염심(山不厭高, 海不厭深)"은 단순히 동양의 격언이 아니라, 역사 속 위대한 제국들이 실천한 보편적 진리였습니다.

오늘날에도 이 철학은 유효합니다. 세계화 시대를 살아가는 리더와 조직은 지도자의 열정, 문화적 다양성, 의견의 차이, 구성원의 개성을 얼마나 넓게 품을 수 있는가에 따라 그 영향력과 생존력이 결정됩니다. "산은 아무리 높아도 마다하지 않고, 바다는 아무리 깊어도 싫어하지 않는다"라는 말은, 단순히 크고 깊은 자연의 비유를 넘어 원대한 조직의 목표를 설정하고 이를 향해 끊임없이 나아가는 도전정신, 그리고 다양성을 포용하며 성장하려는 철학을 담은 깊은 통찰입니다.

이는 현대 사회를 살아가는 개인과 리더 모두에게 매우 강력한 교훈을 줍니다. 오늘날 우리는 끊임없이 변화하는 환경 속에서 살아가고 있습니다. 새로운 기술, 다양한 가치관, 계속하여 등장하는 인재들 속에서 자기 자리를 지키고 성장하기 위해 필요한 덕목은 단순한 능력이나 지식만이 아닙니다. 오히려 내가 이미 이만큼 알았으니 충분하다는 교만을 버리고, 더 높은 곳을 열망하고 더 품고 더 넓게 바라보려는 태도, 그것이 바로 이 문장이 가리키는 '산의 높음', 즉 '원대한 목표 추구'와 '바다의 깊음', 즉 '광범위한 포용'입니다.

조직을 이끄는 사람일수록, 더 위대한 목표를 꿈꾸고 더 많이 받아들이며 더 넓은 시야를 가져야 합니다. 자신의 의견만 옳다고 주장하고, 현재에 안주하는 순간, 그 조직은 더 이상 성장할 수 없습니다. 진정한 리더는 자신보다 더 뛰어난 사람을 곁에 두고 배울 줄 알며, 자신과 생각이 다른 사람의 조언도 경청할 수 있어야 합니다. 결국, "산불염고, 해불염심(山不厭高, 海不厭深)"은 그릇이 큰 사람은 더 많은 것을 원하고, 더 넓게 이해하며, 더 깊이 포용한다는 이 시대의 지혜를 전하고 있는 것입니다. 우리 모두의 마음속에도, 끝없이 높고 깊은 산과 바다 하나쯤 간직해야 하는 이유가 바로 여기에 있습니다.

27

명성과 업적은 균형을 이루어야 한다
— 조조의 치세

"명성과 업적이 함께 날아가야 한다."

名声与事业齐飞
명성여사업제비

— 조조 —

오늘날 우리는 무엇을 먼저 좇아야 할지 갈림길에 서곤 합니다. 화려한 명성을 좇다 보면 속이 비어버리고, 오직 결과에만 몰두하다 보면 사람들의 신뢰를 잃게 됩니다. 그러나 『삼국지』 속 리더들을 보면 단순히 이름을 날리는 것이 아니라, 실질적인 기여와 내면의 깊이를 함께 갖춰야 진정한 리더로 기억되는 것을 알 수 있습니다.

특히 위 명제는 『삼국지』의 등장인물 중 많은 지도자의 인생 목표와 전략을 잘 요약한 표현으로, 명성과 업적이 균형을 이루며 서로 상승작용을 일으켜야 한다는 철학을 나타냅니다. 『삼국지』 속 주요 인물들은 단순히 권력을 잡는 데서 그치지 않고, 명성을 쌓아 후대에 길이 남을 업적을 세우는 것을 목표로 삼았습니다. 이 명제의 정신을 가장 잘 보여주는 인물은 바로 조조입니다. 조조는 단순히 군사적 승리를 넘어, 자신의 명성과 업적을 영원히 남기기 위해 정치, 문학, 예술, 그리고 군사 등 모든 방면에서 노력했습니다.

그의 대표적인 표현 중 하나는 스스로를 "치세의 능신, 난세의 간웅(治世之能臣, 亂世之姦雄)"이라고 평가한 부분입니다. 조조의 이러한 표현은 단순한 자기 과시를 넘어, 명성과 업적의 균형을 중요하게 여긴 그의 정치적 통찰을 보여줍니다. 그는 원대한 야망을 지녔음에도 불구하고, 한나라 헌제(獻帝)를 옹립하고 그 명분을 끝까지 유지하며 자신의 권력 기반을 다졌습니다. 이는 단순한 전략적 선택을 넘어, 명성이 무너지면 업적도 위태로울 수 있다는 그의 깊은 역사적 안목에서 비롯되었습니다. 만약 조조가 황제를 폐하고 스스로 제위를 탐했다면, 업적은 남아도 명성은 땅에 떨어졌을 것입니다.

동탁이 낙양을 불태우고 헌제를 장안으로 옮긴 후 피살되자, 한나라는 사실상 붕괴 상태에 빠졌습니다. 헌제는 여러 군웅들 사이를 전전하며 피폐한 삶을 이어가고 있었습니다. 이때 조조는 196년, 낙양으로 군사를 보내 헌제를 자신의 거점인 허(許)로 모셔왔습니다. 이는 헌제에 대한 순수한 충성심이라기보다는, 혼란스러운 난세에서 '천자(天子)'를 끼고 제후를 호령한다(挾天子以令諸侯)'는 정치적 목적이 강했습니다. 황제를 보호한다는 명분은 조조에게 엄청난 정치적 정당성과 권위를 부여했습니다.

헌제를 옹립한 후 조조는 자신을 승상이라는 직위에 두었습니다. 그는 스스로 황제가 되는 길을 택하지 않고, 한나라의 충신이라는 명분을 유지하면서 실질적인 권력을 장악해 나갔습니다. 조정의 모든 주요 관직에 자신의 사람들을 앉히고, 황제의 이름으로 명령을 내리며, 군사력을 장악하여 제후들을 통제했습니다. 이는 겉으로는 황제를 존중하는 듯 보였지만, 실제로는 황제가 조조의 허수아비에 불과했음을 의미했습니다.

조조는 원소, 여포 등 다른 군웅들을 정벌할 때마다 '황제의 명령을 받들어 역적을 토벌한다'라는 명분을 내세웠습니다. 이는 다른 군웅들이 쉽게 조조에게 대항할 수 없게 만드는 강력한 정치적 무기였습니다. 조조의 군사적 행동은 단순히 사적인 야망이 아닌, '한실을 수호하는 대의'로 포장됨으로써 민심과 사대부의 지지를 이끌어내는 데 유리했습니다.

조조는 헌제를 완전히 무시하지 않고, 공식적인 자리에서는 형식적인 예우를 갖추었습니다. 그러나 헌제가 조금이라도 자신의 권력을 되찾으려 하거나, 자신에게 불리한 움직임을 보이면 가차 없이 이를 탄압했습니다. 대표적으로 동승(董承)의 '의대조(衣帶詔)' 사건은 헌제가 조조를 제거하려다 발각되어 관련자들이 모두 처형된 사례로, 조조가 명분은 유지하되 실권은 절대 양보하지 않았음을 보여줍니다.

조조는 생전에 황제의 자리에 오르지는 않았습니다. 그는 먼저 위공(魏公)에 봉해지고, 이후 위왕(魏王)으로 승격하면서 황제에 준하는 권위와 특권을 누렸습니다. 이는 후한의 제도를 서서히 무력화시키고, 자신의 아들인 조비가 최종적으로 황위를 찬탈할 수 있는 발판을 마련하는 점진적인 과정이었습니다. 조조는 급진적인 황위 찬탈이 가져올 명성의 손실과 반발을 경계하며, 신하로서의 명분을 죽을 때까지 유지함으로써 후대에게 '정당한' 제위 찬탈의 길을 열어주었습니다.

이처럼 조조는 헌제를 받드는 명분을 유지함으로써 자신의 권력에 정당성을 부여하고, 다른 군웅들과의 싸움에서 우위를 점하며, 백성들의 혼란을 최소화하는 동시에 장기적인 통일 기반을 다질 수 있었습니다. 그는 업적과 명성이 어떻게 상호작용하는지 정확히 이해하고 있었던 것입니다.

이렇게 조조가 세운 위나라의 기틀은 단단했습니다. 그는 뛰어난 정치가이자 개혁가였으며, 법률과 제도, 토지 정책, 농업 정책을 정비해 실질적인 통치 기반을 다졌습니다. 하지만 그는 여기서 멈추지 않았습니다. 백성들이 조조를 단지 '무장'이나 '전쟁 영웅'으로 기억하길 원치 않았던 그는, 자신의 정신과 철학, 예술을 후대에 남기기 위해 직접 시를 짓고 문학을 장려했습니다. 문인들과의 교류를 즐겼고, 전장에서도 책과 서적을 가까이 두었습니다. 그가 병사들 앞에서 직접 시를 읊으며 사기를 북돋우던 모습은, 단순한 군주의 형상을 넘어 '문무를 겸비한 제왕'의 모습을 떠올리게 합니다.

적막한 새벽, 낙양의 궁성 위에 노란 달빛이 걸려 있을 때 조조는 홀로 붓을 들고 시를 썼습니다. 전장에서 수많은 적을 무찌르며 한나라의 기틀을 재건하던 그는 장수가 아닌 시인으로서, 문인으로서 자신을 바라보기도 했습니다. 그의 시구는 거칠고 담백했으며, 전쟁의 피비린내를 거치고도 인간의 근원적인 고독과 야망을 꿰뚫는 통찰을 담고 있었습니다. 그는 그저 영토를 넓히는 군주가 되기를 원하지 않았습니다. 세상의 혼란 속에서 이름만 빛나는 허울 좋은 명성을 경계했고, 업적만 남긴 채 사람들의 기억에서 사라지는 것도 원치 않았습니다.

이처럼 조조는 단순한 무공의 화신이 아니라, "명성여사업제비(名声与事业齐飞, 명성과 업적이 함께 날아야 한다)"라는 철학을 온몸으로 실천한 인물이었습니다. 그는 천하를 다스리는 권세와 사람의 마음을 얻는 명예, 두 날개를 동시에 펼쳐 하늘을 날고자 했고, 그것이 조조라는 한 인물을 시대를 넘어 불멸의 상징으로 만든 힘이었습니다.

조조는 단순한 군주나 무장이 아닌, 탁월한 시인이자 문인으로서도 평가받습니다. 그는 한대(漢代)에서 위진남북조로 넘어가는 문학의 과도기에 선 인물로, '건안문학(建安文學)'의 대표 주자이기도 합니다. 그와 그의 아들들(조비, 조식)을 '삼조(三曹)'라고 부르며, 문학사적으로도 매우 중요한 인물로도 기록하고 있습니다.

다음은 조조가 남긴 대표적인 시입니다.

〈단가행(短歌行)〉

對酒當歌, 人生幾何 대주당가 인생기하
譬如朝露, 去日苦多 비여조로 거일고다
慨当以慷, 忧思难忘 개당이강 우사난망
何以解忧, 唯有杜康 하이해우 유유두강

술 앞에 노래 부르며 인생을 논하노니, 인생이란 얼마나 짧은가.

아침 이슬 같아서, 지나간 날이 너무나 많구나.
감개무량한 마음에 슬픔이 쉬이 잊히지 않으니,
이 근심을 무엇으로 달래랴, 오직 술(杜康)뿐이로다.

이 시는 〈관도가(觀滔歌)〉라고도 불리는 시로 조조가 자신의 짧은 인생과 천하의 혼란을 바라보며 느낀 감회를 담은 작품입니다. 특히 '인생기하(人生幾何, 인생이란 얼마나 짧은가?)'라는 구절은 이후 수많은 시인들이 인용할 만큼 유명해졌으며, 인간 존재의 유한성과 비극적 감정을 잘 드러내고 있습니다.

青青子衿, 悠悠我心 청청자금 유유아심
但爲君故, 沉吟至今 단위군고 침음지금
(중략)
山不厭高, 海不厭深 산불염고 해불염심
周公吐哺, 天下歸心 주공토포 천하귀심

푸르른 그대의 옷깃, 그리움이 내 마음에 가득하네.
그대를 위해서, 나는 지금껏 깊은 탄식 속에 있도다.
산은 높음을 싫어하지 않고, 바다는 깊음을 마다하지 않듯,
주공(周公)이 입에 든 것을 뱉고 인재를 맞이했듯,
나 또한 천하 인재들이 내게 마음을 주기를 바란다.

이 시에서 조조는 인재를 갈망하는 정치가로서의 내면과

자신의 포부를 절절하게 드러냅니다. '주공토포, 천하귀심(周公吐哺, 天下歸心)'은 조조가 늘 입에 올렸던 문장으로, 인재를 위해 밥을 뱉고 달려가는 주공처럼 자신도 그렇게 하겠다는 뜻입니다. '산불염고, 해불염심(山不厭高, 海不厭深)'이라는 구절은 그릇이 크고 넓어야 인재를 받아들일 수 있다는 리더의 도량을 상징하며, 이후 수많은 군주가 이 구절을 인용했습니다.

〈호리행(蒿里行)〉

(중략)
白骨露於野 백골노어야
千里無雞鳴 천리무계명
生民百遺一 생민백유일
念之斷人腸 염지단인장

들판에 백골이 드러나 있고,
천 리 땅에 닭 우는 소리조차 들리지 않네.
살아남은 이는 백 중에 하나요,
그 생각만으로도 창자가 끊어지는 듯하도다.

이 시는 조조가 전란의 폐허와 백성들의 참상을 바라보며 쓴 전쟁의 비극에 대한 통찰을 담은 대표적인 비판시입니다. 인간 존재의 덧없음과 생사의 순환을 철학적으로 바라본 구절은 후대 문인들에게 깊은 영향을 주었습니다.

　조조는 혼란의 시대를 살아가면서도 시를 통해 인생의 허무함, 세상의 무상함, 인재에 대한 갈망, 민심과 국가에 대한 철학적 사색을 노래했습니다. 그의 문장은 단순한 감성이 아닌, 정치철학과 리더십의 전략이 담긴 시적 선언이었습니다. 조조의 글과 시는 그가 단순한 무장이나 정치가가 아닌, 문화와 사상의 통합자로서 후대에 길이 남을 수 있었던 이유입니다. 명성과 업적이 함께 날아야 한다는 말의 진정한 실천자였던 것입니다.

　그의 삶은 우리에게 이렇게 말하는 듯합니다. "이름이 높기를 원한다면, 그 이름이 실체를 갖도록 하라. 업적을 남기고 싶다면, 그 업적이 사람의 마음에 닿도록 하라." 이것이 바로 명성과 업적이 함께 날아야 할 이유이며, 위대한 리더의 길이라 할 수 있습니다. 이름이 빛나기만을 바라는 것보단 그 이름이, 여러분이 걸어온 길과 함께 빛나야 합니다. 업적 없는 명성은 바람에 흩날리는 깃털처럼 가볍고, 명성 없는 업적은 어둠 속 돌계단처럼 묻히기 쉽습니다. 조조처럼, 스스로의 이름을 높이고 그 이름을 실천으로 증명해야 합니다. 우리의 말과 삶이 하나가 될 때, 그 명성과 업적은 역사에 남아 지워지지 않을 것입니다.

28

사람의 마음은 알기 어려우니, 신뢰하되 경계하라

— 사람을 보는 관심법

> "사람의 마음은 측량하기 어렵고,
> 남을 경계하는 마음은 없어서는 안 된다."
>
> 人心難測, 防人之心不可无
> 인심난측, 방인지심불가무
>
> — 삼국지 전체 맥락 중 —

신뢰는 관계의 시작이지만, 맹목적인 믿음은 위기의 씨앗이 되기도 합니다. 아무리 가까운 사이라도 사람의 마음은 깊은 바다처럼 헤아리기 어렵습니다. 특히 위 명제는 『삼국지』에서 수많은 인물의 배신과 모략, 신의와 오해가 얽히는 복잡한 인간관계를 꿰뚫는 말입니다. 진짜 지혜는 사람을 믿되, 너무 늦기 전에 시험하는 데 있다는 것입니다.

전쟁의 연기가 하늘을 덮은 어느 음산한 저녁, 조조는 낙양 외곽의 군영에서 깊은 침묵 속에 앉아 있었습니다. 막사 너머로 깃발이 나부끼고, 병사들의 말발굽 소리가 간헐적으로 들려왔지만, 그의 눈빛은 먼 곳을 응시한 채 움직이지 않았습니다.

 며칠 전부터 귀에 이상한 소문이 들려오기 시작했습니다. 누군가가 내부에서 적과 은밀히 연락을 주고받고 있다는 보고였습니다. 확실한 증거는 없었지만, 조조는 이미 감으로 알 수 있었습니다. '내 사람 중 하나가 내 등을 노리고 있다.' 그는 속으로 그렇게 생각하며, 손에 들고 있던 붓을 멈추었습니다.

 다음 날 아침, 그는 평소처럼 아무 일 없다는 듯이 군사 회의를 소집했습니다. 신하들과 장수들이 하나둘 모여들었고, 회의는 전략 토론으로 진행되었습니다. 조조는 말없이 그들의 얼굴을 살폈습니다. 평소와 다름없는 모습이었지만 조조는 속으로 냉정하게 되뇌었습니다. '사람의 마음은 알 수 없고, 경계하지 않으면 반드시 당한다.'

 그는 자리에서 일어나, 장수들을 돌아보며 낮게 말했습니다.

 "너희는 모두 나와 함께 수백 전장을 누볐고, 숱한 밤을 함께 새웠다. 그러나…"

 그의 목소리가 점점 낮아졌고, 장수들은 등줄기가 서늘

해졌습니다.

"인간의 마음은 천 가지 겉모습을 하고, 만 가지 속셈을 품는다. 내가 너희를 믿는다 하여, 그것이 영원할 거라 착각하지는 않는다. 나 역시 마찬가지다."

순간 군막 안의 공기가 무겁게 가라앉았습니다.

그날 밤, 조조는 거짓된 명령서를 작성한 뒤 신뢰하던 심복 한 사람이 볼 수 있도록 그 문서를 책상 위에 일부러 펼쳐두고 자리를 떴습니다. 겉으로 볼 때는 작은 전술 지시처럼 보였지만, 그 안에는 암호처럼 숨겨진 진짜 목적이 숨겨져 있었습니다.

며칠 후, 조조가 파견한 정탐꾼이 적진에서 그가 얼마 전 거짓으로 작성한 명령서와 똑같은 명령이 언급되고 있다는 정보를 들고 돌아왔습니다. 조조는 눈을 감고 말없이 고개를 끄덕였습니다.

"놈이 미끼를 물었군."

그는 더 이상 머뭇거리지 않았습니다. 다음 날, 조조는 전군 앞에서 그 장수를 체포하여 직접 심문한 뒤 배신의 증거를 확인하자 단칼에 참수령을 내렸습니다. 장수들은 아무 말도 하지 못한 채 고개를 숙였고, 조조는 조용히 이렇게 말했습니다.

"나는 너희를 믿는다. 그러나 그 믿음은 눈을 감는 것이 아니라, 눈을 더 크게 뜨는 것이다. 사람의 마음은 깊고 어두워 가늠할 수 없기에, 나는 늘 경계한다. 그것이 내가 오늘까지 살아남은 이유다."

그 말은 명령보다 강했고, 어떤 처형보다 무거운 경고가 되었습니다. 이후 그의 부하들은 조조 앞에서 그 어떤 속셈도 감히 감추지 못했습니다. 그날 이후, 조조의 군대에서는 누구도 "사람의 마음은 알 수 없다"라는 말을 가볍게 여기지 않았습니다. '인심난측, 방인지심불가무(人心難測, 防人之心不可无)', 이 말은 그의 삶과 통치, 그리고 전장 위 모든 관계를 지배하는 절대 법칙이 되었습니다.

이 문장은 삼국지 최후의 승리자 사마의의 생애와 처세술을 꿰뚫어 대변하는 말이라고도 할 수 있습니다. 그는 겉으로는 온화하고 신중했지만, 실제로는 사람의 속마음을 집요하게 파고드는 동시에 누구도 믿지 않고 끊임없이 경계했던 자였습니다.

사마의는 젊은 시절부터 총명함이 뛰어나기로 이름이 높았지만, 조조는 능력이 있는 자를 등용하되, 동시에 경계하는 지도자였습니다. 사마의는 이를 잘 알고 있었기에 처음 조조에게 불려갔을 때, 일부러 병든 척하며 자신의 야망을 드러내지 않았습니다. 그는 조조가 "사마의는 용이 하늘로 오르려 할 자"라며 두려워한다는 사실을 알고 있었기에, 절대로 자기 뜻을 겉으로 내보이지 않았고, 언제나 말을 아끼고 신중한 태도로 일관했습니다. 그리고 사마의는 양수(楊修)의 처형 사건 내막을 이미 알고 있었습니다. 양수는 조조의 신하로, 지혜롭고 말솜씨가 뛰어난 인물이었습니다. 그러나 그는 자신의 재주를 과신하여, 조조의 의중을 빠르게 파악하고 이를 조조에게 자주 언급했습니다. 조조는 겉으로는 아무 말 없이 넘어갔지만, 속으로는 자신의 생각을 꿰뚫는 양수가 매우 불편했습니다.

  어느 날, 조조가 진영 입구에 "계륵(雞肋)"이라는 암호 같은 말을 남기자, 양수는 즉시 "이제 철수하겠다는 뜻입니다. 계륵은 먹을 건 없지만 버리기 아까운 닭의 갈비처럼, 전쟁에서 빠져야 하는 시점이라는 뜻이지요"라고 말해버립니다. 조조는 이 말을 들은 병사들이 동요할 것을 우려했고, 더 이상 양수를 두고 볼 수 없다고 판단하여 결국 그를 처형해버립니다.*

이는 조조의 모래 한 알도 용납하지 못하는 성향, 즉 자신의 권위나 심리적 균형을 흔드는 사소한 요소조차 받아들이지 못하는 리더의 단면을 잘 보여줍니다. 실제로 조조는 한 번 불신이 생기면 아무리 유능한 신하라도 가차 없이 제거해 버리는 성격을 지녔습니다. 이것은 '인심난측(人心難測)'의 철저한 적용으로, 타인이 나를 어떻게 볼지를 계산하며, 타인의 속마음도 끝없이 경계했던 행동이었습니다.

사마의는 휘하 장수들에게조차 무한한 신뢰를 보이지 않았습니다. 그는 동맹을 맺거나 부하를 중용할 때조차 항상 그 사람의 배경, 성격, 감정적 반응까지 철저히 분석하고 판단했습니다. 예를 들어 그는 능력 있는 장수 장춘화(張春華)의 직언을 존중하는 듯하면서도, 항상 자신의 아들 사마사, 사마소와만 전략을 나누며 실권을 사적으로 집중시켰습니다. 또한 서진을 세운 뒤에도 공신들보다 자신의 혈육을 중심으로 권력 구조를 만들며, 반란의 싹을 원천적으로 차단했습니다. 그는 '사람의 충성은 상황에 따라 바뀐다'라는 말을 믿었고, 오직 관계가 아니라 통제 가능한 체계만이 안전을 담보한다는 철학을 가지고 있었습니다.

---

* 진수의 『삼국지』에는 양수는 총명하지만 너무 앞서 조조의 속뜻을 드러내 미움을 사 죽였다고만 기록되어 있습니다.

사마의는 다음과 같은 방식으로 "인심난측, 방인지심불가무(人心难测, 防人之心不可无)"를 실천했습니다.

첫째, 겉과 속이 다른 척하며, 남의 경계를 푸는 전략
둘째, 상대방의 경계심과 심리를 역이용하는 처세
셋째, 조직 내에서도 절대적인 신뢰를 주지 않고 균형을 유지하는 통제술
넷째, 자신이 언제나 감시당하고 있다는 것을 의식하고 연기하는 인내력

사마의는 단지 냉혹한 전략가가 아니라, 인간 본성의 복잡함을 누구보다 정확히 이해하고, 그것에 맞는 생존과 성장 전략을 만든 지략가였습니다.

중국 역사에 있어 "인심난측, 방인지심불가무(人心难测, 防人之心不可无)"를 가장 잘 실천한 또 다른 인물은 진시황(秦始皇)입니다. 그 이름은 전쟁과 통일, 야망과 두려움으로 뒤덮인 거대한 황제의 상징입니다. 그는 중국 역사상 최초로 전국을 통일한 황제였으며, 그 통일의 그림자에는 언제나 냉철한 철학이 자리하고 있었습니다.

진시황이 아직 정(政)이라는 이름의 왕자였을 때부터 그는 이미 사람의 마음은 결코 믿을 수 없는 것이라는 사실을

뼛속까지 배워야 했습니다. 그의 아버지 장양왕이 조나라의 인질로 잡혀 있을 당시, 진나라 조정 내부는 권모술수와 외척의 음모로 가득 차 있었고, 정은 언제 제거당해도 이상하지 않을 처지였습니다. 그는 자신이 살아남으려면 단 한 사람도 끝까지 믿지 말아야 한다는 사실을 일찍 깨달았습니다.

왕위에 오르고 전국 통일 전쟁이 본격화되었을 때, 진시황은 수많은 명장들과 책사들을 등용했습니다. 그러나 그들을 결코 '가족처럼' 대하지 않았습니다. 그는 그들의 능력을 인정하되, 절대 그들의 충성을 무비판적으로 신뢰하지 않았습니다. 장군에게는 감찰을 붙였고, 재상에게는 절대권을 주지 않았습니다. 그의 곁에는 항상 그 인물을 감시하는 눈이 있었고, 그 눈은 진시황 본인의 눈과 다름없었습니다. 그는 자신의 아들조차 믿지 않았습니다. 태자 부소(扶蘇)는 총명하고 온화한 성품으로 장군들과 백성들 사이에 인망이 높았지만, 진시황은 오히려 그것이 위협이 된다고 판단했습니다. 그래서 그는 부소를 변방으로 보냈습니다. "멀리 두되, 배반하지는 못하게 하라." 이것이 진시황의 명령이었습니다.

그는 죽음 앞에서도 경계를 풀지 않았습니다. 사후의 권력 이동조차 자신의 손으로 조정하려 했습니다. 그는 환관 조고(趙高)와 승상 이사(李斯)에게 비밀리에 유언을 남겼고, 부소가 아닌 차남 호해(胡亥)를 후계자로 삼게 했습니다. 그러나『사기(史記)』나『한서(漢書)』등에서는 진시황이 사망한 후에 조고(趙高)와 이사(李斯)가 유서를 위조하여 부소를 폐하고 호해를 세웠다고도 기록하고 있습니다.

사람을 믿지 않는 것이 아니라, 사람의 '변심'과 '욕망'을 믿지 않았던 것, 그것이 진시황의 정치 원칙이었습니다. 그는 스스로를 천자(天子)라 칭하며, 법과 명령을 인간 위에 세웠습니다. 그러고는 이렇게 말하곤 했습니다.

"법은 변하지 않는다. 그러나 사람은 오늘의 충성이 내일의 야심으로 바뀐다."

그는 만리장성을 쌓아 북쪽 오랑캐를 막았고, 도로를 정비하여 전국을 하나의 대륙으로 만들었습니다. 그는 법가 사상을 바탕으로 법치와 감시의 제국을 세웠고, 종이 한 장도 그의 허락 없이 움직이지 못하는 절대 권위의 황제국을 창조했습니다. 많은 이들은 그를 냉혹하다고 비난하지만, 그는 그렇게 해서 천수를 누리고, 평생을 정점에서 살았습니다. 그의 죽음 이후 나라가 무너진 이유는 오히려 그만큼 철저했던 감시와 경계가 사라졌기 때문이었습니다.

진시황의 삶은 단순한 독재자의 전설이 아닙니다. 그것은 인간의 마음은 예측할 수 없고, 충성과 배신의 경계가 얼마나 흐릿한지를 누구보다도 깊이 이해했던 자의 통치의 기술이자 생존의 예술이었습니다. 그의 모든 행보는 "인심난측, 방인지심불가무(人心難測, 防人之心不可无)"의 살아 있는 실천이었습니다. 믿음보다 통제, 감정보다 구조, 친밀함보다 거리. 그것이 바로 진시황의 황제가 된 방식이었으며, 동시에 그가 살아남은 방식이었습니다.

오늘날처럼 복잡하고 빠르게 변화하는 사회 속에서 이 격언은 현대를 살아가는 모든 리더와 조직 구성원들에게 깊은 통찰을 주는 현실의 지혜입니다. 회사나 조직을 이끄는 리더는 때때로 직원, 파트너, 투자자들의 겉모습과 말에만 의존해 판단을 내리려는 유혹에 빠지기 쉽습니다. 하지만 인간은 이익 앞에서 생각을 바꾸고, 관계 앞에서 이해관계를 다시 계산합니다.

신뢰는 중요하지만, 신뢰가 곧 맹신이 되어서는 안 됩니다. 리더는 '사람을 믿되, 시스템을 먼저 세우고, 사람보다 구조를 신뢰해야' 합니다. 사마의처럼 자신을 철저히 감추며 기회를 노리는 이들도 있고, 조조처럼 겉으로는 충성을 말하면서도 마음속으로는 이중의 계산을 하는 이들도 있습니다. 진시황이 자신이 죽은 뒤를 철저히 대비하고 아들까지 경계한 이유는, '권력은 감정으로 지켜지지 않는다'라는 냉혹한 현실 인식 때문이었습니다.

이번 명제는 현대 사회에서도 조직 내부의 균형과 객관성, 정보의 투명성을 유지하는 데 중요한 교훈이 됩니다. 모든 의사결정에 있어 한 사람의 말보다는 다양한 관점의 검증을 거치고, 신뢰 속에서도 '건전한 불신'을 바탕으로 한 체계를 갖추는 것이야말로 지속 가능한 경영과 인간관계의 핵심입니다. 결국 '인심난측(人心難測)'은 사람을 의심하라는 말이 아니라, 사람의 마음이 언제든 변할 수 있다는 가능성을 인정하고 그에 맞는 균형과 준비를 갖추라는 조언입니다.

29

한 사람이 조직 전체의 운명을 바꿀 수 있다
— 마초와 관우의 사례

> "한 사람이 관문을 지키면,
> 만 명도 열 수 없다."
>
> 一夫當關, 萬夫莫開
> 일부당관, 만부막개
>
> — 삼국지 전체 맥락 중 —

　조직의 크기는 숫자로 결정되지 않습니다. 때론 단 한 사람의 결단과 용기가 천 명의 전략보다 더 큰 변화를 이끌어냅니다. 『삼국지』에서는 위기의 순간에 자신을 던질 수 있는 한 명의 존재가 전체의 운명을 바꾸는 사례가 자주 등장합니다.

　특히 위 명제는 좁은 관문을 한 사람이 지키면 아무리 많은 적이라도 뚫지 못한다는 의미로, 용맹한 장수의 전투력과 전략적 위치의 중요성을 강조합니다. 『삼국지』에서는 마초(馬超)가 적의 진입로를 혼자서 막아내며 강력한 존재감을 드러낸 사례에서 해당 문장이 등장합니다.

마초(馬超)는 서호남서북 지방의 명문 가문 출신 무장으로, 아버지 마등(馬騰)의 뒤를 이어 군사를 이끌었으며, 한때는 조조마저 두려워했던 장수로 묘사됩니다. 그는 아버지 마등이 조조에게 암살당하자 분노하여 한수와 손을 잡고 조조에게 반기를 듭니다. 동관 전투에서 그는 천하의 명장 조조를 몰아붙일 정도로 맹렬하게 싸웠으며, 조조가 후퇴 중 머리카락을 자르고 도망쳤다는 일화는 그의 무용을 상징적으로 보여줍니다. 그러나 결국 조조의 이간책에 말려 패배한 마초는 장로에게 몸을 의탁하다가 유비가 한중을 공략하는 틈을 타 촉한에 귀순하게 됩니다. 유비는 마초를 적극 중용했고, 그를 오호대장군 중 한 명으로 임명합니다. 마초는 뛰어난 무력뿐만 아니라 의리와 충성심이 강한 인물로 묘사되며, 특히 유비에게 귀순한 이후에는 촉한을 위해 헌신하는 모습을 보입니다.

 한밤중, 촉나라의 변경 깊은 곳 협곡으로 통하는 좁은 관문에는 외로이 한 장수가 서 있었습니다. 그가 바로 마초로, 그는 하늘빛 갑옷을 입고 번쩍이는 장창을 어깨에 멘 채 말을 세우고 세찬 바람을 마주하고 있었습니다. 뒤편에선 촉나라 병사들이 퇴로를 정비 중이었고, 앞쪽에서는 위나라의 추격군이 거센 먼지를 일으키며 몰려오고 있었습니다. 하지만 마초는 물러설 생각이 전혀 없었습니다. 이 좁은 길, 이 험한 고갯길 하나가 뚫리면 수천의 병력이 몰살당할 수 있다는 것을 그는 누구보다 잘 알고 있었기 때문입니다.

그는 말에서 내려 바위 위에 올라섰습니다. 전장의 소란을 가르며 적의 선봉대가 모습을 드러냈습니다. 위나라 장수는 마초를 알아보고 외쳤습니다.

"마초 장군, 이 자리를 지킨들 혼자서 무엇을 할 수 있겠는가? 우리는 수천 명이다!"

그러나 마초는 무표정한 얼굴로 장창을 번쩍 들어 올리며 단호히 말했습니다.

"이 관문은 내가 지킨다. 한 사람이 막으면, 만 명도 뚫지 못한다."

그 말이 끝나기도 전에 그는 첫 번째 적장에게 돌진했고, 순식간에 창으로 말을 꿰뚫어 낙마시켰습니다. 놀란 적들은 물러섰지만, 곧이어 더 많은 병력이 몰려들었습니다. 그러나 마초는 오히려 바위와 언덕의 지형을 활용해 적을 하나씩 끌어들였고, 산길 위를 진흙탕으로 만들어 적의 말들이 미끄러지게 했습니다. 고지대에서 던지는 돌과 창은 한 사람의 힘으로는 믿기지 않을 만큼의 파괴력을 발휘했고, 적은 계속 밀려들었지만 마초의 검기 앞에서 번번이 꺾였습니다.

적은 진입로를 넓히지 못했고, 좁은 길에 병사들이 밀집되면서 혼란이 발생했습니다. 마초는 전장을 하나의 장기판처럼 읽으며, 이동 경로를 예측하고 적의 허를 찔렀습니다. 시간이 흐르면서 마초의 갑옷은 흙과 피로 물들었지만, 그의 눈빛은 여전히 불타올랐습니다. 결국 위나라군은 더 이상 무리한 공격을 포기하고, 우회로를 찾기 위해 후퇴했습니다.

그날 밤, 마초는 단 한 사람의 힘으로 천 명이 넘는 병력을 막아냈습니다. 그를 지켜본 병사들과 후방의 장수들은 숨을 죽이고 감탄했습니다. 그는 단순한 무장이 아니라, "일부당관, 만부막개(一夫當關, 萬夫莫開)"라는 말을 현실로 만들어낸 전장의 수호자였습니다.

그의 이름은 그날 이후로 '산을 지키는 창', '관문의 벽'으로 불리게 되었고, 이는 단지 무용 때문이 아니라 그가 혼자서도 전세를 바꾸고, 수천 명의 운명을 지켜낸 용기와 결단의 상징이었기 때문입니다. 마초는 그날, 단 한 사람의 존재가 얼마나 큰 벽이 될 수 있는지를 보여준 전장의 전설이었습니다.

"한 사람이 길목을 지키면, 만 명도 열지 못한다"라는 이 말은 『삼국지』 속 대표적인 장면, 바로 촉한의 장수 관우가 '화용도(華容道)'를 지키는 장면과도 연결됩니다. 적벽대전 이후, 조조는 불타는 전장에서 가까스로 살아남아 퇴각을 시도합니다. 제갈량은 그의 퇴로를 미리 예측하고, 그중 가장 험준하고 좁은 협곡인 화용도에 장수 하나를 배치하려 합니다. 그 자리는 단 한 사람이 지키더라도 수천 명의 적을 막을 수 있는 전략적 요충지였습니다.

제갈량은 이 중대한 자리를 누구에게 맡길 것인가를 깊이 고민하다가, 결국 관우를 부릅니다. 그는 말합니다.

"장군의 무예와 의로움은 천하가 알고 있소. 그대가 아니면 이곳을 맡길 수 없소."

관우는 명령을 수락하지만, 마음 한곳에 남아 있는 조조와의 인연이 그를 괴롭힙니다. 과거 조조는 그를 포로로 잡고도 장군으로 예우하며, 명마인 적토마를 하사하고 의식주를 극진히 챙김으로써 은인을 자처했습니다. 멀리서 흙먼지를 일으키며 조조의 행렬이 다가오는 것이 보였습니다. 말라붙은 깃발, 풀 죽은 병사들, 조조는 말 위에서 피곤한 얼굴로 고개를 들었습니다. 그리고 협곡의 앞을 가로막은 붉은 깃발, 용맹한 갑옷, 날카로운 눈빛으로 창을 세운 관우를 마주 보았습니다. 그 순간 조조는 죽음을 직감했지만, 곧 관우의 눈빛에서 미묘한 떨림을 읽습니다. 관우는 오래 침묵했습니다. 그러다 한 걸음 앞으로 나아가 말했습니다.

"조승상, 이 길을 지나시지요. 오늘은 옛 은혜를 잊지 않겠습니다."

조조는 말없이 고개를 끄덕였고, 그날 밤 그는 살아 돌아갈 수 있었습니다.

관우는 결국 화용도에서 퇴각하던 조조를 마주하고, 잠시 고뇌 끝에 그를 놓아주고 맙니다. 이 선택은 한 인간의 의리를 보여주는 감동적인 장면이기도 하지만, 동시에 삼국의 향후 판세를 바꾸는 결정적인 실수로도 기록됩니다. 그 한순간의 결단으로 인해, 조조는 살아남아 북방을 재정비하고 위나라의 패권을 강화하는 데 성공합니다. 세월이 흐른 뒤, 관우는 형주를 지키며 위와 오를 견제하던 중 조조와 손권의 동맹으로 인해 형주에서 패배하고, 아들 관평과 함께 손권의 명으로 처형당하고 맙니다.

이 비극적인 소식을 들은 유비는 깊은 충격과 분노에 휩싸여 관우의 복수를 하기 위해 이릉 전투를 강행합니다. 하지만 이 전투에서 유비는 육손(陸遜)이 이끄는 오나라의 전략에 패배하고, 군을 잃고 후퇴하던 중 병을 얻어 결국 백제성에서 세상을 떠나게 됩니다.

결국, 화용도에서 관우가 조조를 살려 보낸 선택은 단순한 인간적 의리의 발로였지만, 그로 인해 조조는 재기했고 관우는 몰락했으며, 유비는 복수심에 눈이 멀어 국운을 잃었습니다. 하나의 관문에서 내려진 단 한 사람의 결정이 천하의 흐름을 바꾸는 파문을 일으켰던 것입니다. 이는 『삼국지』에서 그려지는 의로움과 전략, 감정과 국가적 운명이 얽힌 복잡한 인간사의 전형이며, 작은 판단 하나가 거대한 역사에 어떤 영향을 줄 수 있는지를 극명히 보여주는 장면이기도 합니다.

"일부당관, 만부막개(一夫當關, 萬夫莫開)"는 단지 전장에서의 무용담을 넘어, 오늘날을 살아가는 리더들이나 조직 구성원 모두에게 깊은 통찰을 주는 말입니다. 이는 핵심 위치에 선 단 한 사람이 위기의 순간에 얼마나 결정적인 역할을 할 수 있는지를 상징합니다.

앞선 마초와 관우의 사례는 조직 안에서 가장 중요한 순간에 의사결정을 내리는 단 한 사람이야말로, 성공과 실패의 갈림길을 만든다는 것을 잘 보여주고 있습니다. 회사의 대표나 팀의 리더가 핵심 기로에서 보여주는 판단 하나, 신념 하나가 전체 조직의 생존을 좌우할 수 있으며, 그 결정은 외형적인 수치나 권한이 아니라, 그가 얼마나 책임과 명확한 기준을 갖고 행동하느냐에 따라 평가됩니다. 오늘날의 리더라면 마초처럼 결단력 있게 핵심을 사수해야 하며, 관우처럼 감정이나 관계에 흔들리는 순간 조직 전체를 흔들 수 있다는 점을 명심해야 합니다. 결국 한 사람의 위치와 역할은 단순한 개인의 몫이 아니라, 공동체의 운명을 짊어진 자리임을 일깨워주는 말이 바로 "일부당관, 만부막개(一夫當關, 萬夫莫開)"입니다.

30

리더는 전통적 지혜와 창의적 전략으로 대응해야 한다

— 손자, 손빈병법의 사례

> "장수가 되려면 손무처럼 병법을 쓰고,
> 손빈처럼 전략을 짜야 한다."
>
> 为将者, 当用兵如孙武, 谋略如孙膑
> 위장자, 당용병여손무, 모략여손빈
>
> — 삼국지 전체 맥락 중 —

불확실한 시대에 필요한 리더는 단순한 지시자가 아닙니다. 그는 고전의 지혜로 근간을 세우고, 창의적 전략으로 변화를 이끌어야 합니다. 손무처럼 질서를 세우고, 손빈처럼 예상 밖의 수를 내놓을 수 있을 때, 조직은 예측할 수 없는 위기 속에서도 중심을 잃지 않습니다. 『삼국지』에서는 제갈량, 조조, 주유, 사마의 등과 같은 대표적인 리더들이 이러한 군사적 지혜와 전략적 판단의 대표적인 예시입니다.

특히 위 명제는 『삼국지』의 수많은 명장과 전략가들의 행보를 설명하거나 평가할 때 인용되는 표현입니다. 여기서 손무(孫武)는 중국 춘추시대(기원전 6세기경) 오나라에서 활동한 고대 최고의 병법가이자 『손자병법』의 저자입니다. 그의 출생지는 확실하지 않지만, 대부분 제나라 혹은 노나라 출신으로 보고 있으며, 오나라의 왕 합려(闔閭)의 요청으로 병법을 전수하고 전쟁에 참여하면서 그 이름이 널리 알려졌습니다.

손무는 단순한 책상 위의 이론가가 아니라, 실제 전쟁을 직접 지휘하고 전략과 지휘술을 현실에 적용한 실전형 지휘관이었습니다. 그는 병사를 다스리는 법, 전장의 심리를 꿰뚫는 전략, 적의 허를 찌르는 기만술에 능했으며, 그 모든 것을 하나의 철학으로 정리한 것이 바로 『손자병법』입니다.

손무의 전쟁 전략의 핵심은 다음과 같습니다.

1. 전쟁의 본질은 속임수다.
손무는 전쟁이란 본질적으로 속이는 것이며, 직접적인 충돌보다는 간접적인 수단과 심리전으로 상대를 무너뜨리는 것이 이상적인 승리라고 보았습니다. 적의 허점을 노리고, 허를 실로 보이게 하고, 실을 허로 가장하여 상대의 판단을 흐리게 하는 것이야말로 전장의 핵심이라 여겼습니다.

2. 싸우지 않고 이기는 것이 최상이다.
백 번 싸워 백 번 이기는 것은 최고의 승리가 아니라고 했습니다. 최상의 전략은 전쟁 자체를 피하고, 무혈로 적을 굴복시키는 것이라 보았습니다. 이는 외교적 협상, 동맹, 심리전 등 전쟁 이외의 수단으로 적을 제압하는 전략을 중시했음을 보여줍니다.

3. 지형과 시기를 활용하라.

손무는 병법에서 지형과 계절, 환경의 중요성을 반복해서 강조했습니다. 적이 유리한 위치를 차지하기 전에 먼저 자리를 선점하고, 지형을 활용해 수적 열세를 극복하거나 기습할 수 있는 전장을 선택하라고 했습니다. 이는 실제로 오나라가 초나라를 상대로 대승을 거두는 전투에서도 적용되었습니다.

손무는 초나라와의 전쟁 시 초나라 군의 방심과 자만을 노렸습니다. 초나라는 강대한 자신들의 전력을 믿고 오나라의 공격을 얕보았고, 수도 외곽의 방비도 허술했습니다. 손무는 바로 이 틈을 놓치지 않았습니다. 그는 일부 병력을 미끼로 정면에서 초군의 관심을 끌도록 배치해두고, 본진은 좁고 험한 협곡을 따라 움직였습니다.

그는 병사들의 짐을 줄이고 야간에만 이동하게 하면서 며칠간 이 은밀한 행군을 계속했습니다. 결과적으로 손무는 초나라 군의 배후에 도달했고, 이 기습은 완벽한 성공이었습니다. 초군은 방어 태세를 제대로 갖추지 못한 채 무너졌고,

손무는 열세의 병력으로 대군을 격파하는 데 성공합니다.

이 승리는 단순한 병력 싸움이 아닌, 지형 분석과 전술적 창의성, 그리고 철저한 기획이 이룬 병법의 승리였습니다.

4. 리더십은 병사의 심리를 이해하는 것에 달려 있다.

손무는 '장수가 현명해야 군이 안정되고, 장수가 흔들리면 군이 무너진다'라고 보았습니다. 병사들을 엄격하게 훈련시키되, 신뢰와 일관성을 갖고 리더가 먼저 희생하고 모범을 보이며 병사들과 정서를 나눠야 한다고 강조했습니다. 그 유명한 '궁녀 훈련 일화'에서도 손무는 왕의 후궁을 장수로 삼아 훈련을 시키며, 규율 앞에서는 지위나 감정도 예외가 없다는 원칙을 관철시킨 바 있습니다.

오나라의 왕 합려는 손무를 시험해보고자 궁중의 후궁 180명을 데리고 직접 훈련을 시키라고 요청했습니다. 이는 손무의 이론이 실제 군사 운영에도 통하는지를 보려는 시험이었습니다. 손무는 먼저 180명의 궁녀를 두 조로 나누고, 왕이 총애하는 두 명의 후궁을 각 조의 조장, 즉 장군으로 임명했습니다. 그 후 간단한 군사 명령을 내리며 훈련을 시작했습니다.

손무는 규칙을 명확히 설명한 후, 명령을 내렸습니다. 그러나 궁녀들은 웃기만 하고 제대로 움직이지 않았습니다. 이에 손무는 명령을 이행하지 않는 것에 대한 책임은 장군에게 있다며, 왕이 총애하던 두 명의 후궁 조장을 군율에 따라 참수하겠다고 단호하게 말했습니다.

왕의 만류에도 불구하고 결국 손무는 실제로 두 조장을 군율 위반으로 참수합니다. 이후 다른 궁녀들은 즉각 진지한 태도로 훈련에 임했고, 명령을 정확히 이행했습니다. 훈련은 아주 성공적으로 마무리되었습니다.

이처럼 손무는 왕 앞에서도 규율의 원칙과 중요성을 강조하며 한 나라의 군을 이끄는 리더의 일관성과 원칙을 증명했습니다.

5. 정보전과 첩보의 중요성

손무는 '지피지기 백전불태(知彼知己, 百戰不殆)'를 강조하며, 적의 상황을 정확히 알고 있어야만 불리한 싸움을 피하고, 유리한 전장을 선점할 수 있다고 말했습니다. 그는 간첩과 정보 탐색을 전략의 핵심으로 두며, 『손자병법』에서 전쟁의 핵심 요소 중 하나로 첩자, 즉 간첩(間諜)의 중요성을 특별히 강조했습니다. 특히 마지막 13편인 〈용간편(用間篇)〉 전체를 간첩의 운용에 할애하며, 정보를 기반으로 한 전쟁 전략의 중요성을 설파합니다. 이는 손무가 단순한 병력과 무기보다 정보와 심리전을 훨씬 더 중시했다는 뜻입니다.

손무가 말한 간첩의 다섯 유형과 그 구체적 운용 방식은 오간(五間)이라고 합니다. 첫 번째 향간(鄕間)은 적국의 일반 백성, 지역 사정을 잘 아는 자를 매수하여 정보를 수집하는 방식으로, 지리, 풍속, 군사시설의 위치 등 현지 정보를 얻는 데 유리합니다. 두 번째 내간(內間)은 적국의 고위 관료나 내부 인물을 포섭해 정보를 빼내는 방식으로, 군사 계획, 명령 체계, 내부 분열 등을 파악할 수 있습니다. 세 번째 반간(反間)은 적이 보낸 간첩을 포섭해, 거짓 정보를 적에게 흘리는 방식으로, 정보전을 역이용해 적의 판단을 흐리게 하며 심리전을 유도합니다. 네 번째 사간(死間)은 적진에 침투해 정보를 수집한 뒤 죽음을 각오하고 임무를 수행하는 방식으로, 적의 반응을 확인하거나 큰 작전의 유인을 위해 사용됩니다. 마지막 생간(生間)은 적진에 들어가 정보를 수집한 후 살아 돌아오는 방식으로, 가장 일반적인 간첩을 뜻하며 생존이 중요한 만큼 수준 높은 기술과 판단력이 요구됩니다.

손무는 단순히 군사적 충돌로 승부를 보려고 하지 않았습니다. 그는 지혜, 정보, 심리, 시간, 지형, 조직력, 규율 등 모든 요소를 통합해 승리를 이끄는 통합적 전략가였습니다. 그가 저술한 『손자병법』은 단지 고대 중국의 병서가 아니라, 오늘날까지도 전 세계 군사, 정치, 경제, 경영 전략의 바이블로 활용되고 있습니다. 손무의 전쟁 전략은 냉철한 통찰력과 인간 본성에 대한 깊은 이해를 바탕으로 한 전쟁 철학이며, 전쟁이라는 극한 상황 속에서도 최소한의 희생으로 최대의 성과를 얻는 법을 추구한 전략적 리더십의 결정체라 할 수 있습니다.

손빈(孫臏)은 중국 전국시대(기원전 4세기경) 제(齊)나라에서 활동한 대표적인 병법가이자 전략가로, 『손자병법』을 남긴 손무(孫武)의 후손 혹은 제자 계보에 있는 인물로 알려져 있습니다. 그는 병법에 정통했고 지략에 뛰어난 인물로서, 실전에서 지형, 심리전, 허허실실의 계책을 자유자재로 구사한 것으로 유명합니다. 그의 이름은 후대 병서인 『손빈병법』에 일부 남아 있으며, 이는 고고학적 발굴로 부분적으로 전해졌습니다.

손빈은 원래 위(魏)나라의 인재였지만, 동문이자 경쟁자였던 팽월(龐涓)의 시기로 모함을 받아 무고하게 처벌을 받습니다. 팽월은 손빈을 질투해 무릎뼈를 도려내는 형벌(臏刑, 빈형)을 받게 했고, 그는 더는 전장에 설 수 없게 되었습니다. 하지만 손빈은 끝까지 병법을 포기하지 않았고, 기회를 기다려 제나라로 도망쳐 병법가로 부활하게 됩니다. 제나라에서는 그의 재능을 높이 사 군사로 중용했고, 이후 그는 팽월과의 역사적인 전투에서 복수를 이뤄냅니다.

마릉전투(馬陵之戰)는 손빈의 지략이 극대화된 역사적 명장면입니다. 위나라의 장수 팽월이 한(韓)나라를 공격하자, 제나라는 한과 동맹을 맺고 원군을 파견합니다. 이때 제나라 군을 지휘한 이가 바로 손빈입니다. 팽월은 손빈이 직접 전장에 나올 수 없다고 판단하고 방심했지만, 손빈은 치밀한 계략을 세웁니다.

그는 심리전과 허세 유도로 적을 흔들어 놓았습니다. 손빈은 일부러 매일 줄어드는 화로의 수를 통해 팽월로 하여금 '제나라 군대가 겁을 먹고 도망치고 있다'라는 인식을 심어줍니다. 그리고 팽월이 추격을 시작하자 손빈은 마릉의 협곡에 매복을 시키고, 한밤중에 기습하게 만듭니다. 결정적인 순간, 손빈은 나무에 '팽월은 이 나무 아래서 죽는다'라는 글귀를 새겨 심리적인 동요를 유도했고, 팽월이 이를 확인하려고 멈춘 순간 화살 세례를 쏟아부어 그를 주살합니다.

이 전투는 병력과 기세보다는 지형, 심리, 유인전술을 결합한 전략의 결정체였습니다. 손빈은 단순히 전술적 움직임만이 아니라, 적의 심리를 파악하고 조종하는 심리전의 대가였습니다. 그는 적이 '무엇을 두려워하는가', '무엇에 탐욕을 느끼는가'를 꿰뚫어보고 이를 전술로 활용했습니다.

이처럼 손빈은 신체적 불구의 고통을 지략으로 승화시킨

인물입니다. 그의 병법은 단지 전술이 아니라 삶과 전쟁에서 역경을 돌파하는 지혜였으며, 오늘날에도 '약점을 숨기지 않고, 그것을 전략으로 바꾸는 통찰'이라는 점에서 중요한 영감을 줍니다. 그의 전략은 말보다 빠르고, 힘보다 깊었으며, '계획과 시기, 심리와 기만의 정밀한 조화'로 적을 제압한 지략의 정수라 할 수 있습니다. 손빈은 단순한 전쟁 영웅이 아닌, 패배의 상처를 이겨내고 병법을 통해 복수를 실현한 사람입니다.

이러한 손빈과 손무의 전쟁 전략은 『삼국지』에서도 많이 인용됩니다.

제갈량은 실제 전장에서 공성계 등 수많은 군사 전략을 펼쳤습니다. 제갈량은 죽어서도 심리전으로 적을 한 번 더 기만하였습니다. 제갈량은 평생을 북벌에 바쳤습니다. 그러나 끝내 한중을 넘지 못한 채, 병으로 세상을 떠났습니다. 그 순간은 촉한에 가장 큰 위기였고, 위나라의 사마의에게는 최대의 기회였습니다. 촉군은 그의 죽음을 곧바로 알리지 않고, 나무로 제갈량의 형상을 만들어 수레에 태워 군진을 움직였습니다. 멀리서 본 사마의는 여전히 제갈량이 지휘하는 줄 알고 주저하며 진격하지 못했습니다. 이에 결국 위군은 퇴각하게 됩니다. 이 이야기가 바로 그 유명한 고사성어 '사제갈주생중달(死諸葛走生仲達, 죽은 제갈이 산 사마의를 쫓아내었다)'

입니다. 이는 손빈이 적의 심리를 꿰뚫고 허를 찌른 전술과 흡사합니다.

조조는 병법과 군율을 중시한 실전적 통치자였습니다. 그는 군율을 엄격히 집행하며 병사들의 질서를 유지했고, 기동력 중심의 전투, 기습 작전, 심리전 등을 적극 활용했습니다. 이는 『손자병법』의 원칙을 그대로 따른 듯한 전쟁 운영이었습니다.

황하의 물결이 밤새 출렁이고, 아침 해가 떠오르기 전 조조는 벌써 말 위에 올라 있었습니다. 그날 그는 장수들에게 말했습니다.

"전쟁은 예술이 아니다. 감정도 아니다. 질서와 법, 그리고 냉정한 판단만이 군을 움직인다."

그의 눈빛은 언제나처럼 날카롭고 냉철했으며, 병사들은 그의 말 한 마디에 숨조차 조심히 내쉬었습니다.

조조는 늘 군율(軍律)을 생명처럼 여겼습니다. 작은 도둑질도 단호히 처벌하고, 전장에서 무단이탈한 병사는 누구든 예외 없이 참형에 처했습니다. 그 무자비함 때문에 많은 이들이 그를 두려워했지만, 동시에 그 철저한 법과 규율 덕분에 그의 군대는 언제나 단단히 통제되고 민첩하게 움직였습니다. 그는 '적이 혼란스러울 때 공격하고, 정비되었을 때 피하라'라는 손자병법의 가르침을 실전에 완벽히 녹여냈습니다. 적보다 빠르게 움직이고, 예측할 수 없는 방식으로 치고 빠지며, 무엇보다 병사들의 혼을 먼저 장악한 후에야 칼을 휘둘렀습니다.

관도대전에서는 위기에 몰렸음에도 불구하고 그는 적을 이간하고 병력을 집중하여 원소의 대군을 역으로 궤멸시켰습니다. 그것은 단순한 기적이 아닌 기민한 기동전술과 심리전, 그리고 병사들에게 확실히 각인된 통솔력과 규율의 승리였습니다. 그의 용병술은 이념보다 현실에 가까웠고, 감정보다 철학에 가까웠습니다. 그는 불필요한 희생을 경계했고, 가장 적은 자원으로 가장 큰 성과를 내는 데 집중했습니다. "싸우지 않고 이기는 것, 그것이 최고의 승리다"라는 손무의 말을 실현하는 자가 있다면, 바로 조조가 그 주인공이었습니다.

조조의 군대는 하나의 움직이는 기계와 같았습니다. 각 톱니가 제 자리를 지킬 수 있었던 것은 그가 세운 법과 병법, 그리고 그 안에 숨겨진 철저한 통치 철학 덕분이었습니다. 그는 말로는 대의를 내세우고, 속으로는 현실을 관통했으며, 명분과 효율 사이에서 누구보다도 균형을 잘 잡는 장수였습니다. 이렇듯 조조는 손무처럼 전장을 지휘하고, 전쟁을 하나의 과학처럼 운영한 전략가였습니다. 그의 모든 행동은 계산된 움직임이었고, 그의 통치는 단호함과 기민함으로 뭉쳐진 '당용병여손무(当用兵如孙武)'의 대표적 구현이라 할 수 있습니다.

주유는 손빈과 손무 두 사람을 모두 아우른 젊은 지략가입니다. 젊은 천재 장수였던 주유는 적벽대전에서 손무처럼 군사를 다루고, 손빈처럼 계략을 짰습니다. 그는 조조의 병력이 물에 약하다는 점을 간파하고 연환계를 써 배를 쇠사슬로 묶게 유도한 후, 제갈량과 손을 잡고 화공(火攻)을 성공시켰습니다. 이는 손무의 "병자, 궤도야(兵者, 詭道也)" 원칙을 현실에 적용한 사례이며, 손빈의 전술 감각과도 연결됩니다.

그는 조조에게 환심을 사는 듯하며, 병사들의 뱃멀미를 막기 위해 배와 배를 서로 묶는 것이 좋다고 말하도록 조언을 흘렸습니다. 조조는 그 말에 속아 전함을 쇠사슬로 연결했고, 이는 곧 연환계(連環計)의 첫 걸음이 되었습니다. 주유는 여기서 그치지 않았습니다. 제갈량과의 연합을 강화하고, 바람의 방향까지 고려한 화공(火攻) 전략을 준비했습니다. 불씨는 작았지만, 주유의 계책 속에서 그 불씨는 조조의 대군 전체를 삼킬만한 불바다가 되었습니다. 마침내 동남풍이 불어오는 밤, 화공이 시작되었고 쇠사슬로 묶인 조조의 전선은 순식간에 불타오르기 시작했습니다.

　이 장면은 마치 손무의 병법에서 나온 듯한 완벽한 전략이었습니다. 전쟁은 속임수의 도라는 그 말처럼, 주유는 허를 찌르고 속이며, 계산된 거짓으로 승리를 이끌어냈습니다. 동시에 이는 손빈이 마릉에서 적장을 유인해 궤멸시킨 전술과도 연결되는 지점이었습니다. 적의 심리를 역이용하고, 허점을 극대화하여 결정적 한 수를 두는 것이 주유가 보여준 최고의 병법이었습니다.

　주유는 젊은 나이에도 불구하고, 손무처럼 병사들을 다스리고, 손빈처럼 책략을 꾸미는 재능을 겸비한 장수였습니다. 그는 화려한 언변보다 실전을 중시했고, 그 전략은 이론이 아닌 현실에서 빛을 발했습니다. 적벽의 승리는 단순한 우연이나 바람 덕분이 아니었습니다. 그것은 치밀한 분석과 담대한 결단, 그리고 완벽한 타이밍의 산물이었습니다. 이렇듯 주유는 손무의 군율과 용병술, 손빈의 기민한 책략을 모두 겸비한 두 병법가의 정신을 하나로 품은 천재적인 지휘관이었습니다.

　'장수가 되려면 손무처럼 병법을 펼치고, 손빈처럼 전략을 짜야 한다'라는 이 말은 단순히 군사적 지휘관에게만 해당되는 조언이 아닙니다. 이 문장은 오늘날 불확실한 시대를 살아가는 리더들, 창업가들, 인생이라는 전장에 선 사람들 모두에게 주는 깊은 통찰을 담고 있습니다.

손무는 철저한 준비와 냉철한 판단으로 전쟁을 예측하고 통제하려 했던 인물이었습니다. 그는 전쟁을 감정의 싸움이 아니라, 냉정한 계산과 분석의 장으로 보았습니다. 때로는 싸우지 않고 이기는 것이 최상의 승리라고 하며, '싸움 자체'보다 지혜로운 선택과 사전 전략의 중요성을 강조했습니다. 이는 오늘날의 리더가 장기적 안목과 위기관리 능력을 갖추어야 한다는 사실을 떠오르게 합니다. 지금 결정하는 것이 10년 뒤 어떤 결과를 낳을지를 상상할 수 있는 능력, 그것이 손무의 정신입니다.

반면 손빈은 전략과 모략의 대가였습니다. 그는 육체적 결핍이라는 핸디캡을 지닌 채 삶의 벼랑 끝에 몰렸지만, 자신의 병법과 지략을 통해 되살아났고, 결국 복수를 이루었습니다. 그는 정면 승부보다는 상대의 심리를 꿰뚫고 허를 찌르는 계책, 약점을 장점으로 바꾸는 통찰을 통해 승리를 거두었습니다. 이는 우리에게 어떤 상황에서도 자신만의 무기를 잃지 말고, 눈앞의 어려움을 오히려 전략으로 바꾸는 법을 배우라는 메시지를 전해 줍니다.

이처럼 손무와 손빈의 전략은 오늘을 살아가는 모든 사

람에게 말해줍니다. 앞이 보이지 않는 불확실한 시대, 결정의 책임이 무거운 리더, 패배와 상처를 견뎌내는 인생의 전사들 모두가 때로는 손무처럼 냉정하게 계산하고, 때로는 손빈처럼 창의적으로 대응해야 하는 시대에 살고 있습니다. 그러므로 오늘 자신이 직면한 문제 앞에서 너무 두려워하지 말아야 합니다. 지금이 싸움의 때인지, 기다림의 때인지를 판단해야 합니다. 패배 속에 숨겨진 기회가 있는지, 약점 속에 전략이 숨어 있는지 들여다보아야 합니다. 그렇게 하다 보면 그 모든 순간이 결국 여러분만의 병법이 되어 인생이라는 전장에서 명예롭게 살아남는 길을 열어줄 것입니다.

부록

삼국지 등장인물 심리분석

삼국지 중요 인물 성향을 MBTI로 분석하다

1. 조조 曹操

조조(155년~220년)는 중국 후한 말기의 정치가, 군사 전략가, 위나라의 창시자로, 혼란스러운 삼국지 시대의 주도적인 인물입니다. 그는 문학에도 능해 시인으로서도 유명했으며, 후대에 '영웅'으로 평가받는 동시에 '교활한 권모술수의 대가'로도 알려졌습니다. 『삼국지』에서 조조는 복잡한 성격을 가진 인물로 그려집니다. 그는 자신의 정치적, 군사적 야망을 위해 잔혹한 방법도 마다하지 않는 냉혹한 인물로 묘사되지만, 한편으로는 유능한 인재를 중용하고, 문학에 조예가 깊은 지식인으로도 그려집니다. 그의 가장 큰 특징 중 하나는 상황에 따라 유연하게 전략을 수정하고, 이를 통해 천하를 장악하려는 강한 의지를 보인다는 점입니다. 조조는 천하를 제패하려는 야심을 가진 동시에, 통찰력과 실리적인 판단을 바탕으로 삼국을 이끌어 나간 주도적인 인물입니다.

▼ **조조의 MBTI 성격 분석 — ENTJ (대담한 통솔자형)**
- **외향형(E)** 조조는 외향적이고 활동적인 성격으로, 전장을 이끌며 사람들과 끊임없이 소통하고 명령을 내리는 강력한 리더십을 보였습니다.
- **직관형(N)** 그는 큰 그림을 그리고 전략을 구상하며, 천하 통일이라는 목표를 향해 나아갔습니다. 상황을 분석하는 능력이 뛰어났습니다.
- **사고형(T)** 조조는 감정에 휘둘리지 않고, 논리적이고 실리적인 판단을 통해 효율적으로 문제를 해결했습니다. 냉철한 결정을 내릴 때가 많았습니다.
- **판단형(J)** 체계적이고 계획적인 성향을 지니고 있으며, 주어진 상황을 통제하고 철저한 준비를 통해 목표를 달성하려는 성향을 보였습니다.

조조는 ENTJ 성향의 대표적 인물로, 강력한 리더십과 전략적 사고를 바탕으로 시대를 이끈 지도자였습니다.

2. 유비 劉備

유비(161년~223년)는 『삼국지』에서 촉나라의 건국자로 등장하며, 덕망과 인의(仁義)를 중시하는 인물로 그려집니다. 그는 황실의 후손임을 자처하며, 백성들과 함께 고난을 겪으며 그들의 지지를 얻어 촉한을 세웠습니다. 유비는 관우, 장비와 의형제를 맺고 삼국 시대 동안 끈끈한 우정을 보여주었으며, 특히 제갈량 같은 뛰어난 인재를 영입해 나라를 다스렸습니다. 그의 지도력은 인간적인 면모와 덕성을 강조한 것이 특징으로, 백성들의 존경을 받는 군주로 기억됩니다. 그러나 이러한 인간적 매력에도 불구하고, 정치적으로는 상대적으로 미숙함을 보이기도 하여 조조와 같은 강력한 권력자들에 비해 종종 불리한 위치에 처했습니다. 그럼에도 불구하고, 유비는 덕을 바탕으로 세력을 확장하며, 촉한을 세우는 데 성공합니다.

▼ 유비의 MBTI 성격 분석 — ENFJ (정의로운 사회운동가형)

- **외향형(E)** 유비는 사람들과의 관계를 중시하고, 언제나 주변의 충신과 백성들과 소통하며 자신을 외향적으로 드러내는 성격을 보였습니다.
- **직관형(N)** 그는 항상 이상적인 사고를 가지고, 천하를 통일하려는 목표와 함께 자신의 왕조를 세우려는 비전을 품었습니다.
- **감정형(F)** 유비는 감정적이고 사람의 도리를 중시하는 성격으로, 정의와 인의를 바탕으로 행동했으며, 감정적으로 타인을 이해하고 공감하는 능력이 뛰어났습니다.
- **판단형(J)** 그는 계획을 세우고 이를 이루기 위해 꾸준히 노력했으며, 특히 사람들을 통솔하고 조직화하는 면에서 뛰어난 모습을 보였습니다.

유비는 ENFJ 유형의 대표적인 인물로, 도덕성과 인의로 사람들을 이끌고, 관계를 중시하는 인간적인 리더십을 발휘한 군주입니다.

3. 손권 孫權

손권(182년~252년)은 오나라의 건국자로, 형 손책의 뒤를 이어 강동 지역을 기반으로 삼아 오나라를 세웠습니다. 손권은『삼국지』에서 유능한 리더이자 신중한 정치가로 그려집니다. 그는 형 손책이 갑작스럽게 사망한 후 젊은 나이에 권력을 이어받았지만, 신중한 판단과 인재 등용을 통해 강동 지역을 확고히 지배했습니다. 조조와 유비 사이에서 중립적인 외교 전략을 구사하며 적벽대전과 같은 주요 전투에서 큰 성과를 거두었고, 군사적 역량을 강화하면서도 내부적으로는 백성들을 안정적으로 다스렸습니다. 손권은 충성스러운 장수들과 책사들을 통해 자신의 통치를 공고히 했으며, 오나라를 강력한 해양 국가로 성장시킨 지도자였습니다.

▼ **손권의 MBTI 성격 분석 − ISTJ (청렴한 논리주의자형)**

- **내향형(I)** 손권은 자신의 감정과 생각을 조용히 숙고하며, 때로는 고립된 결정을 내리곤 했습니다. 외교와 내정에서 신중함을 중시하는 면에서 내향적 성향을 보였습니다.

- **감각형(S)** 그는 현실적이고 실질적인 문제 해결에 집중하는 성격으로, 실질적인 군사력 강화와 지역 기반 다지기에 능했습니다. 현실을 기반으로 구체적인 전략을 구사했습니다.

- **사고형(T)** 손권은 감정보다 논리적이고 합리적인 판단을 중시했으며, 국가 운영에서도 효율성과 전략적 사고를 중요시했습니다. 때로는 냉철한

결정을 내렸습니다.
- **판단형**(J) 손권은 체계적이고 계획적으로 국가를 운영했으며, 위기 상황에서도 계획을 세워 신속히 대처했습니다. 조직적인 통치 스타일과 장기적 안목이 돋보이는 인물입니다.

손권은 ISTJ 유형의 인물로, 신중하고 체계적인 리더십을 발휘하며 삼국지 속에서 오나라를 안정적으로 다스린 실용적이고 현실적인 지도자였습니다.

4. 제갈량 諸葛亮

제갈량(181년~234년)은 삼국지에서 촉나라의 뛰어난 책사이자 유비의 군사로, 지략과 통찰력으로 유명한 인물입니다. 그는 유비가 세 번이나 직접 찾아가 삼고초려로 영입한 인재로, 촉나라의 발전과 군사적 성공에 중요한 기여를 했습니다. 제갈량은 뛰어난 외교와 전략을 구사하며, 촉나라의 기반을 다지고 북벌을 통해 위나라를 견제하는 데 집중했습니다. 특히 그가 남긴 「출사표」는 후대에 충성과 헌신의 상징으로 평가받으며, 지혜롭고 충성스러운 관리의 표본으로 자리 잡았습니다.

▼ **제갈량의 MBTI 성격 분석 — INTJ** (용의주도한 전략가형)

- **내향형(I)** 제갈량은 조용하고 신중한 성격으로, 혼자서 깊은 사색과 계획을 통해 전략을 세우는 데 능했습니다. 그는 주로 자신의 내면에서 상황을 분석하고 해결책을 찾았습니다.
- **직관형(N)** 그는 전체적인 상황을 파악하고 큰 그림을 그리며 전략을 세웠습니다. 제갈량은 미래를 내다보는 예지력과 창의적인 문제 해결 능력이 뛰어났습니다.
- **사고형(T)** 제갈량은 감정에 치우치지 않고, 이성적이고 논리적인 판단을 통해 문제를 해결했습니다. 그의 모든 결정은 철저한 분석과 전략적 사고에 기반했습니다.
- **판단형(J)** 그는 체계적이고 계획적인 성향을 지니며, 국가 운영과 군사 전략 모두에서 질서와 구조를 중요시했습니다. 항상 계획을 세우고 이를 실현하기 위해 노력했습니다.

제갈량은 INTJ 유형의 인물로, 지략과 계획을 중시하며, 촉나라를 위한 철저한 전략가이자 헌신적인 지도자였습니다.

5. 관우 關羽

관우(160년 추정~219년)는 『삼국지』에서 유비의 의형제이자 충성과 용맹의 상징으로, 촉나라의 대표적인 장수입니다. 그는 무예가 뛰어나기로 유명하며, 특히 청룡언월도를

들고 전장에 나서는 모습은 『삼국지』의 상징적인 장면 중 하나입니다. 관우는 도덕과 의리를 중시하며 유비와 장비와의 우애를 소중히 여겼고, 그 충성심은 죽음에 이르기까지 변하지 않았습니다. 그러나 말년에 삼국의 판세를 정확히 읽지 못하고 원칙만 세우는 실수를 범해 비참한 최후를 맞이하며 삼국의 전체 판세에 많은 영향을 줍니다.

▼ **관우의 MBTI 성격 분석 — ISTJ** (청렴한 논리주의자형)

- **내향형**(I) 관우는 감정적으로 드러내기보다는 묵묵히 자신의 신념을 지키며, 행동으로 보여주는 성향을 가지고 있었습니다. 사람들과 많은 교류를 하기보다는 자신의 길을 걸어가며 명예를 중시했습니다.
- **감각형**(S) 그는 전투에서 매우 실질적인 판단을 내렸으며, 주어진 상황을 구체적으로 분석하고 명령을 수행하는 데 탁월했습니다. 매사에 철저하게 현실적인 태도를 보였습니다.
- **사고형**(T) 관우는 감정보다는 논리적이고 원칙적인 사고로 결정을 내렸습니다. 그의 의리는 단순한 감정적 의리가 아닌 도덕적 원칙에 기초한 것이었습니다.
- **판단형**(J) 체계적이고 질서를 중시하며, 자신이 맡은 임무를 철저하게 수행했습니다. 특히 전투에서 항상 명확한 계획과 규율을 지키며 움직였습니다.

관우는 ISTJ 유형의 인물로, 의리와 원칙을 중시하고 현실적이고 신중한 태도로 자신의 임무를 완수한 충성스럽고 책임감 있는 장수였습니다.

6. 장비 張飛

장비(165년 추정~221년)는 촉한의 중요한 장수로, 『삼국지』에서 용맹하고 충성스러운 장수로 그려집니다. 그는 유비와 관우와 함께 의형제를 맺고 생사고락을 같이 했으며, 전투에서 그 누구보다 앞서 싸웠습니다. 그러나 그의 급하고 다혈질적인 성격은 종종 문제를 일으켰으며, 장비는 가끔 충동적으로 행동해 자신의 계획을 망치는 경우가 있었습니다. 예를 들어 술에 취해 부하들을 함부로 다루어 결국 그들로부터 배신을 당해 비참한 최후를 맞이합니다. 그러나 그가 가진 의리와 형제애는 매우 깊어, 유비를 향한 충성심은 끝까지 변치 않았습니다.

▼ 장비의 MBTI 성격 분석 — ENFP (재기발랄한 활동가형)

- **외향형**(E) 장비는 매우 외향적이며, 자신의 감정을 거침없이 드러내고 전장에서도 활발하게 행동하는 인물입니다. 그는 주변과의 상호작용을 중요시하며 사람들과 잘 어울립니다.
- **직관형**(N) 그는 변화하는 상황에 매우 민감하게 반응하며, 즉흥적으로 행동하는 경향이 있습니다. 순간적인 결단력으로 주어진 상황에 따라 감각적으로 대처하는 능력이 뛰어납니다.

- **감정형**(F) 장비는 감정적이고 열정적인 성격으로, 사람들과의 관계에서 의리와 감정을 중시합니다. 형제들에 대한 깊은 애정과 충성심이 그를 움직이는 원동력이 되었습니다.
- **인식형**(P) 그는 즉흥적이고 융통성 있는 성격을 가지고 있으며, 상황에 따라 즉각적인 반응을 보여줍니다. 그의 성급함과 자유로운 행동이 종종 문제를 일으키기도 하지만, 동시에 그를 용감하고 용맹한 장수로 만들었습니다.

장비는 ENFP 유형의 인물로, 감정적이고 즉흥적인 성향을 가진 다혈질의 장수였으며, 인간관계를 중요시하며 충성스럽고 활발하게 행동하는 전사였습니다.

7. 사마의 司馬懿

사마의(179년~251년)는 『삼국지』에서 지략과 인내를 겸비한 냉철한 전략가로 묘사됩니다. 그는 조조에게 의심을 받지 않기 위해 오랜 시간 낮은 자세로 행동하며, 천천히 권력을 축적했습니다. 제갈량과의 오랜 대결에서도 성급한 결정을 피하며 방어적 전략을 통해 촉나라의 침략을 막아냈고, 결국 제갈량이 병사할 때까지 버텨냈습니다. 그의 가장 큰 장점은 상황을 유리하게 만들기 위해 오래 기다릴 줄 아는 인내심과 적을 물리치기 위해 적절한 순간에 결단을 내리는 지혜였습니다. 사후 그의 가문은 조씨 가문을 몰락시키고 진 왕조를 세우는 데 성공하여 삼국지 최후의 승리자가 됩니다.

▼ **사마의의 MBTI 성격 분석 — INTJ** (용의주도한 전략가형)
- **내향형**(I) 사마의는 자신의 감정을 드러내지 않고, 침착하고 조용히 자신의 계획을 세우는 성향을 보였습니다. 그는 혼자서 깊이 숙고하며 전략을 세우는 신중한 인물이었습니다.
- **직관형**(N) 그는 상황을 전체적으로 분석하고 큰 그림을 그리며 목표를 달성했습니다. 사마의는 현재 정세를 치밀하게 파악하는 한편, 미래까지 내다보고 고려하며 전략을 실천한 인물입니다.
- **사고형**(T) 사마의는 감정에 휘둘리지 않고 논리적으로 문제를 해결하는 데 집중했습니다. 그는 적절한 판단을 내리고 실용적인 해결책을 찾는 데 능했습니다.
- **판단형**(J) 그는 체계적이고 계획적인 성향으로, 모든 상황을 철저히 준비하고 예상치 못한 상황에도 빠르게 대처하는 능력을 갖추었습니다. 사마의는 질서와 계획을 중시하는 전략가였습니다.

사마의는 INTJ 유형의 인물로, 냉철하고 장기적인 전략을 세우며 상황을 철저히 분석하고 계획하는 뛰어난 전략가이자 정치가였습니다.

『삼국지』는 단순한 영웅들의 전쟁 이야기가 아니라, 인간의 다양한 성향과 상황 속에서의 선택, 그로 인한 결과를 깊이 있게 담아낸 인생의 대서사시입니다. 조조의 냉철한 판단력과 야망, 유비의 덕망과 인간적인 리더십, 손권의 신중함과 현실감각, 제갈량의 철저한 계획과 충성심, 관우와 장비의 의리와 감정의 기복, 원리원칙주의, 사마의의 인내와 계산된 결단력까지 그들의 성격과 리더십은 모두 각기 다른 성향과 기질 속에서 빚어진 결과물이었습니다.

이들의 MBTI 유형을 분석한 이유는 단순히 흥미를 위함이 아닙니다. 오히려 『삼국지』 속 인물들의 성향과 결정을 통해, 오늘날을 살아가는 우리 각자의 성격을 돌아보고, 자신과 주변 사람을 이해하며 적절한 처세의 지혜를 배우기 위함입니다.

여러분은 조조처럼 ENTJ(통솔자형)의 성향을 가진 리더입니까? 그럼 조직의 방향을 이끄는 전략가로서, 때론 인간적 유연함을 배워야 할지도 모릅니다. 혹은 유비처럼 ENFJ(사회운동가형)라면, 주변의 감정과 관계에 집중하되, 상황을 냉철하게 바라보는 통찰도 필요할 것입니다. INTJ(전략가형) 유형의 제갈량이나 사마의처럼 사색과 전략에 강한 사람이라면, 지나치게 계산적인 삶이 관계를 멀어지게 하지는 않는지 돌아볼 필요가 있습니다. 감정적이고 즉흥적인 장비와 같은 ENFP(활동가형) 유형이라면, 진심은 강점이지만 절제와 숙고의 자세를 배워야 할 때도 있습니다. 손권과 관우의 ISTJ(논리주의자형)와 같은 유형이라면 좀 더 융통성 있는 처신이 필요합니다.

『삼국지』는 '인간을 이해하지 못하면 전쟁은 이길 수 없다'라고 우리에게 말합니다. 이는 오늘날에도 다르지 않습니다. 현대의 전장은 가족, 친구이고, 동료이고, 일상 속 갈등이며, 우리 삶의 선택입니다. 자신과 주변인의 성향을 정확히 파악하고, 그에 맞는 소통 방식과 처신을 익힌다면 우리는 훨씬 지혜롭고 여유롭게 인생 삼국지를 항해할 수 있을 것입니다. 『삼국지』 인물들의 성향을 통해 여러분은 어떤 사람인지, 그리고 여러분 곁의 사람은 어떤 유형인지를 정확히 인지하는 것이 바로 『삼국지』를 통해 우리가 배워야 할 인생 공부의 진정한 교훈입니다.

🏛 에필로그

장강은 흐르고, 인생은 계속된다

"장강의 물은 끊임없이 동쪽으로 흘러가며, 그 속에서 영웅들의 업적은 사라진다(滾滾長江東逝水, 浪花淘盡英雄, 곤곤장강동서수, 낭화도진영웅)." 이 구절은 『삼국지연의』의 서문에서 나관중이 삼국지 시대의 영웅들을 회고하며 쓴 문장입니다. 장강의 끝없이 흐르는 물결은 시간의 흐름과 역사의 변화를 상징합니다. 그 속에서 수많은 영웅들이 태어나고 사라졌으며, 그들이 남긴 전쟁과 영광, 패배와 한(恨)은 모두 물결 속으로 스러져갔습니다. 『삼국지』의 시대는 피와 철이 뒤엉킨 격동의 시기였습니다. 하늘 아래 모든 이가 패권을 향해 칼을 들었고, 동맹과 배신이 반복되었으며, 오직 승자만이 살아남는 가혹한 세계였습니다. 조조는 야망을 위해 끝없는 전쟁을 벌였고, 유비는 덕을 쌓아 민심을 모았으며, 손권은 강남에서 해상 왕국을 세웠습니다. 제갈량은 북벌에 모든 생을 걸었지만, 결국 뜻을 이루지 못했습니다.

그러나 지금, 그 격전지들은 초목이 무성한 들판이 되었고, 전장의 함성과 칼날은 더 이상 남아 있지 않습니다. 조조가 군량을 불태우던 오소의 밤도, 유비가 형주를 차지하기 위해 흘린 눈물도, 손권이 적벽에서 세운 승리도, 제갈량이 출사표를 올리며 품었던 각오도 모두 강물 속으로 씻겨 내려갔습니다.

나관중이 전한 무상(無常)의 메시지는 명확합니다. 모든 것은 변하며, 영원한 것은 없다는 것입니다. 권력과 명성, 부와 젊음, 심지어 우리의 감정조차도 시간 속에서 흐르고 변합니다. 역사는 수많은 영웅을 기록하지만, 시간이 흐르면 그들의 이름과 발자취마저 희미해집니다. 그러나 이 무상의 깨달음이 전하는 뜻은 허무가 아닙니다. 오히려 그 흐름 속에서 '어떻게 살아야 하는가'를 묻습니다. 『삼국지』의 영웅들이 그 치열한 세월 속에서 남긴 교훈은 단 하나, 자신이 설 수 있는 자리에서 최선을 다하라는 것입니다.

조조가 말했습니다. "일을 꾀하는 것은 사람이지만, 이루어지는 것은 하늘에 달려 있다(謀事在人, 成事在天, 모사재인, 성사재천)." 우리는 전략을 세우고, 사람을 곁에 두고, 온 힘을 다해 나아갈 수 있습니다. 그러나 그 결과는 우리의 손을 떠나 하늘의 몫이 됩니다. 이 사실을 받아들이는 것이 성숙한 지혜입니다. 오늘을 사는 우리도 각자의 '인생 삼국지'를 치르고 있습니다. 경쟁과 협력, 성공과 실패가 끊임없이 교차하는 현실 속에서, 우리는 조조처럼 결단하고, 유비처럼 사람을 모으며, 제갈량처럼 최선을 다하고, 사마의처럼 인내를 갖고 세상의 흐름을 파악해 미래를 준비해야 합니다. 그리고 끝에 다다라서는 결과에 대한 집착은 내려놓고, 그 과정에서 진심을 다한 자신에게 부끄럽지 않아야 합니다.

장강은 오늘도 고요하게 흐릅니다. 그 물줄기는 영웅들의 흥망을 씻어내며 미래를 향해 나아갑니다. 우리 또한 그 강물 위를 잠시 스쳐 지나가는 존재입니다. 그러나 그 짧은 흐름 속에서 최선을 다해 빛을 내는 것, 그것이야말로 인생이라는 전장 속에서 우리가 얻을 수 있는 가장 값진 승리입니다.

참고 문헌

《三国志》 - 『삼국지』 (정사, 진수)
《三国志演义》 - 『삼국지연의』 (나관중)
《裴注三國志》 - 『삼국지 주해』 (배송지 주석)
《三国志集解》 - 『삼국지집해』 (盧弼 편)
《三国志平话》 - 『삼국지 평화』 (민중 구술본)
《资治通鉴》 - 『자치통감』 (사마광 편년통사, 삼국 시대 포함)
《三国志的世界》 - 『삼국지의 세계』 (金文京 저)
《三国史话》 - 『삼국사화』 (呂思勉 저)
《三国史》 - 『삼국사』 (何兹全 저)
《三国食货志》 - 『삼국 식화지』 (전통 수전 연구서)
《中国历代名将》 - 『중국 역대 명장』 (陈梧桐 편)
《三辅决录》 - 『삼부결록』 (한 말뽕 등에 대한 기록집)
《汉晋春秋》 - 『한진춘추』 (司马彪 편)
《魏书》 - 『위서』 (왕沈 편)
《吴书》 - 『오서』 (韋昭 편)
《魏略》 - 『위략』 (魚豢 저)
《汉末名士录》 - 『한말 명사록』 (명사列传集)
《列女传》 - 『열녀전』 (여성 인물 기록집)
《文士传》 - 『문사전』 (문인 기록집)
《英雄记》 - 『영웅기』 (영웅 일대기)
《中国断代史系列》중 秦汉史_ 초한지 시대 2003년
《三国演义》중국 CCTV 제작 삼국지 100부작 2010년
三國志硏究入門
渡邊義浩 著 日外アソシエーツ 2007년 07월
三國志への招待 三國志の會 편 山川出版社 2019년 07월
眞說三國志 最強は誰だ
三國志硏究會 편 一水社 2007년 08월
『삼국지 경영학』 (최우석 저 을유문화사 2007년 05월)
『삼국지 경영전략에 답하다』 (에구치 요코, 요시다 카즈미 저/양영철 역 지식공간 2011년 08월)
『삼국지 생존의 조건을 말하다』 (와타나베 요시히로 저/성백희 역 랜덤하우스코리아 2011년 09월)
『삼국지 강의』 (이중톈 저/김성배, 양휘웅 역 김영사 2007년 05월)

천하를 움직인 심리 전략

삼국지 인생 공부

초판 2쇄 발행 2025년 12월 01일

원저 | 나관중
저자 | 김태현
기획 편집 총괄 | 이정화
편집 | 김수빈
기획 | 김민아 김수하
디자인 | 정나영
교정교열 | 최고은 호혜정
마케팅 | 이지영 김경민
펴낸곳 | 리텍콘텐츠
이메일 | ritec1@naver.com
홈페이지 | http://www.ritec.co.kr
ISBN | 979-11-86151-80-8 (03150)

파스칼(PASCAL)은 리텍콘텐츠 출판사의 철학/인문 브랜드입니다.

· 잘못된 책은 서점에서 바꾸어 드립니다.
· 책값은 뒤표지에 있습니다.
· 이 책의 내용을 재사용하려면 사전에 저작권자와 리텍콘텐츠의 동의를 받아야 합니다. 책의 내용을 재편집 또는 강의용 교재로 만들어서 사용할 시 민형사상의 책임을 물 수 있습니다.

상상력과 참신한 열정이 담긴 원고를 보내주세요. 책으로 만들어 드립니다.
원고투고: ritec1@naver.com